U0090355

民國歷史與文化研究

二 編

第 **13** 冊

民國會計思想史論

宋麗智 著

花木蘭文化出版社

國家圖書館出版品預行編目資料

民國會計思想史論／宋麗智 著 -- 初版 -- 新北市：花木蘭文化
出版社，2015〔民104〕
目 4+270 面；19×26 公分
（民國歷史與文化研究 二編：第 13 冊）
ISBN 978-986-404-281-4（精裝）
1. 會計學 2. 經濟思想史 3. 中國
628.08   104012464

ISBN- 978-986-404-281-4

9 789864 042814

民國歷史與文化研究
二 編 第十三冊   ISBN：978-986-404-281-4

民國會計思想史論

作   者 宋麗智
總 編 輯 杜潔祥
副總編輯 楊嘉樂
編   輯 許郁翎
出   版 花木蘭文化出版社
社   長 高小娟
聯絡地址 235 新北市中和區中安街七二號十三樓
         電話：02-2923-1455 ／傳眞：02-2923-1452
網   址 http://www.huamulan.tw 信箱 hml 810518@gmail.com
印   刷 普羅文化出版廣告事業
初   版 2015 年 9 月
全書字數 225390 字

定   價 二編 24 冊（精裝）台幣 45,000 元   版權所有‧請勿翻印

民國會計思想史論

宋麗智　著

作者簡介

宋麗智，1978 年出生，湖北十堰人，經濟學博士，美國特拉華大學訪問學者。現爲中南財經政法大學經濟學院副教授，中國經濟思想史學會理事。主要從事中國近代經濟思想史、西方經濟學等方面的教學與研究工作。主持教育部人文社科基金項目，並參與多項國家級、省部級科研項目的研究工作。在《近代史研究》、《中國經濟史研究》、《經濟學動態》、《宏觀經濟研究》等權威期刊發表學術論文二十餘篇。

提　　要

　　民國時期會計思想是中國傳統會計思想和西方會計思想融合的產物。對其進行系統研究有助於釐清這一時期會計思想發展的基本脈絡，把握會計思想演進的客觀規律，從而爲我國會計事業的健康發展提供借鑒。本書採用政治分期法，分期的依據是不同政府時期的會計組織體系和會計法制不同，而這兩個因素是決定一個時期會計思想的重要前提。因此，本書從清末傳統會計思想的近代轉型入手，按時序對北洋政府（1911～1927）和國民政府（1927～1949）這兩個時期的會計思想進行系統研究。對於每個分期，書中都先介紹其財計組織結構設置思想和會計法制化思想，以此作爲其他會計思想的前提基礎和重要保障；然後總結這一時期會計思想的發展與實踐，並將影響較大的專題單獨列出進行研究，如會計分期思想、主計思想、會計改革與改良之爭、會計思想西學東漸等；最後對代表人物的會計思想進行系統的挖掘、梳理、總結和提煉。在組織結構上，本書採取的是「一主兩輔」的思路，即以會計思想演變的時間順序爲主線，同時兼顧代表性會計思想和代表性人物思想這兩條輔線，以此完成研究重點的順利轉換。這種組織結構符合經濟思想史學科研究的思路，同時也符合民國時期會計思想演變的實際情況，能夠比較全面的反映民國會計思想發展的概貌。

緒　論

一、學術旨趣

　　會計作為人類經濟生活中一門重要的學科，從其產生發展至今，經歷了一段漫長的演變過程。在會計發展史上，19～20 世紀無疑是一個偉大的時期，自此，會計在社會生活中佔據了越來越重要的地位，對會計的理論研究也趨於系統化、科學化。會計思想史作為會計理論中的重要組成部分，也日益受到重視。所謂會計思想史就是指會計工作者從會計環境出發，對會計的發展動因、本質、目的、地位、要素等，以及對某項具體會計活動的產生、發展等問題進行思考、證明、比較、取捨的結果。換句話說，會計思想史是客觀經濟事物在會計工作者頭腦中的反映，經過他們的思維活動，產生出的一種或多種認識結果。所以，會計思想史是會計實踐的總結和抽象，也是經濟發展到一定程度的必然產物。

　　民國時期會計思想是非常有特色的。首先，民國時期首次基本上實現了會計的法制化，從 1912 年開始陸續制定了中國第一部會計法、審計法、商業會計法、會計師法、公庫法、預算法、決算法以及有關各種法律的施行細則。這是資產階級民主政治的產物，雖然有一定的虛偽性，但開創了中國會計法制化的先河。其次，19 世紀末 20 世紀初，我國會計才從實務中擺脫出來，出現了會計理論的萌芽。1933 年在上海開始發行《會計雜誌》、《立信會計季刊》，並出版了《立信會計叢書》，這些出版物的問世標誌著我國會計界開始對會計理論進行研究和交流，也是當時會計思想的具體反映。再次，直至中華人民共和國成立前，我國會計實際上是中西式並存的，這與一些完全從西方移植

過來的學科思想的發展路徑是大不相同的。西學東漸之風在中國近代會計上產生了很大的影響，但是在這種強烈的衝擊下近代中國原有的會計思想仍佔有一席之地，兩種思想產生了激烈的碰撞，使得這一時期的會計思想劍拔弩張、針鋒相對。最後，中國海外留學生群體對於民國時期會計思想的構建起到了重要的中介和先鋒作用，甚至躋身於世界學術之林。例如獲得美國密歇根大學博士學位的楊汝梅（眾先），他的博士論文即為馳譽中外的《無形資產論》，這的確是中國會計界足以引以為榮的。

我國學術界對會計思想史的研究並不多，且多限於古代和現代，對於民國時期的研究就更少了。本書正是針對這一薄弱的環節進行研究，試圖通過對民國時期會計思想進行系統的挖掘、梳理和總結、提煉，準確把握住這一時期會計思想發展的基本脈絡，清除歷史的蒙塵，發現其不可抹煞的思想閃光點，力求真實、完整的再現其本來面貌，並做出客觀的判別、評價和進一步引申。藉此可以鞏固和完善中國會計思想史的研究體系，認清會計思想演進的客觀歷史規律，為促進會計事業不斷發展提供必要的借鑒。

二、文獻綜述

（一）當代整理出的原始文獻

在當代整理的文獻中，江蘇古籍出版社整理的《中國會計史料選編（中華民國時期）》（1990）具有非常重要的參考價值，該書選編的資料都是檔案文件，包括南京臨時政府檔案、北洋政府財政部檔案、北洋政府國務院檔案、北洋政府護軍管理處檔案、國民黨政府主計處檔案、國民黨政府財政部檔案、國民黨政府行政院檔案、國民黨國民政府檔案、國民黨政府中央研究院檔案、國民黨政府審計部檔案、國民黨政府中國銀行檔案等等。這一史料選編彙集了民國時期會計方面的政策、法規、制度、報告、決議、總結、記錄以及調查資料等重要史料，對與會計有密切關係的有助於瞭解當時會計工作的資料也適當予以收編。另外一本有重要參考價值的史料選編是《中國會計史料選編（東北根據地和東北大行政區時期）》（1989），由中國財政經濟出版社出版，由於史料屬地明確，適合更為深入的專題研究。

楊時展教授主編的《中華會計思想寶庫》第一輯（1993）收錄了三本中國近代會計著作：蔡錫勇的《連環帳譜》（1905）、謝霖和孟森的《銀行會計學》、楊汝梅（眾先）的《無形資產論》（1927），有力的保存了歷史文獻，特

別是前兩部著作在海內只存孤本。

（二）作為研究基礎的民國時期會計史研究現狀

當代會計學者中研究近代會計史或會計思想史的學者以中南財經政法大學郭道揚教授最為有名，他的《中國會計史稿（上、下）》（1986、1988）、《中國會計發展史綱（上、下）》（1988、1990）、《會計史研究　歷史・現時・未來》（2004，2008）是集大成之做，詳細闡述了中國會計從萌芽到成長的各個時期的特色，裏面當然也包括近代會計演進部分。他的立足點在於系統全面介紹各個時期會計發展狀況，主要是從會計史的角度介紹民國時期會計情況。《中國會計發展史》（1978）、《會計發展史綱》（1984）、《會計史教程》（1999）也是其具有代表性的著作。另外，他著有系列論文《二十世紀會計大事評說》十餘篇，分別為《二十世紀會計發展的歷史基礎》、《二十世紀會計發展的歷史進程》、《二十世紀會計組織部門建設的成就》、《二十世紀會計思想演進概說》、《二十世紀會計史研究與會計史學的創立》、《百年反思與新世紀展望》、《二十世紀中國的會計改革》、《興盛發展的二十世紀審計事業》等。這些論文從不同角度評說二十世紀會計大事，為瞭解近代、現代中國會計發展提供了重要參考。

另外，上海財經大學趙友良教授對於會計史研究工作也做出了突出貢獻。他的著作《中國近代會計審計史》（1996）以立法為切入點系統研究了中華民國時期會計、審計工作的進展，並在此基礎上專闢章節論述了有關會計思想。他的著作條理清晰，分別對北洋政府時期和國民政府時期的會計、審計立法進行分析，大至會計法、審計法，小到如「國庫主管機關稽核各機關收支庫款辦法」、「關於會計審計人員檢舉貪污應互相通知的公函」、「遴選全國專科以上學校畢業生服務辦法」等等都一一詳盡論述，為作者理清民國時期會計發展細節提供了許多重要啟示。

曾任中國會計學會會計史學研究組組長的李寶震與王建忠合著的《中國會計簡史》（1989）簡略勾勒了中國會計發展的大致情況。現審計署審計長李金華主編的《中國審計史》第二卷（2004）系統梳理了民國時期審計工作發展情況。還有其它著作如孫邦治著的《會計發展史》（1989）、龍一圓著的《立信史話》（1993）、王建忠著的《會計發展史》（2004）等都為研究國民時期會計思想史提供了寶貴的線索。

（三）民國時期會計思想史研究現狀

鄭州工業航空大學劉常青的著作《中國會計思想發展史》（2005）和商丘師範學院韓東京的著作《中國會計思想史》（2009）均是認清中國近代會計改革改良工作的重要參考，但是其關注整個會計發展時期的研究，綜合論述從原始會計思想到中國傳統會計思想、中國當代會計思想的發展，近代會計思想也僅是其中一小部分，並不全面。

其它專門研究經濟思想史的文獻中也有部分論及了民國時期會計思想的演進。如胡寄窗教授的著作《中國近代經濟思想史大綱》（1984）論及了 20 世紀 20 到 40 年代應用經濟學和經濟史學，其中專門有一節簡略談到統計與會計的情況，介紹了當時會計學方面的部分著作和相關學者。葉世昌教授主編的《中國經濟學術名著提要·經濟卷》（1994）收錄了對民國時期兩部代表性的會計學著作的介評，一部是楊汝梅（眾先）的《無形資產論》，另一部是潘序倫的《會計學》。

（四）涉及到民國時期會計史和會計思想史的相關論文

涉及研究民國時期會計史和會計思想史的論文不是很多，除上文已經提到過的郭道揚教授的十餘篇論述二十世紀會計大事論文外，其它具有重要參考價值的論文大都比較零散，不系統，無法涵蓋整個民國時期會計思想的全貌。經過認真梳理，筆者大致將其分為如下幾個關注點：

一是有數篇論文記述民國時期著名會計學家潘序倫、徐永祚、謝霖、楊汝梅等的會計思想，如趙友良、朱肖鼎（1991）、陳湧泠（2001）、毛伯林（2002）、王建忠（2001）、劉建國（2004）、王海民（2011）、沈豔（2013）等。還有針對會計思想的專題研究：例如會計思想西學東漸之主題，見宋麗智（2009）、朱鴻翔（2008；2013）等；國民政府時期超然主計思想研究，見宋麗智（2007）等。這類論文與本研究直接相關，但無論從數量上還是研究廣度上都存在不足。

二是闡述會計記賬方法的論文，其中中式簿記與西式簿記方法的論爭是研究的焦點問題，如陳茂生（1993）、劉永澤、王覺（1994）、羅長青（1995）、陳湧泠（1996），成聖樹、郭亞雄（2001）、劉常青（2004；2005；2006）、王開田（2006）、魏文享（2010）等。這類論文在目前所搜集的文獻中所佔數量最多。

三是有關於探討中國會計師群體的興起與發展的論文，如魏文享（2002；2006）、黃履申（2004）、李貴（2007）、喻梅（2011；2013；2014）等。學者

們從會計師建立的自由職業團體——會計師公會角度進行研究，而該視角是西方學者研究註冊會計師制度時慣用的，表現出中外學術交流的加強。其中對於會計師制度的建設、會計師職業道德的養成等方面的專題研究較爲深入。

（五）外文文獻中的相關研究

在所參考的外文文獻中並沒有直接討論民國時期會計思想的著作或論文。筆者將外文文獻分爲三類：

第一類是對世界會計史和會計思想發展的探討，如 A·C·利特爾頓的《1900 年以前的會計發展》（1988）、保羅·加納的《1925 年以前成本會計的發展》（1976）、邁克爾·查菲爾德的《會計思想史》（1974）、艾德沃茲和約翰·理查德的著作《20 世紀會計思想家》（1994）、曼·常德的《會計思想演變理論》（1984）等。文碩（1987，1991）、陳亞民（1990）、杜興強（2006）等分別翻譯了荷蘭、前蘇聯、美國等西方國家的會計史著作，爲對比民國時期中西會計思想發展研究提供了堅實的基礎。

第二類是外國專家對於近代中國會計問題的研究。普遍關注的主題是中式傳統簿記方法的變革以及西方複式記賬法在中國的傳播，如 Gardella（1992），Lin Z.（1992）、Chen S.（1998），Auyeyng（2004）等。同時，西方學者也較爲關注中國會計師職業的萌芽與發展歷程，特別是結合當時特殊的政治、經濟以及文化背景來探討政府與會計師職業、會計師公會之間的相互關係，如 Hao Z. P.（1998），Xu Yin、Xu Xiaoqun（2003）等。可見，儘管資料非常有限，但外國專家與國內專家的主要關注點是一致的。

第三類是我國海外留學生在 1916 年至 1961 年所做會計方面的博士畢業論文，如楊汝梅的《無形資產論》（1927）、周貽囷的《收益費用的會計理論》（1943）、李焯林的《會計視角下規範和監管華盛頓的建築與貸款關係》（1937）等。這些文獻將爲本研究提供了一個新的研究視角，是中文文獻的有益補充。

總的看來，目前國內外學者對於民國時期會計思想史的研究還相當薄弱，研究內容和研究體系都沒有系統化，需要進一步研究梳理。

三、研究思路與篇章安排

本書在組織結構上採取的是「一主兩輔」的思路，即以會計思想演變的時間順序爲主線，同時兼顧代表性人物的思想和思想專題這兩條輔線，以此完成研究重點的順利轉換。這種組織結構符合經濟思想史研究的思路，同時

也符合民國時期會計思想演變的實際情況，能夠比較全面的概括、反映民國會計思想發展的全貌。

本書的歷史分期採用的是政治分期法，分爲北洋政府統治時期（1911～1927）和國民政府統治時期（1927～1949）。分期的依據是不同政府時期的會計組織體系和會計法制不同，而這兩個因素是決定一個時期會計思想的重要影響因素。本書基本思路是按照時間順序，以期末傳統會計思想的近代轉型爲引子，依次介紹北洋政府和國民政府這兩個時期的會計思想。每個分期都先介紹這一時期的財計組織結構設置思想和會計法制化思想，以此作爲其他會計思想的基礎和保障；然後總結這一時期較爲突出的會計思想的發展及實踐，並將影響較大的思想專題單獨列出進行研究，如會計分期思想、主計思想、會計改革與改良思想等；最後對代表人物的會計思想進行系統的挖掘、梳理、總結和提煉。

本書的具體內容和組織結構如下：

導論提出了研究的背景及意義，概括整理了文獻綜述，明瞭目前的研究狀況，對論文的整體思路、研究內容、研究方法和主要創新之處與不足等內容進行了介紹。

第一章研究清末傳統會計思想的近代轉型，力圖理順民國會計思想演變的前期脈絡，這對於認識民國會計思想大有益處。首先概述了清末會計思想的產生背景及總體情況，包括清末及其前期會計組織與會計法制跡象、清末會計的具體運用和西式會計的實務傳播、中式會計落後於西方的基本原因分析及清末會計教育與會計著作的發展。然後按照代表人物分類總結清末會計思想，對蔡錫勇的連環會計思想、謝霖和孟森的銀行會計改革思想、孫德全的理財思想逐一進行介紹，並將資產階級改良派的會計思想合併在一起進行介紹。研究表明清末會計思想雖然較爲落後，但仍然在緩慢的向前發展，中式會計進一步完善，會計改良工作也初露端倪，而且改變了我國沒有會計專著的落後狀況，爲我國會計理論研究工作的發展邁出了關鍵的一步。這對於民國時期會計理論的研究討論和會計改良工作的實際操作以及對國外先進會計理論與方法的全面引進及運用都有著直接的影響。

第二章研究北洋政府時期會計思想。首先分析了這一時期的財計組織結構設置思想和會計法制化思想。指出北洋政府時期會計法制化思想已經初步發展，開創了會計法制化、規範化和科學化的新的歷史時期，這是在長久漸變過程中的一次突變，儘管在執行過程中帶有一定的虛僞性，但是其進步性

無法被忽視，爲我國近代會計的發展奠定了基石。緊接著總結了這一時期較爲突出的會計思想的發展及實踐，如統一官廳會計制度的思想、統一鐵路會計的思想、改革銀行會計的思想、興起會計師事業的思想、發展會計教育事業和會計出版事業的思想等，也間接的勾勒出這一時期會計思想發展的大致脈絡。然後依次剖析謝霖的改良銀行會計思想、會計師事業發展思想以及改良工商業會計思想；徐永祚的會計師事業思想和楊汝梅（眾先）的無形資產思想。研究表明北洋政府時期仍然處於會計發展的緩慢時期，會計研究還沒有從簿記實務中擺脫出來，嚴格意義上還沒有向著會計理論方向發展，所以會計思想還不成熟。但是，這是會計發展過程中一個重要的積纍過渡時期。總結這一時期會計思想的特點有如下幾點：會計思想大體上傳承了日本會計思想；會計法制化思想得到初步發展；會計統一的思想非常清晰；會計思想的發展落後於會計實務操作的發展；會計思想的系統性存在不足；會計教育思想具有局限性等。

第三章、第四章和第五章都是研究國民政府時期的會計思想，可見國民政府時期會計思想是非常豐富的。它實現了會計思想由日本模式向歐美模式的完全轉變，在積極引進西方會計思想的同時結合中國實際情況加以靈活運用，會計理論研究已經達到了一定系統化程度。這一部分的研究思路大體沿襲了北洋政府時期的研究思路，只是因爲內容龐雜、篇幅過長，所以分爲三章討論。

第三章主要研究國民政府時期的財計組織結構設置思想、會計法制化思想以及這一時期會計思想的進一步發展及實踐。通過探討超然主計思想產生的時代誘因、超然主計思想提出和推行的經過及其深層次的變遷，總結了其特點及啓示，認爲超然主計思想是反對經濟集權體制的產物，是建立權力相互制衡體系的積極嘗試。通過比較分析會計法、審計法與北洋時期立法的不同來闡述會計立法的深入發展，這反映出會計立法工作的巨大進步，也使得後文對於會計思想的討論有法可依。在這一節中對於會計年度截清問題進行了專題討論，總結歸納了不同群體的會計年度截清思想並加以評論。接著總結了這一時期較具代表性的會計思想發展及實踐情況，如改進政府核算方法思想、初步應用與發展成本會計的思想、發展會計師事業的思想、發展會計學術組織，加強會計刊物出版發行的思想以及發展會計教育的思想等。

第四章以專題形式探討國民政府時期會計大論爭，即會計改良與會計改

革之爭，並在最後一節輔以闡述此間會計思想西學東漸的發展脈絡。首先闡述了中式會計革新運動思想產生的背景，然後分改良派和改革派兩派梳理其會計思想。對中式會計改良派會計思想的研究以徐永祚為代表，總結了徐氏會計改良思想的變遷、分析了其改良中式會計大綱以及改良的具體觀點。此外，還介紹了改良派中陸善熾主張採用現金收付法的思想、潘士浩的中西式簿記相較思想及謝允莊的收付簿記思想和賬戶分類思想作為會計改良派思想的補充。對中式會計改革派會計思想的研究以潘序倫為代表，著重提煉了其對於徐氏改良中式會計大綱的不同觀點，如「中式簿記」與「西式簿記」之分、簿記書寫之法及其影響、現金收付記賬法的弊端、四柱結算法與複式簿記之平衡試算法的差異等。此外，還介紹了改革派中顧準、張心澂、錢迺澄及李雲良的會計思想。這場爭論堪稱是我國近代會計發展史上影響最大的一次學術討論和交流，兩派在理論辯爭的同時，都積極付諸實踐，極大促進了這個時期會計的繁榮與發展。

第五章研究具有代表性人物的會計思想，並總結這一時期會計思想的特徵。依次介紹了潘序倫「三位一體」的會計思想、雍家源的政府會計思想、張心澂的交通會計思想、顧準的銀行會計思想和奚玉書的會計師事業發展思想。雖然所選取的人物有限，但是涵蓋了國民政府時期具有代表性領域的會計思想，比較有針對性。涉及了潘序倫的會計師嚴守職業道德思想、會計理論思想和會計教育和出版思想；雍家源的統一政府會計制度思想、完善國庫制度思想、完善預算制度思想和完善現計中收支程序、收支報表、月份收支計算書類等制度思想；張心澂的路政會計思想研究、郵政會計思想研究、電政會計思想研究和航業會計思想研究；顧準的營業科、出納科與會計科之間組織關係的改革思想、傳票的改革思想、賬簿組織的改革思想、統一資產負債表分類排列的思想、主張銀行內部稽核的思想和銀行成本會計思想；奚玉書的會計師事業正確定位思想和會計師事業具體業務操作思想。與北洋政府時期相比，國民政府時期的會計思想非常豐富，在深度、廣度上都有很大的突破。總結其特徵如下：會計思想完成了由日本模式向歐美模式的轉變；會計法制化思想進一步深入；超然獨立的會計思想佔據上風；思想論爭較為激烈；西方會計思想在中國的傳播漸漸趨於成熟；形成初步的會計思想體系等。

結語從民國會計思想的基本輪廓、主要特點及其發展軌跡的歷史追蹤三個方面進行了簡要總結。

第一章 清末傳統會計思想的近代轉型

　　在 20 世紀之前的古代中國，由於受「重農輕商」思想的束縛，加之文人墨客對會計人員形象的不正當宣傳，致使人們視會計爲「雕蟲小技」。在這種非正常觀念的支配下，雖然歷代計數方面的學者在有關著述中都不同程度地涉及到與會計科學有關的內容，但是系統論述會計技術的著作缺乏，會計知識及其技能的傳授僅靠師徒相傳。這不僅限制了會計科學的發展，而且也使會計在社會經濟發展中的地位和作用受到了很大的限制。總之，鴉片戰爭以前，我國的會計理論大都是融合在財政理論之中的，僅零散的觸及到會計中某一問題的討論，嚴格講，只能作爲官廳財計部門理財的指導思想和處事的基本原則。

　　而此時西方會計理論已經相對成熟，在借貸複式簿記方法體系建立基礎上逐步創建了會計理論體系和一整套較爲科學的會計方法。1494 年意大利數學家盧卡‧帕喬利的著作《數學大全》是人類最早關於複式簿記的文獻，同 1608 年荷蘭數學家西蒙‧斯蒂文的著作《傳統數學》一起被認爲是 19 世紀以前西方會計理論發展的基礎。隨著英國資產階級革命和產業革命以及美國成爲資本主義經濟中心，英式會計和美式會計爲會計理論發展做出了突出貢獻。在亞洲，日本是接受借貸複式簿記的先行者，明治維新運動開始引進、推行歐美先進的會計方法和理論，並研究促進了借貸複式簿記的發展。日本的變化對中國產生了直接的影響，促進了中國早期中式會計的改良，也使中國的愛國人士看到，要振興中國實業就必須改善落後的會計狀況，走引進、改革的道路。

第一節　清末會計思想的產生背景和總體概況

一、清末及其前期會計組織與會計法制跡象

　　中國封建社會財政的主要來源是農業，對於與農業生產有關的人戶、土地的增減變動，因其影響財政收入而包括在財政主管範圍之內，並構成「上計」內容。由此主管財政的部門名稱也與之相適應，如秦朝的治粟內史、漢朝的大司農、唐朝開始的戶部。這些主管財政的部門反映了封建社會財政制度的特點。清代末期的官廳會計組織仍繼承其祖傳的辦法，以戶部為度支總匯，各機關經費按規定到戶部支領。只是這時內憂外患不斷興起，再加上以慈禧為首的腐敗統治集團任意揮霍，為所欲為，常常截用稅款，直接在朝廷報銷而不經過戶部，經費自然沒有辦法核定。只有一般財政收支及其科目仍依照《大清會典》所規定的辦法辦理，其開支公款的辦法，如坐支、給領、協解、估報等手續仍沿用四注清冊，由各部門主管官員主持編報，戶部以此作為核算的依據。清代對地方會計報表的審核還採取了兩級審核的辦法：一為省級查核，由總督加印後上報；二為中央一級最後審查清理，並將清查情況批覆下達。可見，清末的財計制度較前期有所改善，但是也還是存在很多問題。

　　中國會計法制跡象最早見於戰國初期魏國李悝的《法經》中，史稱為我國最早的成文法典，其中就有許多與會計有關的條款，最重要的是它在我國歷史上首次就會計賬簿及其安全受法律保護的問題做出了明文規定。此外，在《帳法》、《雜法》等條文中，還對會計憑證、會計印鑑、倉儲保管及度量衡等技術方面也規定了具體條款。其後，在秦朝法律中涉及到會計方面的規定就更加具體。如在《效律》中就嚴格提出了會計人員必須廉潔奉公、賬實相符、記載準確、計算無誤等要求，同時還對會計交接、財物損耗等問題作了具體規定。到了漢朝，對於會計賬簿的設置與分類、會計簿籍的登記方法、會計計量單位與盈利的計算、會計憑證、會計報告、財物的保管與盤點等方面作了規定，初步形成了一套較完備的制度。如在《上計律》中就具體規定了「上計簿」的撥出程序與時間，嚴令對上報不及時或者不實者治罪。唐宋時代史稱中國封建經濟發展的鼎盛時期，在會計方法的發展上產生了奠定當今賬戶結算餘額原理的「四柱清冊結算法」；在會計機構的設立上又設立了專司審計的機構——比部；在會計立法方面亦更趨完善，不僅規定對違反會計

制度的人給予較嚴厲的處罰，而且限定凡屬經濟報告上隱漏重複、收支不實者均從嚴治罪，甚至在有關條文中還規定了會計報告的格式及書法謄寫要求。元、明、清時期，在當時的一些重要法典中，對會計制度均有相應的規定，並較之前朝更加具體與完善。

總之，構成會計工作重要內容之一的會計立法工作，在我國從奴隸社會至今的漫長歷史進程中，不同時期的統治階級集團都從當時社會經濟發展需要出發，相應地做出了不同程度的規定。但是，各個封建王朝的統治者主觀上還沒有認識到如何用法律制度來規範會計工作，散見於各種律令中的制度方法也很不完善、不成系統。

二、清末會計的具體運用和西式會計的實務傳播

清末半殖民地半封建社會的經濟狀況對我國會計發生著深刻的影響，它把我國會計推向一個由動盪、分化逐步走向改良的過渡時期，為西式會計引進我國創造了先決條件。具體而言，這個時期的會計在適應不同性質的各種經濟成分的不同要求中分解為三種不同情形：第一種是以典當業為代表的大多數工商、金融企業對中式會計的系統運用；第二種是帝國主義開辦的工廠、商行及銀行以及受外資控制的中國企業對西式會計的運用；第三種是以大清銀行為代表開始從日本引進一種由西式與東洋相結合的現金複式借貸記賬法，用來取代原來採用的中式會計。

雖然此時個體小生產與家庭手工業相結合的自然經濟猶如江河日下，封建經濟的完整體繫日趨土崩瓦解，但是無論官廳還是民間都還暫時不得不依靠和運用傳統的中式會計。因為任何事物的發展都必然要經歷一個循序漸進的過程。從固守舊有的會計，到全面引進國外的會計，最終達到改革中國會計的目的，必然也要經歷一個改良會計的過渡時期。而傳統的中式會計也漸漸暴露了它與大工業生產、大企業經濟不相適應的種種弊端，如賬簿組織建設尚不夠嚴密，會計核算項目的設置還不夠科學，賬戶體系不夠健全，賬頁和結冊的格式因過於簡略而缺乏科學性，對會計憑證的運用還停留在比較低級的階段，以及在基本賬法的處理方面還顯得繁瑣和雜亂等等。所以，改革與產業興起不相適應的中式會計核算方法已經成為客觀上的需求。由於我國近代經濟發展內憂外患，力量單薄，所以處境十分艱難。在這樣的經濟狀況下，改良舊式會計的思想自然就顯得模糊不清，無法從根本上跳出中式會計

核算的小圈子，對試行一種比較實際的改良辦法琢磨不定，對進行比較全面的改革猶豫不決。

西式會計的借貸記賬法最初是通過帝國主義開辦的工廠、商行及銀行進入我國的，如英商怡和洋行、太古洋行和美商旗昌輪船公司、英國滙豐、德國德華、俄國道勝、法國東方彙理、日本正金、美國花旗等，會計制度都採用歐美理論和方法。在受帝國主義控制的中國國有企業中，借貸記賬法最早在海關得以運用。1858 年天津條約中寫明：「邀請英人幫辦稅務」。自此，我國海關財政會計大權旁落。隨後用於受帝國主義控制的鐵路與郵政等行業，這些做法都是對西方會計理論的傳播，但也都只是西方人對本國理論的應用。由外國人開辦的企業所採用的會計制度和簿記法，因為國別和流派之分也有所區別。從流派方面考察，大體上可以劃分為東、西兩大派別。西方以歐美為代表，所辦企業大都採用「普通借貸分錄法」，如英、法、德、美等國在中國所辦企業都採用這種辦法。東方則以日本為代表，所辦企業一般採用「現金式借貸分錄法」或「現金式收支分錄法」。

所以，在一定程度上，會計實務上採用西式會計方法要早於西方會計理論在中國的正式傳播，也就是說，在國人還沒有基本瞭解西方會計理論時，實務工作已經開始了。這一特殊情況是由於特殊歷史背景造成的，而這種超前的會計實踐所提供的經驗教訓則成為後來會計理論改良的重要參照。但是不可否認的是，隨著經濟主權的喪失，會計主權亦喪失；而會計主權的喪失，又進一步危及國家的經濟利益。發展經濟要確保國家的經濟主權和會計主權，這是歷史提供給後人的重要教訓。

直到盛宣懷在他 1879 年 5 月創辦的中國通商銀行中，委託經理美德倫（原滙豐銀行大班）和總會計師馬歇爾推行西式賬簿，這才是首次由中國人主導西方人實施的會計改革。而真正意義上由中國人自己推行的改革則首推大清政府的大清銀行會計改良嘗試。大清銀行的前身是戶部銀行，它創辦於 1904 年，1908 年改戶部為度支部，更名為大清銀行。在該行創辦期間，清政府曾一方面派遣留學生赴日學習商科，另一方面又派員赴日考察租稅與會計制度，如學部右侍郎李家駒付日考察經濟，歸國帶回《日本租稅制度考》十冊、《日本會計制度考》四冊。李家駒在奏摺中講：「日本維新以來，租稅制疊加改良，會計法屢經釐定，揆其進行之次第，實可為改革之。」〔註 1〕

〔註 1〕《清宣統中日交涉史料》卷三十二，《考察憲政大臣李家駒奏考察日本財政編

這些舉動給當時財政會計的改良創造了一些有利的條件。

以創辦新式企業為目標，大清銀行所推行的改良工作是全面展開的，從會計改良方面講，集中體現在三個方面：（1）在該銀行的「九科」組織建制中，專設出納、核算、稽查三科，並在分工的基礎上形成牽制關係；（2）確立了賬務制度與統賬制度，以及會計稽核、檢查制度，把銀行的核算工作與管理工作統一起來；（3）對會計方法的改良也較為全面，如在賬簿設置、會計科目設置、會計憑證應用、現金式借貸分錄法採用、結算方法應用、盈虧計算方法採用，以及在會計報告方式方法方面都體現了改良的精神，基本上打破了中式簿記的格局，初步形成了改良銀行會計的方法體系。為維護改良成果，大清銀行一度創辦了銀行學堂，並專門開辦了簿記講習會，這又直接推動了該行所進行的改良會計工作。大清銀行的會計改良成效不僅對當時我國最早開辦的儲蓄銀行——信誠銀行的會計改良產生了影響，而且也對20世紀30年代興起的改良中式簿記運動產生了一定影響。

三、中式會計落後於西方的基本原因分析

正當清政府國勢衰落之際，歐美的資本主義經濟卻得到迅速發展。伴隨著17世紀中葉完成的英國資產階級革命和18世紀60年代至19世紀英、法、德、美諸國產業革命的相繼完成，借貸複式簿記已經得到廣泛傳播，成為一種占統治地位的會計方法。與此同時，中國會計落後於西方資本主義國家的會計已成定論。西方會計為什麼能夠在封建時代末期實現由單式簿記向複式簿記的最終轉變，從而大大超越中式會計呢？

（一）封建統治的「超常」穩定

郭道揚教授總結了在中國漫長的封建時期出現的一種現象：「前一王朝在經濟崩潰中衰亡，後一王朝則隨著經濟恢復而建立起來。然而，前者之覆滅，後者之興起，只不過是同一現象的反覆，同一經濟結構的再生，終不過是新瓶裝舊酒的把戲。」〔註2〕中國封建專制主義的統制處於「超常」穩定的地位，在這種情況下，封建的土地佔有關係得以延續，小農業與家庭手工業相結合的自給自足的小農經濟依然居於統治地位。因此，中國封建時代商品經濟的

譯成書摺》。

〔註2〕郭道揚：《中國會計史綱》，中央電視廣播大學出版社，1984年6月第1版，第330頁。

發展對這種超穩定的經濟結構所產生的破壞作用極其有限，發達的資本主義私有財產關係難以從萌芽狀態中得到成長。這種穩定事實上是產權關係簡單化的一種體現，而簡單化的產權關係對會計提出的發展需求相對來說也是簡單的。

而歐洲封建社會由於長期處於割據分裂的動盪狀態，封建領主制本身具有一定的脆弱性，在此情況下城市經濟卻得到很好的發展。對城市工商業業主私有財產的保護是城市自治的基礎和與封建主鬥爭的動因，在城市商業經濟發展的外部離心力不斷作用下，在由封建領主制向封建地主制轉變過程中，商品經濟迅速衝垮了封建制的各種束縛，私有財產製度向更加發達的資本主義產權關係快速邁進。由此，西方會計也相應的發展到複式簿記的新時代。

（二）重農抑商思想的長期束縛

商業的發展是複式簿記形成的重要條件。因為只有隨著商品交易活動的不斷擴大和發展，才能產生出新的經濟要素，從而才會強烈的刺激著人們的會計思想，有組織的系統記錄方法才能得以產生。傅築夫指出：「在封建社會中，商業之所以成為一切變革的起點，是因為商業的發達，首先會侵入自然經濟的機體內。」〔註3〕商業的發展導致歐洲封建自然經濟解體，資本主義萌芽得到迅速發展，從而催生了西方複式簿記。不僅如此，商業也是複式簿記最早出現並運用的領域之一，在傳播複式簿記中發揮了重要的作用。

而在中國封建社會，長期重農抑商思想帶來的直接後果是使得工商業長期處於一種從屬於封建小農經濟和為統治者服務的被動地位，尤其是商業發展長期處於販運性質的個體經營階段，生產與流通相脫離，農業、手工業和商業各自獨立存在，被局限於極其狹窄的範圍之內。因此，這種商業的性質不是革命的而是保守的，商業的發展道路是走向與封建制度相結合，而不是與之相分離。這樣的工商業狀態，自然無法對會計的發展產生實質性的影響。

（三）社會資金向資本轉化的不充分性

資本的出現和擴張是複式簿記產生的一個根本條件。因為只有資本的出現和擴張才能有效的促進商業和信貸的發展，才能引起產權關係的進一步趨

〔註 3〕傅築夫：《中國經濟史論從》（下冊），生活‧讀書‧新知 三聯書店，1980 年
1 月第 1 版，第 748 頁。

於複雜化，資本主義萌芽才會快速生長起來。在中國封建時代長期重農抑商思想的影響下，不僅工商業本身得不到充分的發展，工商業更不可能通過發展來吸引更多其他社會資金以合夥、股份等組織方式來加入投資。相反，資金向土地等不動產轉移恰恰強化了封建小農經濟。資本無法運動則無法形成資本籌資、投資和利益分配各個環節複雜的產權經濟關係，當然也就不需要會計來界定、維護和處理這些複雜的經濟關係，會計發展自然也就失去了動力。換而言之，對於簡單的經濟活動的記錄反映並不需要很複雜的簿記工作，以致使得記錄所採用的方法也不需要任何較大的改進。

　　而西方資本主義貿易產生和發展時期從事的是大量的原始積纍活動，採取各種手段推動和加速資金、資產向資本轉化。例如「圈地運動」不但促使資本與土地得以結合，而且創造了資本主義發展的條件，形成了資本主義的生產方式。自然，只有資本主義經濟的發展對會計的發展提出了新的要求，這樣才能不斷推動會計向前發展。

四、清末會計教育與會計著作的發展

　　自光緒二十八年，我國訂立高等學堂章程，以日本教育制度為模式，分設七科，才始有商務一科。在課程設置中，也始有「理財學」一門。同年，又頒行《欽定京師大學堂章程》，七科之中，商科列居第六。商科的主要課程分作六目，其中「簿記學」一目排列首位。然而，此時尚無會計（或簿記）專業課程。因此，在這一時期，中國會計雖有一定的發展，但由於受儒學正統教育思想的壓抑和因抑商政策而產生的輕視會計思想的影響，中國會計教育事業長期處於落後狀態。

　　光緒三十一年廢止科舉制度後，赴國外留學者逐年增加，尤以日本留學生為最多。在這些留日學生中，雖然絕大多數人是學習政治和師範專業的，但其中也有一部分人是專攻商科和會計的。他們人數雖少，能量卻相當大，他們中的一些愛國志士，歸國後大都成為管理中國實業和從事會計教育工作的骨幹。特別值得一提的是，在清代末年，僅有的兩所經濟專科學堂——銀行學堂和江南高等商業學堂，為當時試行改良中式會計培養了幾十名精通西式簿記的會計專門人才。這些精通西式簿記的人雖少，並不敷分配使用，但他們與從日本、美國留學歸來的那一部分經濟管理專門人才一起，後來大都成為推動中國會計教育事業發展的骨幹力量，成為我國最早的一批會計學教授。

上述可見，在清末，隨著以資產階級新教育爲形式的半殖民地、半封建教育體制的產生，中國會計教育事業有了新的開端，儘管這種教育依然受著封建思想的束縛，還有相當的局限性，但是，由於一些愛國學者的努力，畢竟走上了一條「離經叛道」，立足於服務外交與實業的新路，並在一定程度上取得了進展。這種進步爲中華民國時期，尤其是國民政府統治時期會計教育事業的進展創造了一些基本的條件。

此間，一批會計學術著作相繼面世，其中尤值一提的是 1905 年由駐外使節蔡錫勇所著系統介紹西式簿記原理的《連環帳譜》一書，由湖北官書局正式出版，首開了專門出版中國會計學術著作的先河。此後，又有著名會計學者謝霖與孟森合作編纂的《銀行簿記學》及孫德全所編《理財考鏡》兩書，分別於 1907 年和 1910 年先後出版。它們的意義，不僅僅只是爲 20 世紀 30 年代「中式簿記」改良運動起到了搖旗吶喊的作用，更主要的是其爲自唐宋時期所創立「四柱結算法」後已經沉寂了近千年的中國會計科學發展帶來了一股和煦的春風，成爲中西會計文化在 20 世紀進行全方位交流的起點，拉開了中國會計科學在 20 世紀得以快速發展的序幕。這使得中國會計科學的發展在本世紀初就翻開了新的一頁，奠定了必要的輿論基礎，明確了基本的思想導向。

第二節　清末會計思想研究

一、蔡錫勇的連環會計思想——《連環帳譜》

蔡錫勇（1850～1897），字毅若，福建龍岩人。同治六年畢業於廣州同文館，青年時代曾留學日本，對於英文、數學尤爲精通，是我國速記術的發明家。赴日留學歸來後，曾隨同陳荔秋出使美國、秘魯、日本三國。擔任過駐美公使館翻譯官，回國後留廣州實習館任教員。而後，蔡氏被兩廣總督、湖廣總督張之洞任命爲洋務局委員，以道員銜受命籌辦漢陽鐵廠、湖北槍炮廠、織佈局等新興實業。蔡氏以其堅實的外文根底一直與洋人打交道，接觸西洋文化的機會很多。特別是他對當時在西方已普遍推行的借貸複式記賬法極爲推崇，於是萌發向國人介紹與推廣這種先進記賬方法的念頭，終於寫成《連環帳譜》一書。但蔡氏在生時未能將其付梓，後經其子蔡璋赴日本考察，對全書加以校計，《連環帳譜》才得以在光緒三十一年（1905 年）由湖北官書局出版發行。

　　蔡氏在該著卷首的凡例中指出其記賬要領：「連環帳法，創自意大利、歐、美兩洲經商者，無不傚之。其妙處在一收（該）一付（存）。凡貨物出入，經我手者，必有來歷去處。我該（收）即彼存（付），彼該（收）即我存（付），無彼、我之可指者。如買物，則物該銀款、銀款存某物，所謂『連環』也。結帳時，所該必於所存相符，如有不符，即是錯誤，亟須查明、更正。」〔註4〕該書對西式複式簿記從賬簿設置、記賬符號、記賬方法、記賬時間、報表編製及報表格式等方面逐一闡明要點，細述無遺。由此構成收付、存該的連環，收付的結果與存該的結果也必相連環，故稱「連環帳」。書中舉有實例，運用中式簿記的傳統賬簿格式及書寫方式形成「帳譜」，因而命名《連環帳譜》。但由於西式複式記賬法與中國傳統記賬法所採用的「收」、「付」符號不同，以「借」、「貸」爲記賬符號，考慮到國內難以立刻理解並接受這種符號，蔡氏於是根據借貸原理，結合「中式簿記」的具體情況，將「借」、「貸」改爲我國習慣使用的「收」、「付」符號，而在賬務處理時則遵循有該（收）必定有存（付）、該（收）存（付）應相符的原則，這種切合國情的改變是蔡氏科學的學習、引進「西式簿記」的可貴之處。

　　由於受當時保守思想和社會環境的限制，作者又並非專職研究會計人士，因此所述內容也有一定的局限性，即僅立足於中西記賬方法的結合，沒能顯現借貸記賬法的全貌。此書出版後未能得到應有的重視，也未曾在實業界產生影響。然而，《連環帳譜》的出版在中國近代會計發展史的意義卻極其重要。它不僅在引進西式簿記方面具有先導性作用，書中設例所述中西賬法相結合的基本原理還對其後改良中式簿記學派基本觀點的形成有著直接影響，所以可以講《連環帳譜》是改良中式簿記的先聲。

二、謝霖、孟森的改革銀行會計思想——《銀行簿記學》

　　謝霖（1885～1969），字霖甫，江蘇武進縣人，中國著名會計學家。1905年赴日本留學，在明治大學攻讀商科，對日本金融界所用的銀行簿記理論與實務頗有研究。民國年間，歷任上海商學院會計系教授、復旦大學銀行金融系主任、上海光華大學院長暨副校長等職。謝氏通過創辦會計師事務所執行會計師業務服務於實業界；通過開辦會計學校、會計訓練班培養會計人才；通過著書立說，將國外先進的簿記理論和方法引進中國，爲改善中國的會計

─────────────────────

〔註4〕蔡錫勇：《連環帳譜》凡例，第 2、3 頁，光緒三十一年刊於武昌。

狀況、促進中國會計事業的發展做出了重要貢獻。

1907 年，謝霖和孟森在東京出版《銀行簿記學》一書，由其主筆，孟森與他配合。《銀行簿記學》由中、日兩國發行，這是我國繼《連環帳譜》後的第二部會計著作。這本書結合銀行業務，將借貸記賬法原原本本地引進中國，使中國人初次見識了西式簿記的眞面目。

該書理論部分以日本學者森川鎰太郎所著《銀行簿記學》的基本內容爲基礎，在銀行賬簿設置方面借鑒了早稻田大學的研究成果，同時又參考了日本學者米田喜的《簿記學講義》，兼容了西歐及日本學者的研究成果，它比《連環帳譜》要更進一步。中國最早所見新式銀行賬簿組織及專用「傳票」、借貸記賬符號與賬項處理方法、西式會計報表以及融合中西式簿記爲一體且具有日本銀行簿記特色的「現金式借貸分錄法」，均由此書介紹而來，並且採用橫寫的方式，運用阿拉伯數字記賬。該書對傳票劃分爲三種：收入傳票、支出傳票和推收傳票。書中舉例結合中國實際，讀後使人既能通曉其理，又易於動手進行操作。自然，這較之蔡氏之作是一個明顯的進步。事實上，這部書對於清末民初中國自辦銀行進行會計改良與改革有著直接影響，其中尤其是對大清銀行的會計方法改良與改革起著指導性作用。謝霖的銀行會計改良思想，從本質上講是學習日本會計方法的結果，將中國傳統現金收付記賬法改革爲現金式分錄記賬法，即複式記賬法。

謝霖不僅著書介紹，還實際參與了銀行會計改良工作。1912 年元月謝氏任大清銀行總司賬，次月中國銀行組建，遂繼任總會計。他根據複式簿記原理和銀行業務特點，設置了中國銀行的賬簿組織體系，首次採用西式賬頁和阿拉伯數字，並改「收付」爲「借貸」，歷時五年，成效顯著。1917 年又爲交通銀行改革賬簿組織，也頗有成效。謝氏理論聯繫實際的努力使得北洋政府統治時期的中國銀行、交通銀行兩行的會計改良工作始終走在金融界的前列，成爲改良中式簿記的先驅者。

三、孫德全的理財思想——《理財考鏡》、《銀行釋義初稿》

孫德全，浙江鄞縣人，曾遊歷歐洲諸國，對英、法、意、德等國經濟發展情況頗爲瞭解。歸國後，根據所見所聞，撰寫《理財考鏡》和《銀行釋義初稿》兩書，試圖通過引進外國理財、會計的成功方法，達到振興中國事業和改善官府財政狀況的目的。這兩冊線裝書是我國最早專門介紹理財與會計

的著作，在當時產生了一定的影響。

《理財考鏡》一書於 1910 年出版，4 冊，張謇題書名。全書十卷，具體分爲中央銀行考、鈔法考、國際匯兌考、公債考、幣制考、鹽務考、關權考、郵遞考、賦課考、會計考等十項。其中第十卷題爲「會計考」，專門討論會計理論和方法。孫氏從理財出發，對西方國家的會計審計制度加以論述，其中既論及會計的地位及作用，闡明會計預決算的重要，又兼顧論及審計建制的必要性，並最終把解決企業理財問題與解決企業會計、審計問題結合在一起。他肯定會計是一門科學，還明確指出會計在管理國家財政經濟中處於重要地位。會計工作的起點是預算，以日常會計核算控制整個預算的執行過程，以定期進行的決算作爲財政會計工作的總結，以審計作爲進行全面監督的手段，這是對一種科學而又系統的會計思想的表述。孫氏把這種先進的會計思想引入我國，無疑對當時的會計工作具有一定的指導作用。

同年 3 月，孫氏又出版了他的《銀行釋義初稿》，這是一部介紹國外銀行管理制度和方法的專著。其中第八章「銀行之簿記」從理論和業務實踐兩個方面論述了銀行簿記的基本原理和基本操作方法。他認爲包括中式簿記在內的單式簿記過於簡單，具有局限性；借貸複式簿記雖便於覆核，但過於繁瑣。所以，他推崇一種「折衷式」簿記，即指艾倫·亨德爲日本銀行創建的「現金式借貸分錄法」，認爲這是一種適合銀行業務經營特點的簿記方法。可見，孫氏在論及如何引進國外先進簿記方法爲我國所用時，傾向於結合中國實際情況產生一種改良簿記，以此作爲改善中國會計狀況的過渡階段。

四、資產階級改良派的會計思想

19 世紀末期，代表新興民族資產階級利益與願望的資產階級改良派經濟思想開始突破傳統理財思想的束縛，取得了新的進展。

資產階級改良派的代表人物黃遵憲說：「余觀西人治國，非必師古。……其於理財之道，尤兢兢業業，極之至纖至悉，莫不有冊籍以徵其實數，其權衡上下，囊括內外，以酌盈劑虛，莫不有法。」〔註5〕他讚揚資本主義國家全面核算的深入細緻和盈虧得失方面的精打細算，肯定良好的方法在理財中所發揮的作用。黃遵憲還較早提出確立國家預算決算制度，他說：「余考泰西理財之法，預計一歲之入，某物課稅若干，某事課稅若干，一一普告於眾，名

〔註5〕 黃遵憲：《日本國志》卷十五，《食貨志》。

日預算。及其支用已畢，又計一歲之出，某項費若干，某款費若干，亦一一普告於眾，名曰決算。其徵斂有制，其出納有程，其支銷各有實數，於預計之數無所增，於實用之數不能濫，取之於民，布之於民，既公且明，上下孚信。」〔註6〕他通過對西方資本主義國家實行預算、決算制度的評價，闡明了確立預算、決算的重要性。

鄭觀應的理財思想又進一步，他認為預算是會計的首要任務，監督預算的執行是會計的日常工作，而決算則是通盤理財的關鍵。他指出當時中國的會計工作是不完全的，因而主張系統學習國外的做法。他說：「度支者，國家預籌出入之數也。泰西各國每歲出入度支皆有定額，不能愈限。」〔註7〕他主張以行省作為編製預算的基礎分別核定出入數額，明確預算清冊編製方法，同時主張公佈預算，通曉天下，並作為主管部門報銷、核算的依據。分省編製決算清冊，到中央匯總，並統一進行分析比較，系統總結。他把這種通過會計加強對國家財政管理的做法稱為「通盤理財之法」。鄭觀應還強調對賬目的審核，他說：「各國公司例舉董事，查帳員為股東代表監管稽核也。公司尋常之事，概由總會辦管理，如有重大事件，必邀董事聚議公決，方準施行。所有出入帳目，准查帳員隨時查核。」〔註8〕

總的看來，資產階級改良派引進西方會計思想主要內容集中在預算、決算上，是站在國家層面上對會計思想的總的控制，符合其改良要求，但對於具體會計制度、方法還沒有足夠的重視。但是資產階級改良派對於國外先進財計的引進傳播及其資產階級會計思想的產生已經開始突破封建財計思想的束縛，促使我國會計走上改革的道路。

〔註6〕黃遵憲：《日本國志》卷十七，《食貨志三》。
〔註7〕鄭觀應：《盛世危言·度支》，載夏東元編《鄭觀應集》。
〔註8〕鄭觀應：《稟北洋通商大臣李傅相條陳輪船招商局利弊》，《洋務運動》第六冊。

第二章　北洋政府時期會計思想研究

　　1911 年的辛亥革命推翻了清王朝的封建統治，但是並沒有觸動封建土地制度和帝國主義在華勢力，資產階級也沒有通過這次革命取得政權，它的不徹底性鑄就了它失敗的命運，其勝利果實很快就被心懷帝制舊夢的袁世凱篡奪了。1912 年，民國成立後，袁世凱很快建立起代表大地主大資產階級利益的北洋軍閥統治下的國民政府（簡稱北洋政府）。為維護其統治，北洋政府對內殘酷鎮壓人民的革命，對外出賣國家主權和利益。袁世凱沒後，北洋軍閥四分五裂，各自為政，中國陷入了軍閥割據混戰的黑暗統治之中。為爭奪地盤，各派軍閥紛紛尋找帝國主義做靠山，互相傾軋，連年混戰，使廣闊的中華大地生靈塗炭、哀鴻遍野。由於連年戰爭，各派軍閥將鉅額的戰爭費用轉到人民頭上，使整個社會經濟遭到重大破壞，導致人民的生活更加貧困，給中國造成無盡的災難。這一時期經濟發展極其緩慢，會計思想的發展無疑受到很大的影響。

　　但是，辛亥革命在一定程度上削弱了中外反動勢力對於中國民族資本主義的束縛和壓迫，推動了中國資本主義的發展。北洋政府執掌政權後，頒佈了許多振興實業的法令、布告，為中國民族工業的發展開闢了道路。據統計1912 至 1916 年間頒佈的這類條例法規就有 86 項，這些措施的頒佈為中國資本主義的發展掃清了障礙，客觀上刺激了經濟的發展。在此基礎上，北洋政府在會計發展方面也做了一些工作，取得了很多重要的突破，如制定了中國歷史上第一部會計法和審計法、擬訂了普通官廳用簿記、規範會計制度等等。這些都為中國會計走向法制化、規範化和科學化道路奠定了必要的基礎。與此同時，海外歸來的留學生日益增多，諸多愛國的財政、會計學者在西學東

漸之風的影響下，積極學習西方先進的會計思想，立志於改良中國傳統會計，踏踏實實的做了很多改良工作。所以，北洋政府時期雖然仍然處於會計發展的緩慢時期，但它是會計發展過程中一個重要的積累過渡時期。

第一節　北洋政府時期財計組織結構設置思想

辛亥革命後，南京臨時政府將清代的度支部改稱財政部，在中央行政系統之下設立外交、內務、財政、軍務及交通五部，其後又改設陸軍、海軍、司法、財政、外交、內務、教育、實業及交通九部。財政部這一名稱的確立標誌著財政收支全部以貨幣爲對象，不再有漕糧的徵收和倉儲運輸等事務，戶口、土田等則劃歸內務部主管。所以「財政部」不僅僅是名稱的改變，還深刻的反映了貨幣經濟發展的內容和特點。

北洋政府成立後大體承襲了南京臨時政府中央行政系統的管制規模，並擴大了財政部的管事範圍，凡國家財政的收支、預算、決算的編製和審查以及會計的規程都由財政部總攬。1914 年 7 月北洋政府「修正財政部官制」第一條規定：財政部直隸於大總統，管轄會計、出納、租稅、公債、錢幣、政府專賣、儲金銀行及其他一切財政，並監督地方公共財政。〔註 1〕財政部設總長（部長）一人，負責全盤管理。財政廳是省財政機關，應受省長領導；財政總長是內閣成員，應對國務總理負責。把財政廳直接隸屬於財政部，財政部直接隸屬於大總統，財務行政跨越國務院而直接受大總統的領導和控制，這是以內閣制爲名，行總統制之實。嚴格來說，這是在共和政體內實行專制統治，爲北洋政府干預國家財政，專斷獨行提供了機會，也暴露了其專制的野心。但我們同時也可以看出，把全國的會計權、出納權和賦稅徵收、及貨幣發行集中於一部，並通過管事範圍的分工，已經初步建立了一種牽制關係，這是進步的一面。

財政部以下設總務廳及賦稅、會計、泉幣、公債、國庫五司，另設鹽務處，綜攬國家鹽政。在一廳五司中，財務會計工作既有獨立的主管部門，又穿插其中，分管各環節的核算事宜。會計司的設置既繼承我國古代的做法，

〔註 1〕中國會計學會會計史料編輯組和中國第二歷史檔案館合編：《中國會計史料選編》IV，江蘇古籍出版社，1990 年，第 2847 頁。爲行文簡潔，下文同一注釋來源均省略編者及出版社、出版時間信息，格式爲「《中國會計史料選編》IV：第 2847 頁」。

又在管事範圍方面借鑒國外經驗。它主管總預算及決算事項、國家特別會計的預算及決算和各種會計賬簿的記錄和各種計算書的檢查；負責歲入、歲出會計報告的編製；經管支出預算事項和預備金支出事項；主管現金和物品的出納及會計；經管中央公共團體有關歲計的一切事項；掌理有關會計方面的其他事項等。可見，會計司對國家財政的控制是全面的，已經包括事前、事中和事後三個方面，既有總的控制，也進行具體的控制。顯然，這體現了一種新的組織建制精神。

北洋政府的地方財計組織機構設置變動比較頻繁。1911 年，各行省均於都督府之下設財政司，綜理一省財政，實行財政收入地方分權制。1912 年春，為提高地方財政組織的職權而設置國稅廳，國稅廳下設三科，其中主管會計者為重要職掌。1913 年秋，又將財政司與國稅廳合併，設置財政廳，直屬於財政部，集財權於中央。此外，對於海關及國家專賣事業的管理專門設置常關監督署和鹽務官署等，其中設有會計、統計、稽核三課。

北洋政府成立之初，各省實行地方自治，大多設有審計機構，如廣東省的審核院、雲南的會計檢查所、湖北及江西的審計廳、貴州的審計科等。這些審計機構名稱不統一，組織不完善，審計方法也不科學，這是草創時期不可避免的。但它標誌著中國在結束封建專制政體後，要求政府財政民主的新潮流。1912 年 9 月，北洋政府中央設審計處，直隸國務院，實行事前審計和事後審計兼行的制度，同時改組各省的審計機構，統一名稱為審計分處。1914 年 6 月改審計處為審計院，直屬於大總統，並制定公佈《審計法》，由審計院按照《審計法》審定國家歲入、歲出決算，並定期將審計結果報告大總統。同時撤銷各省的審計分處，審計監督權集中於審計院。但是在軍閥割據、各自為政的局面下，審計院的審計權力，根本無法貫徹到地方，審計院對於地方違反財政紀律的情況也無能為力。北洋政府還打著對陸軍進行軍事財務監督的旗號，於審計院之外，另設「特別審計處」，美其名曰專門負擔軍隊審計的責任，實際是繞過審計機關，任意揮霍國家資財。它表現了北洋政府審計組織建制的虛偽性。

綜上所述，北洋政府的財計組織已經開始擺脫以往封建財計官制的束縛，積極引進日本等資本主義國家在財政、會計組織機構建制方面的基本做法使其有了一定的改善。這與留日歸國的部分愛國學者圍繞著國家經濟的管理問題，致力於財政、會計組織的改良工作所付出的辛勤努力是分不開的。

但是，北洋政府統治的 16 年期間，連年內戰，國無寧日，以致財計組織機構有名無實，淪為虛設，國家機關的會計工作陷於凌亂不堪之中，會計決算也是虛而不實，財會制度很少建樹，愛國知識分子對改良會計工作的努力也隨之付諸東流。

第二節　北洋政府時期會計法制化思想的萌芽

　　清末及其前期各種律令中散見的關於會計法制化的規定很不完善，也不成系統，這反映出統治者主觀上還沒有認識到如何用法律制度來規範會計工作。直至北洋政府時期，統治者才開始制訂彙集的法令和統一的會計制度，這才把會計推向法制化、規範化和科學化的新的歷史時期。這是在長久漸變過程中的一次突變，不論公私機關企業都產生了過去從未有過的會計審計法律和規章制度，這對於當時規範會計工作起了重要作用，也反映出北洋政府時期會計法制化思想的初步開展。儘管在執行過程中帶有一定的虛偽性，但是其進步性無法被忽視，為我國近代會計的發展奠定了基石。

一、南京臨時政府的會計法草案與錢應清的會計法治思想

　　1912 年 3 月 12 日，孫中山在《臨時政府公報》第 35 號上正式公佈了《中華民國臨時約法》。自此，中華民國第一根本法產生。這個具有憲法意義的文獻除明確在國家政體上實行「三權分立」的原則外，還在發展資本主義性質的經濟中體現了一些會計法制化的思想。如其中第三章規定：參議員有議決臨時政府預算決算、議決全國的稅法幣制及度量衡的準則、議決公債的募集及國庫有負擔的契約等職權。這些規定都是關係到會計法制化的問題。

　　1912 年 3 月，在南京臨時政府財政部制定的《會計法草案》中，最為突出的一點就是會計立法目標明確。《會計法草案》共 8 章 36 條，其內容的確定已經明確顯示出向西方政府會計立法靠攏的趨勢。同時，它明確了會計法在規範政府會計行為中的重要地位和作用，在保障國家財政權益方面與臨時約法完全保持一致。

　　這部會計法草案的起草者為錢應清，江蘇省崇明縣（今屬上海市）人，畢業於日本法政科大學。1912 年初，在北洋政府財政部任司計處主管，後調到財政部庫藏司任司長。他看到前清財政混亂，浮費如故，指出這些都是因為沒有會計立法造成的，他說：「此無他，前清無會計法以定主管財政之根本

計劃故也」。〔註2〕以此爲鑒，他提出了會計法治思想。他說：「中央財政，烏可不有根本法律以爲施行之依據乎。顧財政之施行，必以整理爲前提，預算爲中樞，監督爲後勁。自整理以達預算監督，有必經之手續，即應有一定之法規。」〔註3〕換句話說，會計法不確定下來，則整理無從著手，預算無從辦理，監督之權也不能實行。而且他認爲編訂會計法刻不容緩，故在 1912 年 3 月遞交「財政部請將會計法草案咨交參議院議決呈」，並附上會計法草案，這其中深刻的體現了錢氏依法治計的會計思想。

（一）截清會計年度思想

錢氏說：「財政部掌收藏支，凡關於歲入歲出之核算，非先截清會計年度，則於規劃財源、考覈歲額諸大端無從著手，此會計法編訂之第一要件也。」〔註4〕此思想表現在會計法草案第一條：政府之會計年度以每年八月初一日爲始期，次年七月三十一日爲終期。他認爲會計年度的開始時期必須選擇歲入很多，歲出寬緩的時候，這樣財政安排上才會非常便利。此處八月初一日爲陽曆，因爲我國歲入中田賦占大部分，如地丁是立秋後徵收，漕米在立冬後徵收，陽曆八月初一日即立秋前九天，此時國庫比較充盈，可以避免發行財政部短期債券、借用銀行款項等行爲。由此推算，財政部應在二月彙編預算，三月開會，六月閉會，七月公布施行預算議決案，按此周而復始。

截清會計年度的觀點是正確的，這也是會計法治化的最根本問題。其實過去也有會計年度的劃分，不同之處在於過去沒有會計法做明確規定，於是歲入歲出可以由各級官廳隨意伸縮，才發生牽連混亂，無從著手的情況。在要求截清會計年度觀點上學者們很快達成一致，但是關於會計年度的起點和終點如何確定在當時一直存在很大的爭議。在以後章節中將詳細介紹貫穿整個民國時期關於如何截清會計年度的討論。

（二）集中預算決算，統一國庫思想

會計法的推行必須與統一收支命令、統一公庫出納相配合，因此錢氏提出各級官廳的歲入歲出都要以預算爲依據，歲入歲出的命令必須由財政部發佈，歲入歲出的現金必須由公庫辦理出納，各官廳不得儲存現金。他強調預

〔註2〕《中國會計史料選編》Ｉ：第 3 頁。
〔註3〕《中國會計史料選編》Ｉ：第 3 頁。
〔註4〕《中國會計史料選編》Ｉ：第 5 頁。

算決算的重要性，認爲這是會計法編訂的第二要件。「其法治預算案內指定之項，照額支出外，如有超額支付，任意挪用者，皆所不許。…… 至於何項應禁挪移，何項應得通融，國會有承認預算之權，審計院有檢查決算之責，而財政部有編纂歲出歲入總概算書之職務。」〔註5〕

由此可以看出錢氏的會計思想中有中央集權的傾向。他說：「至其所以有此規定之原理，不第防官廳之濫用，且寓厚集中央經濟之微意。蓋國家經濟只有此數，集中則見其有餘，分儲責則見其不足，故爲維持金融計，亦不得不爾。」〔註6〕這也是針對當時徵收機關林立，事權分散，中央催令報解，而無一應名的情況而提出的。錢氏試圖通過會計立法來集中動員全國財力，在當時分裂割據形勢下是明知不可而爲之的辦法，帶有一定的理想色彩。

（三）規範政府工程及賣買貸借思想

規範政府工程及賣買貸借是錢氏提出的會計法編訂的第三要件。他認爲政府在工程興作和國有財產買賣借貸過程中應該規範行爲，明確什麼事項可以變通，什麼事項不可以漫無標準。他在會計法草案中專列一章即第六章規範政府工程及買賣借貸行爲，除所列特殊事件外，均應預先廣告招人投標，而且除所列特殊事件外，非將正式合同及買賣證據送由審計院證明後，不得支出經費；除定購外國軍艦、軍裝、機器、彈藥外，凡政府的工程製造及買入對象，概不得預支現款。這一思想對政府行爲產生了極大的制約，可以有效規範財政資金的使用和流向，制止營私舞弊，中飽私囊。但是這一思想與既得利益群體觀點衝突，所以在北洋政府正式頒佈會計法時變動較大，刪改很多。

（四）加強出納官吏從業紀律思想

出納機關與資金打交道，用人應該極爲審慎，監督應該極爲嚴密，其掌發支付命令和負責現金保管，應承擔的責任，應受到的限制，必須由法律規定，這是編訂會計法的第四要件。出納官吏對於現款、物品應負一切責任，受審計院審查判決；如遇水、火、盜、難及一切意外事故，致保管現款、物品遺失毀損時，除了緊急避難以外，沒有審計院授予的責任解除判決的不得免其責任；支付命令官不得兼任現款出納；出納管理不得爲工商營業及工作

〔註5〕《中國會計史料選編》Ⅰ：第5頁。
〔註6〕《中國會計史料選編》Ⅰ：第8頁。

物品的承辦人。這些都反映了錢氏加強財政紀律的思想，規範會計從業隊伍是會計工作順利進行的基本保障。

（五）關於免除收入權利和支付義務思想

在會計法草案中，除了以上四大要件外，錢氏關於免除收入權利和支付義務的思想也非常突出。他在收入、支出兩章中指出：「政府應收之款，過本年度後，再經五年不督催其完納者，得免其投納之義務，但以特別法律規定期滿免除之期限者，不在此限。」〔註7〕「政府應發之款，若過本年度後，再經五年承領人不請領支付命令，或已領支付命令至期不請發現款者，得免除給發之義務。但以特別法律另定期滿免除之期限者，不在此例。」〔註8〕

他的理由是從收入方面來說，徵收國稅應有一定的法律，納稅通知應有一定的期限，如果不按期催促監督其繳納，這是官吏的過失。而且遞年代徵，不加限制，就會稅款虛懸，更容易蒙混，還不如明確債務時效，可以使徵收官吏知道責任所在。從支出方面來說，會計制度應該整齊劃一，如果應發的款項不請領支付，則成虛掛款目，時間一久，補發時計算也有困難，而且可能發生並無補發的事實。對於補發的款項，侵蝕在所難免，稽核也較爲繁複，還不如明確免除期限，以便會計整理。

嚴格來說，錢氏這一觀點不是完全正確的。首先，在任何情況下，債權債務過期免除條款應由民法來規定，會計法不應越俎代庖。不過當時尚沒有制定民法，所以也說不上與民法相牴觸，但難免有越權之嫌。其次，對於稅款不能按期收繳，沒有針對徵收官催促監督不力作出相應的規定，而是於五年後免除繳納，並認爲這可以使徵收官知道責任所在，這也是一種不切實際的主觀願望，不僅不能促使徵收官明確責任，反而可能被徵收官鑽會計法的空子，串通納稅人故意拖欠過五年，以朋分應納國家的稅款。再次，關於支出的款項，承領人五年不向政府領取的情況也不現實，發生概率應該較小，如此規定稍顯多餘。

會計法草案僅8章36條，內容又包括財務行政和財務監督，對會計的具體事項大多沒有涉及，因此該草案實際上等於沒有內容的目錄。主要原因在於該草案不是由專職會計人員起草，而是由財政部的司計處主管後調到庫藏司任司長的錢應清擬訂，所以錢氏較多的從財政部本身業務出發，把立足點

〔註7〕《中國會計史料選編》I：第11頁。
〔註8〕《中國會計史料選編》I：第15頁。

放在預算、決算、公款收支等財務行政方面，忽視了會計法的特點和要求，喧賓奪主，變成類似綜合性的財務法規，這不能不算是這部會計法草案的最大缺點。

但總的來說，這部草案參考了日、德、法、意等國的法規，其中主要是日本的法規，又結合了中國的實際情況和中國學者的學術看法，可謂「外仿良規，內表管見」〔註9〕，爲會計法正式訂立提供了思路。儘管由於臨時政府的執政很快結束，這個《會計法草案》未能夠在實施中發揮作用，但是它卻表達了中國會計專門立法的積極要求，對後世會計立法產生了直接影響。

二、《民三會計法》（中國第一部會計法）及其體現的法制化思想

1912 年中至 1927 年爲北洋軍閥政府統治時期，在此期間，它在北京設立的中央政府先後爲不同派系的軍閥集團所控制，代表著大地主和大資產階級的利益，是中國歷史上典型的軍閥政府，在政治上經濟上都暴露出一定程度的反動性。但是在形式上它卻借助於民主共和體制來進行運作，打著共和的旗號來確定自己的合法地位。

1914 年 3 月北洋政府修改《中華民國臨時約法》，專設會計一章，這是中國第一次把會計列入根本大法。其中規定國家的歲入歲出都要以經立法院議決的預算爲依據，體現了依法治計的精神。但是這部約法是在袁世凱直接控制與授意下修改的，充分擴大了大總統的權力，是爲袁世凱實行專制統治服務的。約法第 55 條規定：爲國際戰爭或勘定內亂，及其他非常變故，不能召集立法院時，大總統經參政院之同意，得爲緊急財政處分，但須於此期立法院開會之始，請求追認。約法第 57 條規定：國家歲入歲出之預算，每年經審計院審定後，由大總統提出報告於立法院，請求承諾。可見，約法已經很隱諱的說明大總統可以以國際戰爭、勘定內亂及非常變故爲由，繞過立法院而實行「緊急財政處分」，且受到約法的保護。而且，預算也要經由大總統提交立法院。這些都反映了會計並不是單純的技術工作，它和政治也是緊密相連的。

早在 1912 年 3 月南京臨時政府財政部已經擬定了會計法草案，共 8 章 36 條，後經修改爲 9 章 37 條，由大總統於 1914 年 3 月作爲會計條例公佈，並送參議院議決，完成立法程序後稱會計法，於 1914 年 10 月公布施行。這是

〔註 9〕《中國會計史料選編》Ⅰ：第 6 頁。

中國歷史上第一部會計法，史稱《民三會計法》。它的頒佈是中國會計史上一件大事，是中國會計法制化的開端。這是參加當時政府工作的愛國學者，力求從會計立法入手，改善中國財政會計落後狀況的首次嘗試，在加強會計法律制度方面取得了一定進展，並對當時政府的預算、決算工作在一定程度上起到了約束作用，也對中華民國時期在財政與會計法制建立方面具有一定的啟示性作用。

（一）《民三會計法》較之會計法草案的主要內容變動

《民三會計法》承襲了會計法草案的格式與主要內容，使之更加簡潔，概括性更強。由於會計法草案主要借鑒日本法規，所以《民三會計法》也間接以日本會計法作爲藍本，其章節條文分列與日本會計法相差無幾，內容安排也大同小異。《民三會計法》分爲總則、預算、收入、支出、決算、期滿免除、工程及買賣貸借、出納官吏和附則 9 章，其中增加了第 6 章期滿免除，把原來分散在收入支出兩章中的免除條款集中爲一章。

1、關於會計截清年度及整理期限的規定

《民三會計法》規定以 7 月 1 日到次年 6 月 30 日爲一個會計年度，與草案稍有不同。歲入歲出總預算由上年度國會開會時提出，改爲於上年度提交立法院，這兩個概念意義並不相同。根據當時修改後的約法第五十一條：國家歲入歲出，每年度依立法院議決之預算案行之。預算案確實應該由立法院議決，但是立法院何時開會並沒有規定，所以這個會計年度的規定就不切實際了。

2、關於預算支出各官署相互挪用的規定

草案中規定各官員不得於預算所定用途外使用定額及彼此流用各項內款項。在《民三會計法》中增加了補充條件「但各官署因特別情事，有流用各項定額之必要時，應聲敘事由，呈請大總統核辦，經大總統認爲必要准其流用者，不在此限。」〔註10〕這樣就使得大總統的權力凌駕於法律之上，從而一手遮天，控制財政支出的調配，預算也就在一定程度上流於形式了。

3、關於政府工程及買賣借貸的規定

在這一章中刪減了草案中第二十八條，即除了特殊規定外，沒有將正式合同及買賣證據送交審計院證明的政府工程及買賣借貸不得支出經費。所

〔註10〕《中國會計史料選編》Ⅰ：第 32 頁。

以，《民三會計法》減少了審計院審計的環節。另外，政府工程製造及購買物品不得預付價金的限制範圍也有所變化，草案中除購買軍艦、軍裝、機器、彈藥外均不得預支現款，而《民三會計法》則規定除軍艦、軍械及其他特別情形者外不得預支。其中「特別情形者」範圍極廣，且無從限定，表現出較大的彈性和較寬鬆的討價還價的餘地。

（二）袁世凱大總統對於《民三會計法》的修正

1915 年 9 月 25 日，袁世凱大總統以法律第三號文公佈修正會計法的有關條文，進一步暴露了其一統天下的野心，企圖將財計大權牢牢掌握在自己手中。

首先修正的是會計年度的劃分，重新規定以自然年度爲準，每年 1 月 1 日開始，12 月 31 日終止，並相應調整歲入歲出整理完結時期不得超過次年 6 月 30 日，且前會計年度的歲入歲出現計書截至上年 12 月 31 日終止。

其次，他修改了第五章決算中的兩條規定。原第二十四條：總決算先經審計院審定後，提交立法院。修正爲「總決算先經審計院審定後，由大總統提交立法院」。〔註11〕原二十五條：總決算提出立法院時，附送審計院之審計報告書，並左列書類。修正爲「總決算提出立法院時，由大總統提出報告書，並附送左列書類」。〔註12〕《民三會計法》較之會計法草案已經超越了預算權威，修正之後又由大總統包攬了很大一部分決算的權力。可見，其共和民主是具有虛僞性的，政治權勢主導了會計立法，無法給會計工作的進步提供穩定的政治保障和法律保障。

（三）對《民三會計法》的評價

《民三會計法》承襲了會計法草案的絕大部分內容，也承襲了會計法草案的主要缺陷，同時由於所處政治環境的變化，又新增了一些缺陷。

1、內容超越了會計規制的範圍，變爲綜合性財務法規

《民三會計法》的內容仍然包括財務行政和財務監督，由於北洋政府沒有制定單獨的預算法和決算法，而把它們都包括在會計法中，這是不太合理的。綜合性財務法規固然可以大而全，但是失去了會計法本身應該具有的特色。

〔註11〕《中國會計史料選編》 Ⅰ：第 36 頁。
〔註12〕《中國會計史料選編》 Ⅰ：第 36 頁。

2、側重會計監督，忽視具體會計核算的規定

《民三會計法》較多的從財政部本身業務出發，把立足點放在預算、決算、公款收支等財務行政的監督方面。但是有關會計核算方面的會計憑證處理，會計科目分類，會計報表編製，以及會計事務處理手續和應遵循的原則反而被忽視。1914 年 2 月 1 日國務院釐定普通官廳用簿記，11 月 30 日審計院又對其進行修訂，從而確定了會計制度的部分內容，如賬簿組織，記賬方法以及會計憑證運用的程序等，但是仍然沒有涉及到民間會計規範。

3、對會計條款的確定大體採用抽象的設定原則，故在貫徹執行方面較難以把握

《民三會計法》內容涉及面非常廣，但總共只有 9 章 37 條，且每章只有幾條規定，每條規定又都很簡略。這使得每條規定都不具體，大體採用的都是抽象的設定原則，在執行方面難度較大，解釋起來也不盡統一。

4、專制色彩較為濃厚，帶有一定的虛偽性

《民三會計法》具有北洋政府時期特殊的歷史烙印，過分擴大了總統的財政控制權，削弱了對總統的限制。軍閥實際上實施的是專政，但他們打著共和的旗號，通過制定、修正會計法為自己牟取最大的利益，帶有一定的虛偽性。

儘管如此，我們也應該看到《民三會計法》作為我國第一部會計法的進步意義。它是愛國知識分子為真正推行共和體制而著重仿傚日本明治維新之後的法規，力求革新中國會計工作的嘗試，這種嘗試不但改變了中國傳統會計法律制度的基本格局，而且確定了科學的立法宗旨進而影響後世，所以對其歷史貢獻應當充分加以肯定。

三、北洋政府的審計法及其體現的會計思想

北洋政府國務院於 1912 年 10 月成立審計處，先後制訂了《暫行審計規則》、《收支憑證之證明條例》、《審計處暫行章程》、《暫行審計外債用途規則》等一系列沒有經過正式立法程序的審計法規。審計機關實質上是缺乏獨立性的，不但重大案件要經國務總理核定，而且疑問案件也要由各機關長官派員會同審定，審計處無權直接對審查案件做出處理。

1914 年 3 月大總統公佈《審計條例》，共 8 章 29 條，帶有行政法規性質。條例規定審計機關的任務包括審查收入支出、檢查國庫、檢查國債、檢查工

程及買賣貸借和檢查簿記等。但是審計機關的權力仍然有限，只能對各官署出納官吏的不當行為提出處分，如果各官署長官有違背法令的行為，要呈報國務總理轉呈大總統交文官懲戒委員會議處。

1914 年 5 月，修訂後的《中華民國約法》第 57 條規定：國家歲入歲出之預算，每年經審計院審定後，由大總統提出報告於立法院，請求承諾。這是我國審計權力列入根本大法的開始。於是北洋政府成立審計院，撤銷審計處，公佈並實施《審計院編製法》，並著手修訂原定審計條律。1914 年 10 月另行制定《審計法》，並經參議院議決公布施行。這是中國歷史上經過立法程序的第一部《審計法》，不分章，共 19 條，內容概括性較強。同年 11 月公布施行《審計法施行規則》，共 18 條，對審計法中某些條文作具體規定，同時也對未規定的部分做了補充。

（一）審計法的特徵和主要內容

1、以《中華民國約法》為依據，具有較高的權威性；以合議制形式決定案件性質，體現了審計的民主性；注重事後審計，沒有事前審計規定，具有不完整性；在實際執行過程中遇到上至大總統下至各部門的種種阻礙，缺乏獨立性。

2、規定審計範圍包括政府機關的全部收支計算、決算、特別會計的收支計算以及對公共財務的收支計算，其中除去總統歲費及政府機密性費用開支。

3、規定審計院依法編製各項審計報告書，經常項目應按月送審以及「再審查」方案；編訂關於審計上的各種證明規則及書式；備案各官署現行會計章程；處理審查結果以及辦理委託審計等。

（二）《審計法施行規則》的補充內容

1、補充了有關事前審計事項。第 1 條規定：「各官署應於每月五日以前，依議決預算定額之範圍，編造次月支付預算書，送由財政部查核發款後轉送審計院備查。」〔註 13〕這多少在形式上彌補了《審計法》沒有涉及預算和撥款等事前審計的不足，儘管發款後送審計院備查在當時軍閥割據、權大於法的情況下也無法保證實施。

2、補充了有關公有營業機關的審計問題。第 3 條規定：「營業機關以及其他有特別性質之收支計算，得依審計院制定特別期限，編成收支計算書，

〔註 13〕《中國會計史料選編》I：第 447 頁。

送由主管官署核閱，加具按語，轉送審計院審查。」〔註14〕這一補充明確了審計院審查公有營業機關收支計算和檢查收支憑證的權力。

3、補充了有關金庫審計事項。第 4 條規定：「金庫應於每月經過後十五日以內，編成金庫收支月計表，連同證據，送由財政部或財政廳核定後，轉送審計院審查。」〔註15〕而在《審計法》中僅提及總決算及各主管官署決算報告書的金額應與金庫出納的計算金額相符，並沒有明確金庫收支狀況也需要審計。

4、補充了出納官吏和各官署長官違背法令或行為不當時的處理辦法，指出應按級別處理，分別通知該出納上級長官和呈請大總統核辦。另外，各官署應將出納官吏姓名、履歷及保證金額錄送審計院備查；出納官吏交代時，應將經管款項及物品詳列交代清冊交接管人員，由該管長官向審計院報明交代情形。

此後，陸續公佈了《支出單據證明規則》、《審計院規定收支計算書據核閱期限公函》、《修正審查國債支出規則》等都對《審計法》做了有效補充。總的看來，北洋政府的《審計法》雖不完美，但卻是中國審計發展史上第一次對審計工作訂出了比較具體的法令規則，使審計工作開始法制化和規範化。和《民三會計法》類似，《審計法》也沒有得到很好的施行，而且施行的阻力更甚於前者。

第三節　北洋政府時期會計思想的發展及實踐

一、統一官廳會計制度的思想

普通官廳用簿記由國務院頒發於 1914 年 2 月 1 日。同年審計院成立，為了適應審計工作的要求，審計院於 11 月 30 日發文對普通官廳用簿記做了修改，目的是健全簿記組織，及時正確的編製預算、決算，以反映預算執行情況。自此，北洋政府的會計有了統一的依據。

統一官廳用簿記的準則是：「第釐定官廳簿記組織，視財務行政機關之統系以為衡；釐定財務行政統系，視國庫完全統一與否以為衡。」〔註16〕所以，

〔註14〕《中國會計史料選編》Ⅰ：第 448 頁。
〔註15〕《中國會計史料選編》Ⅰ：第 448 頁。
〔註16〕《中國會計史料選編》Ⅰ：第 543 頁。

主張一切收入全部繳納國庫，一切支出全部按核准的預算數向國庫領取。由此，官廳簿記根據各機關的性質和權限不同，分爲歲入、歲出兩類分別核算，形成兩種簿記組織。兩類的共同點是賬簿類別劃分具有一致性，都分爲主要簿、補助簿和報告表三部分；不同點在於歲出簿記以執行國家預算爲主要目標，賬簿中的分類以預算科目爲依據，而歲入簿記則以落實、考覈各項歲入的實現爲目標，其重點是對各收入項目的考覈。這是中國官廳會計核算思想上的一次革新。

統一官廳會計制度的思想還表現在制訂了內部憑證、會計賬簿、會計報表的統一格式和詳細的使用辦法。在中國封建社會後期各個王朝的官廳會計中，雖然已經產生了統一的賬簿、憑證、報表格式，但不是全國性的，不成系統，更沒有完整的成文的會計制度。因此，北洋政府頒佈的普通官廳用簿記也是中國最早規定會計制度中統一格式的官廳會計。

北洋政府所採用的記賬方法是從日本引進的一種收支簿記法，其做法與現金式收支分錄法大致相同。在這種記賬方法下，賬簿的格式是新式的。現金出納簿爲收、支、餘三欄式，而支出分類簿則爲支付（預算數）、實支、未支三欄式，其摘要另闢專欄。根據現金的控制重點，出納簿中須表明科目分類的號數，而根據分類核算的要求，在支出分類簿中強調表明出納頁數與單據號數。爲適應於對預算收支的反映，它以收支爲會計記錄符號，其金額記錄採用阿拉伯數碼。在現金出納簿中，在撥給用於開支的收入數額一定的情況下，對每筆賬目的處理只記現金的對方，而現金方面則略去不記。每日結存時收支相抵，便可以考覈賬目處理的正確性。這種做法已經體現了複式記賬法的思想。凡涉及實物消耗，則配合以數量核算，在輔助賬簿中完成這種記錄，以與金額核算相配合。在政府的會計工作裏，現金的直接收付業務是大量的，轉賬業務是非常少的，所以採用收支簿記記錄法是可行的。但是，類似轉賬業務性質的賬目也時有發生，對此類業務便採用了借貸分錄法，一律是複式會計記錄。

這種賬簿組織按照證、賬、表相結合的體系組合賬目，各種賬簿、憑單、報表之間是有機的互相關聯互相牽制著的，因此會計實務處理程序較爲嚴密。而且它能適應官廳會計發展的要求，使預算、核算與決算三者有機的統一起來。它反映了普通官廳用簿記核算體系的完整性，因而具有一定的科學性。而且，人們已經注意到當時幣值的不穩定性，於是增設「換算簿」，通過

換算，使計量、記錄的標準達到統一，從而使會計核算資料準確無誤。

當然，作爲中國官廳會計破舊立新過程中一種過渡形態的改良簿記法，北洋政府的統一官廳會計簿記思想仍然存在很多不足。如僅以原始憑證登記入賬，還沒有產生記賬憑證；主要簿記仿照各國通例改用橫式，而大部分補助簿記仍照例採用直式；遇到上月支出在本月支付的情況時，不作應付未付款處理，而是在支付實現後補作一個形式上的應付記錄，這是不科學的。

二、統一鐵路會計的思想

清末鐵路主要幹線主權旁落，各路所用的會計制度、會計方法也不相同。民初鐵路的主權狀況雖然沒有扭轉，但在愛國學者的努力奮鬥下，鐵路會計的狀況尤其是自辦鐵路的會計狀況有所改善。政府爲了改善鐵路會計混雜紊亂、難以管理考覈的狀況，也積極支持鐵路會計走向統一的道路。1912 年，我國自辦鐵路——京張鐵路進行會計制度改革，開始採用西式簿記法，並呈請交通部批准試行。這是北洋政府時期最早的一次特別會計改革。1913 年，交通部在部中設置特別會計總核處，決定從鐵路會計入手進行特別會計改良。由京漢鐵路會辦王景春倡議，經交通部批准，於 1913 年 3 月成立「統一鐵路會計委員會」，由前路政局長葉恭綽任會長，王景春任副會長，籌劃鐵路會計改革。委員會先後派員付各個鐵路考查，並聘請美國專家亨利·亞當斯（Henry C. Adams）爲顧問，經反覆討論，制定了改良會計的十項則例，如「資本支出分類則例」、「營業進款分類則例」、「營業用款分類則例」、「歲計帳分類則例」、「盈虧帳分類則例」等。這些則例的建立有助於克服在會計核算方面所產生的各自爲政的局面，基本上統一各路的會計科目及其使用範圍和各路所採用的會計核算方法。另外，則例的建立是我國在路政範圍內首次進行統一會計制度的嘗試，揭開了我國官廳著手統一會計制度的序幕。1914 年 11 月，交通部建立了「統一鐵路會計會」取代了「統一鐵路會計委員會」，制定了九種計算書及會計報告格式。1917 年，交通部頒佈了「國有鐵道會計法」、「國有鐵道會計規程」及「路政會計規則」等試行草案，進一步明確特別會計的性質和科目分類、收支程序、款項存放、統計報告、盈虧結算撥補的方法，以及會計預算、決算辦法等。1920 年，又擬定「國有鐵路會計條例」十八條，從此確定鐵道會計爲一獨立系統的營業會計。

北洋政府時期統一鐵路會計的思想在中國會計史上所起的作用是非常深

遠的，主要在於其是西式借貸記賬法的直接採用，爲中國會計跳躍式發展提供了重要參考。由於在借外資興辦的鐵路裏，洋人直接參加管理，雖因各按其本國成規辦事而使得會計方法各不相同，但他們都是以借貸爲記賬符號，實行橫式的左借右貸的記賬方法。這爲鐵路會計委員會制訂各種「則例」時採用統一的借貸記賬法創造了條件，並使這些則例順利的推行到全國鐵路站局有了一定的基礎。同時，統一的鐵路會計學習了西方會計中很多先進的做法。例如科學的會計科目分類編號法，對會計科目分爲款、項、目、節四級。款爲賬目的性質，項、目、節採用文字與數字相結合的編號方法，如「資—1—3—4 辦公費用（資產第一項第三目第四節）」，準確反映了總分類賬與明細分類賬的同馭隸屬關係。再例如將資本支出與費用支出做了明確的劃分，這種劃分是以支出的結果是否增加資產價值爲標準。如同爲總務費支出，列入資本支出的是用於建築工程而增加資產價值的支出，通過建築賬即基本建設賬進行核算；而列入營業用款的是爲經營業務所必需的開支，構成業務成本，通過營業用款賬進行核算。再例如「交通部鐵路會計委員會」還制定了一套比較完善的統一會計報表，用來反映各鐵路的經營活動和財務狀況，爲主管部門提供考覈經營效能和決定政策的依據。

三、改革銀行會計的思想

1912 年南京臨時政府對原大清銀行進行清理，改組爲中國銀行。謝霖由原大清銀行總司賬改任中國銀行總會計後力主採用西式複式簿記法。由於當時瞭解西式會計的人員缺乏，於是徵選山西票號、安徽錢莊各數十人在北京設立講習所，進行培訓，謝氏也親自講授「銀行簿記」等課程，爲銀行改用西式複式記賬法提供了人才來源。經過 5 年努力，到 1916 年才將中國銀行舊式簿記完全廢除，並逐步在各分行實際推行日本銀行會計的模式。這種新式記賬法，在賬簿組織中除設置各種賬簿外，還專門設置了稱爲「傳票」的記賬憑證作爲記賬依據，並根據業務的不同將傳票分爲收入、支出和推收三類。記賬時使用西式賬頁，用阿拉伯數碼登記賬目。有關銀行會計改良思想的具體內容將在第四節討論謝霖銀行會計思想部分進行系統論述，在此不再贅述。

1917 年，交通銀行也邀請謝氏主持該行會計改革，不久即見成效。當時，謝氏被交通銀行總裁聘請爲總秘書，一方面修訂改良會計制度，另一方面則

是全面引進西式簿記方法來取代舊式方法。當然，在某些方面交通銀行的會計改良比中國銀行更進一步，如改複式記賬憑證爲單一科目記賬憑證，並以科目作爲制做傳票的標準，每一科目製作一張傳票，在銀行業使用非常便利，這是後世銀行業一般都採用單式傳票的基本原因。

　　銀行會計的改良對於民國時期會計的發展起到了先驅的作用，對後來中國會計的改良與改革運動有著直接的影響，成爲我國官辦企業和民辦企業進行會計改良的榜樣和範例，其主要原因大致有以下三點：首先，民國初年銀行業經營業務的快速發展在客觀上要求改良舊式會計核算方法。其次，當時海外留學歸來的學者日漸增多，主觀上也在一定程度上認識到了中國傳統會計的不足之處。再次，謝氏通過培訓會計人才對中國銀行的會計方法進行的改良基本上是成功的。

四、興起會計師事業的思想

　　最早在中國一些城市出現的會計師事務所是由美、英、法等國開設的，有的國家還委派專員在中國的大城市或通商口岸從事會計師職業。由於中國當時還沒有會計師職業，所以每當各大城市或通商口岸發生經濟訴訟案件，只好聘請外國會計師進行清算、鑒定和審理，往往使華商無端遭受欺侮和經濟損失。這一不平等處境激起了愛國學者的憤慨，立志發展中國會計師事業。而 1914 年到 1918 年第一次世界大戰期間，中國民族經濟得到較快的發展，客觀上爲會計師的產生準備了條件，所以會計師制度的產生應該說是「潮流所趨」。〔註17〕

　　從日本留學歸來的謝霖深感於此，於是在 1918 年 6 月上書北洋政府農商、財政兩部，建議設立「中國會計師制度」，開設會計師事務所，並起草了《會計師暫行章程》10 條，於同年 9 月 7 日公佈試行。這是我國第一部會計師法規，標誌著我國註冊會計師事業的誕生。自此，中國會計師與洋會計師在中國共同主持民間會計審計事務，之間的交流日益增多。

　　1918 年 9 月，謝霖獲得全國第一個會計師證書。1918 至 1921 年，核准註冊的會計師爲 13 人；1922 至 1924 年，核准註冊的會計師爲 101 人；1925 至 1927 年，核准註冊的會計師爲 170 人，至此全國經核准註冊的會計師總人

〔註17〕李耀寰、黃太沖：《紀念我國新式會計的奠基人謝霖先生》，《四川會計》1985 年第 1 期。

數達到 284 人。〔註18〕會計師隊伍的發展壯大，促進了會計師事務所和會計師公會的成立與發展。

1921 年，京津滬三地分別建立了 3 個最早的會計師事務所。謝霖與秦開、楊曾詢會計師在京津首創全國第一家事務所——正則會計師事務所。9 月，徐永祚在上海創辦「徐永祚會計師事務所」。10 月，鄭忠鉅在上海創辦「鄭忠鉅會計師事務所」。初創時期，會計師事務所規模較小，機構製度尚不健全。到 1927 年 1 月，會計師事務所有了較大發展，僅上海一地開業的會計師事務所就有 42 家。這些事務所多以會計師姓名命名，著名的有徐永祚、吳應圖、童詩聞、江萬年、陳日平、貝祖翼等會計師事務所。

會計師事務所的發展，推動了會計師公會的成立。1925 年 3 月，徐永祚按照西方會計師事業發展的範式成立了上海會計師公會，這是全國成立最早的會計師公會組織，起到了示範作用。成立大會公佈了《上海中華民國會計師公會章程》。1926 年 8 月謝霖發起成立京津會計師公會，秦開於同年 10 月在武漢發起成立武漢會計師公會，陳日平也於年底在廣州發起成立了廣東會計師公會。至此，我國公共會計師制度的各個組成部分：會計師法規的制定、會計師資格取得和會計師事務所的開業，會計師公會的成立，都已齊備，我國公共會計制度的構架已經基本形成了。

在會計師事業創始階段，由於事務所和公會成立時間較短，中國一些企業對本國會計師尚不瞭解，所以事務所併沒有承攬重大審計項目。當時，除農商部頒佈的《會計師暫行章程》外，會計師執業再沒有其他具體法規，這是中國會計師執業初期的一個顯著特徵。在此情況下，廣大會計師在辦理受託事項的基礎工作方面進行了有益的探索，形成了一套被社會認可的基本程序和方法。

五、發展會計教育事業和會計出版事業的思想

北洋政府統治時期，會計基礎教育逐步發展起來，雖然還是較爲薄弱，但是對於普及會計知識、改良會計方法起到了至關重要的作用，爲以後會計教育事業的快速發展奠定了基礎。1913 年元月，北洋政府教育部公佈大學規程中簿記、會計學課程的開設有了明顯的加強，如銀行學門開設有「商業簿

〔註18〕李金華主編：《中國審計史》第二卷，中國時代經濟出版社，2004 年 1 月第 1 版，第 40 頁。

記學」、「銀行簿記學」和「會計學」三科，保險學門開設有「商業簿記學」、「會計學」、「統計學」和「應用統計學」，外貿學門、領事學門、關稅倉庫學門，以及交通學門也分別開設有「商業簿記學」和「統計學」，這六門歸於七科中的商科。即使在師範教育中，也將簿記列入數學一科，在商業知識掌握方面還明確規定：「宜授以商事要項、商業簿記、商業算術、商業地理及本地重要之商品並教授法。」〔註19〕其授課內容不僅包含了傳統中式的簿記法，更拓寬到了西式會計核算方法，只不過所有會計教學只是對傳統實務操作的引導和西方會計理論零散觀點的介紹。

據《民國時期總書目·經濟卷（上、下）》的不完全統計，北洋政府時期出版的會計、審計書籍只有近 40 餘種，譯著主要來自日本，如吉田良三的《會計學》（1917，1926）、守田藤之助的《銀行簿記》（1915）、佐野善作的《商業簿記教科書》（1913）、東奭五郎的《近世簿記法大綱》（1924）。由於西方會計理論自身仍在完善、理論傳播存在時滯、會計認識還需加強等原因，這一時期還不能做到系統的介紹西方會計理論與方法。但是，這些為數不多的有關會計的著作仍然為國民政府時期西方會計理論在中國的加速傳播奠定了基礎。

本期比較有影響的著作有謝霖的《實用銀行簿記》（1920），依次論述整理了銀行簿記的科目、簿記上多種貨幣的統一、傳票的意義及效用、賬表組織、總分行之間的整理、決算整理事項、損益處分及賬片和活頁賬簿等。這本著作積極引進日本銀行的會計方法，有力的推動了我國銀行會計的改良。還有楊汝梅（予戒）的《最新商業簿記》（1913）、《新式銀行簿記及實務》（1921）、《新式官廳簿記及會計》（1924），這些著作都以日本會計理論為藍本，強調複式記賬法，要求全面推行新式簿記思想。著名會計師徐永祚所著的《會計師制度之調查及研究》（1923）和《英美會計師事業》（1925）影響也很大，他詳細分析了包括英國、美國、加拿大、澳洲、歐洲大陸、日本等國家會計師制度的沿革，總結經驗，並結合中國實際探討會計師資格取得、職務及報酬、會計師利弊及取締、推行方法、法規改善等問題，其中特別提出學習西方建立會計師公會的思想。另外，還有一本著作蜚聲海外，即楊汝梅（眾先）的博士論文「Goodwill and other Intangibles」（1926），當時在美國會計界被奉為關於無形資產的唯一著作，書中觀點被西方會計學家多次引

〔註19〕《教育部公佈師範學校規程》，《教育公報》第 2 年，第 12 期，1916 年。

用。直至 1936 年 6 月，由施仁夫將其譯成中文，經楊汝梅校閱後，改名《無形資產論》。這部著作列入當時由潘序倫先生主編的立信會計叢書出版，是我國最早出版的全面論述無形資產的會計專著。

第四節　謝霖的會計思想

謝霖（1885～1969）

謝霖（1885～1969），字霖甫，江蘇武進縣人，中國著名會計學家，我國會計師制度的創始人，會計改革實幹家和會計教育家。他 1905 年赴日本留學，在明治大學攻讀商科，於 1909 年畢業，獲學士學位。同年回國，次年進京應考，獲商科舉人「功名」。他對日本金融界所用的銀行簿記理論與實務頗有研究。民國時期，先就職於中國銀行、交通銀行，任總會計師職務，將西方借貸複式記賬原理和中國實際情況相結合，設計銀行會計制度，將中國傳統收付記賬法改革爲現金收付記賬法。他在兩行改革會計一舉成功，震動了經濟界，全國工商企業爭相效法，使我國由傳統的單式記賬向科學的複式記賬邁出了關鍵的一步，並爲借貸複式記賬法在我國的運用打下了堅實基礎。

爲了維護我國主權和民族利益，謝氏於 1918 年 6 月上書農商、財政兩部，建議設立「中國會計師制度」。經批准後，受兩部委託起草了《會計師章程》（草案）10 條，於同年 9 月 7 日公佈試行。同時謝氏獲得了第一號會計師證

書，成為中國第一個會計師，還設立了第一個會計師事務所——正則會計師事務所，分支機構遍及中國南北，在二十多個大中城市開展執業會計師業務。

　　謝氏後來歷任上海商學院會計系教授、復旦大學銀行金融系主任、上海光華大學院長、副校長等職，以「母實業而父教育」為宗旨，十分重視會計教育，廣泛傳播會計知識，為我國會計發展和會計工作實踐做出了巨大貢獻。1937年日本侵佔上海後，他受光華大學校長張壽庸的委託，在成都籌辦分校，經過一年多的日夜操勞，終於在1938年建成光華大學成都分校，並聘請各方面的知名專家、教授來校任課，使該校成為全國有影響有成就的高等學府。

　　謝氏為傳播會計和經濟管理知識撰寫出版了大量著作，其中有《銀行簿記學》、《簿記學》、《銀行簿記法》、《改良中式會計》、《中國之會計師制度》、《實用銀行簿記》、《實用銀行會計》、《銀行會計》、《實用改良中式賬簿》、《會計學》、《成本會計》、《鐵道會計》、《審計學要義》、《商人通義講義》、《現行公司法要義》、《現行票據法要義》、《海商法要義》、《破產法要義》、《實用政府會計》、《實用基礎簿記》等等。除此之外，他的治學態度、求實精神對我們今天會計理論和實際工作者仍有指導意義。

一、謝霖的改良銀行會計思想

　　早在1907年，謝霖和孟森在東京出版《銀行簿記學》一書。中國最早所見新式銀行賬簿組織及專用「傳票」、借貸記賬符號與賬項處理方法、西式會計報表以及融合中西式簿記為一體且具有日本銀行簿記特色的「現金式借貸分錄法」均由此書介紹而來，並且採用橫寫的方式，運用阿拉伯數字記賬。這部書對於清末民初中國自辦銀行進行會計改良與改革有著直接影響，其中尤其是對大清銀行的會計方法改良與改革起著指導性作用。

　　謝霖的銀行會計改良思想，從本質上講是學習日本會計方法的結果，將中國傳統現金收付記賬法改革為現金式分錄記賬法，即複式記賬法。所謂現金分錄記賬法就是指所有交易無論是否為現款收付，都一律作為現款收付記賬。先做傳票，根據傳票登記日記簿，收方記入收入，付方記入付出，對於交易頻繁的科目可另外設增補日記簿，方法與登記日記簿相同。根據日記簿轉過總清簿，凡在日記簿中列為收方的項目過入總清簿賬戶付方；反之在日記簿中列為付方的項目過入總清簿賬戶收方。這是現金分錄記賬法的重要法則。而中國傳統現金收付記賬法與現金分錄記賬法有些做法是相同的，如一

切交易都視爲現金交易，收款記入日記簿收方，付款記入日記簿付方。只是轉記謄清簿的方法大不一樣，收方科目仍過入各該賬戶收方，付方科目仍過入付方，不必反其收付，其收付兩方軋算餘數則表示現金實存數。

謝霖設計的應用於銀行業的現金式分錄記賬法具體思想如下：

（一）銀行簿記的科目分類思想

針對於中國傳統現金收付記賬法沒有一定科目分類的弊端，謝氏設計四類科目：資產、負債、損益和銀行財產上間接業務科目，其下又細分多種下級科目。屬於資產科目可以分爲 6 項，即貸出金、匯兌上之資產、存出金、對於股東之資產、所有物和現金。負債科目分爲 5 項，即存款、匯兌上之負債、補充資金之負債、對於股東之負債及對於理事之負債。損益科目有 16 項，如利息、貼現費、手數料、公債利息、買賣公債損益、公債簽還損益、買賣地金銀損益、創業費、兌差、匯費、諸稅、薪金、旅資、雜費、諸益、諸損。銀行財產上間接業務科目只有 2 項，即代理收款和寄存物。〔註20〕這種科目分類既借鑒了日本銀行會計科目設置的經驗，又結合了中國人的習慣，與賬簿設置相配合，在整個會計方法建設中起著主幹的作用。

（二）傳票思想

傳票爲一種小紙片賬簿雛形，因爲可以相互傳閱所以取名爲傳票。謝氏認爲，銀行每一筆交易都需要經過多道手續、登記若干賬簿，只有傳票成爲當中的聯繫方式才可以使得各種交易秩序有條不紊、互相牽制。所以他積極提倡使用傳票來使銀行簿記工作有證可依。傳票制度的引進適應複式簿記對賬目進行分類組合的基本要求，它從根本上改變了中國幾千年來的憑證運用狀況，使中國的會計管理工作向前推進了一大步。

謝氏還將傳票進行分類，他說：「其種類有三：日收入傳票 Receive Slip，日支出傳票 Pay Slip，日推收傳票 Transfer Slip。」〔註21〕並且他採用不同顏色以示區分，如收入傳票爲白紙紅色、支出傳票爲白紙綠色或藍色、推收傳票則爲白紙黑色。前兩種傳票容易理解，而推收傳票功能在於反映轉賬事宜，即銀行中非現金交易的業務。後來，謝氏又總結出第四種傳票——現兌傳票，

〔註20〕謝霖、李澂：《銀行簿記法》，商務印書館，1922 年 11 月第 11 版，第 22～63 頁。

〔註21〕謝霖、李澂：《銀行簿記法》，商務印書館，1922 年 11 月第 11 版，第 64～65 頁。

這可以說是當時的歷史產物。當時中國貨幣複雜，現兌傳票主要是記錄貨幣兌換，整理考察某種貨幣增加和減少情況。

現列示支出傳票一張如下，可以窺見當時傳票制度規範。例表 2-1：支庶務科開辦經費銀元 1800 元。〔註 22〕

表 2-1

支　出　傳　票
第 8 號
中華民國 7 年 5 月 1 日

摘　　要		金　　額		附屬單據
（開　辦　費）　　　　庶務科		1800	00	
合　　　計		1800	00	張

經理（印）　　　營業（印）　　　出納（印）　　　會計（印）

（三）賬簿組織思想

謝氏將銀行所用賬簿分為主要賬簿和輔助賬簿兩類，所用表則分為計算表和決算表兩類。他說：「夫今之銀行所用之賬簿，概分為二。一、主要賬簿。二、補助賬簿。其統記資產負債損失利益之主要事務者，謂之主要賬簿。其弟記載各交易之詳細事實者，謂之補助賬簿。」〔註 23〕即主要賬簿統擴關於資產負債利益損失等交易，分為日記賬和分類賬；輔助賬簿則彌補主要賬簿不足，記載詳細事實。這樣，主要賬簿和輔助賬簿之間分工明確，不相混淆。賬簿設置均以會計科目為基礎。

謝氏還區分了計算表和決算表。他指出：計算表用於平時核對賬目記載是否遺漏，分為日計表、月計表和餘額表；決算表用於決算時表示資產負債利益損失的狀況，分為資產負債表、損益表、資產目錄和負債目錄。同時強

〔註 22〕謝霖：《實用銀行簿記》，商務印書館，1930 年 12 月，上卷第 201 頁、中卷第 4 頁。本節以下表格均為同一例題，這是一實例，反映出民國七年謝氏主持銀行簿記工作的情況。這一例題雖然並沒有反映銀行特有的經營活動，但較為簡潔，也可以反映整個會計方法的實質。
〔註 23〕謝霖、李澂：《銀行簿記法》，商務印書館，1922 年 11 月第 11 版，第 79 頁。

調賬表應妥善保管，保存年限依照各國商法規定，大多以 10 年爲限。

這種賬簿組織從根本上克服了舊式金融機構所用賬簿組織那種把資產、負債和損益混合記載，界限不清，條理不明的缺點，使整個會計核算建立在科學分類的基礎上。各種會計報表的編製成爲我國民間會計改良的重要標誌，使我國開始進入表式會計報告編製的初步發展時期。

現列舉日記賬、分類賬和資產負債表爲例，如表 2-2、表 2-3 和表 2-4 所示。〔註 24〕可以看出，日記賬登錄以傳票爲依據，分類賬則在日記賬基礎上反其收付登錄。資產負債表已經初具規模，反映出複式簿記的思想。

表 2-2

日　記　帳

							中華民國 7 年 5 月 1 日				支方	
收方												
傳票號數	轉帳摘要	摘要	分類帳頁數	轉帳收入	現金收入	合計	傳票號數	轉帳摘要	摘要	分類帳頁數	轉帳收入	現金收入	合計
							8		（開辦費）庶務科	22		1800.00	

表 2-3

分　類　帳 （22）

開　辦　費

民　國			摘要	日記帳頁數	收方	支方	餘額	
年	月	日			金額	金額	收或支	金額
7	5	1	五月底止數	1	1800.00		收	1800.00

〔註 24〕謝霖：《實用銀行簿記》，商務印書館，1930 年 12 月，上卷第 201 頁、下卷第 2 頁、第 82 頁、第 377 頁。

表 2-4

中華商業銀行上海分行資產負債表

中華民國 7 年 6 月 30 日

資產	科目	負債
	存 入 款 計 算	
	定 期 存 款	412, 100 00
	活 期 存 款	293, 127 20
	特別活期存款	1, 203 32
	存 款 票 據	50, 000 00
	暫 時 存 款	7, 658 77
	支 付 彙 款	3, 497 56
	總 行 計 算	
	總 行	94, 346 44
	借 出 款 計 算	
262, 500 00	抵 押 放 款	
217, 081 99	活期存款透支	
130, 000 00	貼 現	
15, 983 45	暫 付 款 項	
	存 出 款 計 算	
124, 404 11	存放各同業	
	所 有 物 計 算	
14, 708 52	營業用器具	
	開 辦 經 費 計 算	
3, 740 58	開 辦 費	
	現 金 計 算	
101, 267 12	現 金	
	純 益 計 算	
	純 益	7, 752 48
869, 685 77	合 計	869, 685 77

（四）決算整理和損益處理思想

按當時規定，銀行一般在 6 月 30 日和 12 月 30 日做兩次決算整理，目的是整理賬目，明確損益，反映營業成績。謝氏認為有 7 項決算整理是非常有必要的：所有物折價及估價、開辦費攤提、總分行往來整理、已到期債權科目及催收款項、暫時存款和暫時付款、各種貨幣確實折價、利息及貼現息整理。其中謝氏最為關注的是總分行間整理，他指出總行應負責督察各行債權債務關係，採用統賬法，即集中制度，使得分行之間往來逐一報告總行，而

各分行間即不再存在債權債務關係。這一思想有利於總行把握全行經營情形，明晰金融狀況。

因為決算整理採用統賬法，所以分行賬內的損益與總行關係緊密。當製成決算表後，分行前期損益科目的餘額應轉歸總行，作為對於總行的往來，收益作為總行的存款，損失作為總行的欠款，同時將損益數目上報總行，總行即將其轉入前期全體總損益科目。總的來說，特點在於分行賬內沒有前期損益數目。

（五）統一貨幣思想

謝氏已經充分認識到統一貨幣對於會計工作的重要性，指出簿記所以表示各種財產的價格，貨幣所以代表價格的大小，是因為簿記採用了一種標準貨幣為本位幣。當時貨幣制度比較混亂，有銀兩、銀元、小洋、銅元等之分，還有很多外國貨幣，它們價格參差、漲落不定，給記賬帶來很大麻煩。謝氏提出會計處理上有三種方法：（1）分賬法，即銀行先自己決定一種本位貨幣，其它貨幣分別記入相應賬簿，結算時統一折算成本位貨幣；（2）定價法，即決定一種本位貨幣，其它貨幣交易按指定價折算成本位幣記賬；（3）分位法，即總分行所在地貨幣不同並各以其地本位幣為標準記賬，最終由總行折算成總行所在地本位幣出具總報告表。這三種方法各有利弊，相比而言，謝氏傾向於主張第二種方法，即「定價法」。

值得稱道的是謝氏不僅著書介紹，而且實際參與了銀行會計改良。1912年元月謝氏任大清銀行總司賬，次月中國銀行組建，遂繼任總會計。他根據複式簿記原理和銀行業務特點設置了中國銀行的賬簿組織體系，首次採用西式賬頁和阿拉伯數字，並改「收付」為「借貸」，歷時五年，成效顯著。1917年又為交通銀行改革賬簿組織，也頗有成效。謝氏理論聯繫實際的努力使得當時北洋政府統治時期的中、交兩行的會計改良工作始終走在金融界的前列，成為改良中式簿記的先驅者。

二、謝霖的會計師事業發展思想

第一次世界大戰使得帝國主義國家無暇東顧，中國的官僚和民族資本企業乘機急劇發展起來。公司商行的組建、資本的籌集、會計制度和內部管理制度的設計以及經濟糾紛的解決都迫切需要公共會計師的服務，而當時中國卻沒有這種學有專長、以業主身份自行開業，獨立、公正，為社會公眾擔任

審計查賬、會計咨詢的公共會計師。一切對外經濟糾紛、訴訟案件要聽公共會計師意見的，都要受在中國開業的外國公共會計師的操縱，這些機構往往使華商無端遭受欺侮和經濟損失。

謝霖深感於此，於是在 1918 年 6 月上書北洋政府農商、財政兩部，建議擬訂「中國會計師制度」，開設會計師事務所。農商部是當時北洋政府主管全國工農商業經濟的部門，認爲謝霖的申請利商利民，很快同意並委託謝霖起草了《會計師暫行章程》10 條，於同年 9 月 7 日公佈試行。同時，北洋政府農商部向謝霖頒發了第一號註冊會計師證書。隨後，謝霖在銀行周報上刊出廣告，在北京、天津分別成立正則會計師事務所，面向社會公眾執行公共會計師業務。這樣，謝霖就成爲我國有史以來第一位公共會計師，正則會計師事務所就成爲我國辦理公共會計師業務的第一個會計師事務所。而我國 1918 年 9 月公布施行的《會計師暫行章程》10 條，則是我國第一部會計師法規，標誌著我國註冊會計師事業的誕生。章程就會計師資格、申請會計師執業手續、會計師執業範圍及取酬、會計師執業紀律及處分等方面，規範了會計師制度，特別是對會計師資格的規定比較細，要求比較嚴。

章程規定凡欲取得會計師資格者必須爲年齡在 30 歲以上的男子，且必須符合下列條件：（1）在國內外大學商科專門學校三年以上畢業，有文憑者；（2）在資本 50 萬元以上之銀行、公司擔任會計職員 5 年以上者。由於章程對會計師資格要求過嚴，加之社會對會計師職業的意義缺乏足夠認識，截止 1921 年 2 月徐永祚取得會計師證書時，全國僅有執業會計師 15 人。爲促進會計師事業的發展，1923 年 5 月，農商部修改了《會計師暫行章程》，對會計師學歷要求略有放寬，而工作經歷則嚴於以往，且不再有性別要求。自此申請者較過去大爲增加，截止北洋政府垮臺，經農商部核發的會計師證書計 284 紙（一說 285 紙）。〔註25〕

章程還規定：凡受禁治產、準禁治產的被監管人員；被剝奪公民權人員；受剝奪公職及被除名人員；已宣告破產、正處糾紛、未復權人員；受 5 等以上徒刑的人員均不得爲會計師。凡申請會計師執業人員，要呈報申請書，寫明會計師資格所定各項細目及執業區域，攜帶畢業證書及會計師證書費 50 元，一併呈農商部核准。經核准後，由農商部發會計師證書，方爲註冊會計

〔註25〕郭道揚：《中國會計史稿》下冊，中國財政經濟出版社社，1988 年 6 月第一版，第 424。

師。執業前，先向農商部登錄《會計師總名簿》，寫明姓名、年齡、籍貫、住址、會計師證書號、執業事務所地址、執業區域及農商部核准日期，經農商部對登錄事項核准後，方可執業。會計師的執業範圍爲：賬簿設計、賬目審核、賬務整理、會計證明、會計鑒定以及經濟糾紛和解事項。會計師執業爲有償服務，在國家沒有制定會計師取酬標準前，由委託、受託雙方「約定」酬金。會計師執業紀律主要有：一是保守客戶的商業秘密，非經客戶允許，不得任意公佈其委託事項；二是不得違背約定的受託事項或答應辦而不辦，或不認眞辦而出偏差；三是不得受理與會計師本人及親屬有利害關係的委託事項。對違背規定的，給予撤銷會計師證書並停止執業的處分。

農商部在 1923 年修改了《會計師暫行章程》，由 10 條改爲 11 條，僅對會計師資格一條略有變動，幾乎全面認可了謝霖對於會計師章程的想法。雖然，這一章程難免存在很多不足之處，如對取得會計師資格限制脫離當時實際情況；過於簡略，對各項要求表述不夠具體；沒有會計師公會規定；沒有積極引導社會各界人士對於會計師事業產生正確認識等。但是，謝霖推進會計師制度法制化這一思想將會計師概念引入中國，促使中國會計師事業萌芽到興起，可以說功不可沒。

第五節　楊汝梅（予戒）的新式會計思想

楊汝梅（1879～1966）

　　楊汝梅（1879～1966），字予戒、玉階，均川趙家沖人，我國著名會計學家，財政專家。1903 年赴東京高等商業學校留學八年。清末曾任度支部主事。北洋政府時期歷任財政部制用局會辦，審計處第三股主任審計。南京國民政府成立後歷任財政部賦稅司科長，審計院審計官兼第一廳廳長，主計處主計官兼歲計局副局長、局長，工商部會計處會計長，北京稅務專門學校教授，中國計政學會常務理事、會長。抗戰時期在重慶任高等考試文官文試典試委員、軍需學校審計教官、中央政治學校講師、各縣市行政講習所教官。抗戰勝利後任郵政儲金彙業局監察委員等職。建國後任國務院財政部參事，「文化大革命」中被迫害致死。

　　楊汝梅是謝霖同學，和謝霖同時倡導新式簿記，與徐永祚共創銀行會計現金收付記賬法，在解放後稅算會計、商業會計中沿用至九十年代。楊汝梅對於會計賬簿學的造詣非同一般，其同學葉開瓊讚揚說：「我國研究會計帳薄學說的人，沒有早於楊汝梅的，也沒有比楊汝梅更精通於此學說的。」〔註 26〕其著作有《近代各國審計制度》、《論審計制度》、《新式銀行簿記及實務》、《民國財政論》、《美國政府總會計師實例》、《現代國家財政的社會經濟機能》、《經濟學》等。

　　現代中國有兩位同姓同名的著名會計學專家楊汝梅，另一位楊汝梅（1899～1985）字眾先，河北磁縣人，著有《商譽及無形資產》等，蜚聲於歐美會計學界，是我國最早列入世界名人錄的會計學家。爲示區分，老楊汝梅凡有書、文發表，均在姓名前加上籍貫，自署「湖北楊汝梅」，後又改爲在姓名下附注「予戒」兩個小字。另一位楊汝梅也尾註「眾先」小字，以各自的號爲別。再後來，後一位楊汝梅就乾脆以字行，稱爲楊眾先了。

　　楊氏由日本留學歸來，受到日本會計思想影響頗深，這在他早期著作中曾多次提及。如他說：「姑述日本官廳計算之大概，以備我國會計官吏之參考。」〔註 27〕「該書最初編述標準，除依據吾國官署最良之習慣，及各種會計法規草案外，大半參考東邦最近施行之財務行政及會計上一切法令。」〔註 28〕根據日本會計理論和方法，楊氏在中國全面推行新式會計，極大提升了中國會

〔註26〕楊汝梅：《新式官廳簿記及會計》，上海商務印書館 1924 年初版，1928 年第 4 版，贈序第 1 頁。

〔註27〕楊汝梅：《最新商業簿記》，昌明公司，1913 年版，第 276 頁。

〔註28〕楊汝梅：《新式官廳簿記及會計》，上海商務印書館 1924 年初版，1928 年第 4 版，自敘第 1 頁。

計理論的研究。

一、中國簿記與洋式簿記比較研究及其思考

　　楊氏比較研究了中國簿記與洋式簿記的差異，他非常客觀的指出中國簿記落後於洋式簿記中的複式簿記，但是中國簿記中的單式簿記比洋式簿記中的單式簿記要完善。這一思想爲其在中國推行新式簿記奠定了基礎，他說：「要而論之，以單式簿記論中國簿記，則中國簿記已達完全之域，而無俟他求，此余所以不採洋式簿記之單式，而以中國簿記當之也。以複式簿記論中國簿記，中國簿記已登複式之堂，只欠入室之功，使於此而參用複式簿記，以補其缺點，採他人之所長，而不沒自己之所長。」〔註29〕

　　經過比較，楊氏認爲中國簿記因爲具有一定的基礎，所以它的改良應該比日本簿記改良要容易，但爲什麼至今沒有改良呢？由此楊氏提出了自己的觀點和建議。

　　首先，他認爲中國尚古因襲，商人墨守舊套是首要的原因。由此可見，他已經認識到中國傳統的重農抑商思想對會計發展的桎梏。

　　其次，他認爲中國沒有商律，也就是說在對商人賬簿整理上沒有一定的法規，也沒有一致的習慣，更缺乏著書作爲參考，而是各隨其便。對此，他提出一定要規範會計法規，應由商務部派出精通計學的人員調查各大商埠的賬簿，擇精拔萃，以此作爲全國賬簿的標準，並參用複式簿記彌補其缺點，最後釐定格式，著爲法規。楊氏這種統一會計、以法治計的思想是非常進步的，尤其在當時中國會計十分混亂的情況下，爲中國會計的發展指明了道路。

　　再次，他認爲中國沒有商業學堂，也就是會計教育嚴重不足也是中國會計難以發展的重要原因。這一思想也是非常正確且進步的，是解決中國會計發展問題的治本之計。1912 年冬季，審計處成立了審計講習所，這是我國歷史上第一個審計專業培訓機構，它向學員傳授了內容廣泛的審計、會計知識，在我國由傳統官廳會計向現代行政單位會計轉變的進程中起到了積極的推動作用。最開始，審計講習所設置了《簿記學》、《會計法規》、《珠算學》三門課程，其中以《簿記學》爲主課，講授時間占全部課時的十分之七，而擔任《簿記學》授課的教師正是楊氏。因爲講授時間有限，楊氏還將講義進行整理，編成《新式官廳簿記及會計》一書出版發行，並隨著會計、審計制度的

〔註29〕楊汝梅：《最新商業簿記》，昌明公司，1913 年版，第 344～345 頁。

變革多次修訂再版，深受讀者歡迎。

最後，楊氏還主張採取一些折衷的辦法推動中國簿記的改革，如將洋式複式簿記中鋼筆橫書改爲毛筆直書，將賬表中的直格改爲橫格等。這些建議表現出其改革的不徹底性，但在當時環境下也不啻爲一種改良的過渡辦法，有利於人們在原有簿記知識的基礎上慢慢認識洋式複式簿記。

二、新式商業簿記思想

楊氏認爲普通商業簿記是特種商業簿記（如銀行簿記、鐵道簿記等）及官廳簿記的基礎，原理一致，不同之處在於款項名目不同。所以他主張有志研究簿記學者都應該從普通商業簿記入門，他說：「若不通普通商業簿記，僅學其他特種簿記，則無貫通之知識，僅能養成會計課中供指使之人才，而淺視簿記學者有之矣。」〔註30〕楊氏主張的商業簿記賬簿組織如圖2-1：

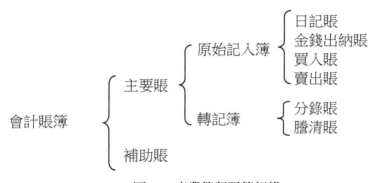

圖 2-1　商業簿記賬簿組織

在這一賬簿組織中，楊氏主要強調日記賬、分錄賬和謄清賬的規範。他認爲日記賬是主要賬中的主要賬，按照每日營業交易順序計入；分錄賬根據日記賬的款項名目將其金額分借貸雙方錄入；謄清賬則是自分錄賬轉記而來，用以明瞭營業盛衰。由此可見，楊氏主張的日記賬並不體現複式記賬的特點，類似流水賬；而分錄賬則運用了典型的複式記賬法。

爲明瞭楊氏日記賬、分錄賬和謄清賬之間的關係和記賬方法，特總結整理一案例說明如下：〔註31〕

中華民國元年二月一日，由瑞記糧行掛賬買入上等白米五百石，每石價

〔註30〕楊汝梅：《最新商業簿記》，昌明公司，1913 年版，第 275 頁。
〔註31〕案例及日記賬、分錄賬、謄清賬均參考楊汝梅著《最新商業簿記》，昌明公司，1913 年版，第 50～57 頁。

金十元，總價五千元整；二日，現金賣於日商木村商店上等白米一百石，每石價金十元五角三分，總價一千零五十三元；三日，賣左記之米於怡興和，其價金受取該行發行，本日起，本月十五日滿期之期票一張，上等白米二百石，每石價金十元五角二分，總價二千一百零四元。日記賬如表2-5所示。

表2-5

日 記 帳
中華民國元年二月

分錄記號	摘　　　　要	金　　額	
✓	一日 由瑞記糧行掛帳買入 　　上等白米　五百石　@元10.00	元 5000	00
✓	二日 現金賣於日商本村商店 　　上等白米　一百石　@元10.53	元 1053	00
✓	三日 賣下記之米於怡興和 　　上等白米　二百石　@元10.52 此價金受取該行發行本日起本月十五日滿期之期票一張	元 2104	00

　　首先應標明「日記帳」，寫好記賬發生時間，然後按交易發生順序依次記錄，注意摘要與金額記錄要準確。每日營業終了，即轉記此賬於分錄賬，每轉記一筆，在分錄記號欄內作（✓），以免遺漏。分錄賬如表2-6所示。

表2-6

日 記 帳
中華民國元年二月

摘要		謄頁	借方		貸方	
商品	一日		元 5,000	00		
	瑞記糧行				元 5,000	00
現金	二日		元 1,053	00		
	商品				元 1,053	00
應收入票	三日		元 2,104	00		
	商品				元 2,104	00

　　楊氏的日記賬類似現代會計的分錄，借貸明晰，可以說是中國簿記改良的一大進步。不足之處在於科目不是很規範，如「瑞記糧行」就混淆了一級科目和明細科目的界限，一級科目應爲「應付賬款」，而明細科目爲「瑞記糧行」。謄清賬記賬較爲簡單，原則是分錄賬上在借方的仍轉記於借方，分錄賬上在貸方的仍轉記於貸方。每轉記一筆需在日記賬的謄頁欄內標明，以免遺漏。謄清賬如表 2-7 所示。

表 2-7

<u>謄　　　清　　　帳</u>

商　品

月	日	摘　要	分頁	借　方		貸　方		借或貸	殘　值	
2	1	瑞記糧行		元 5,000	00			借	元 5,000	00
2	2	現金				元 1,053	00	借	元 3,947	00
2	3	應收入票				元 2,104	00	借	元 1,843	00

　　楊氏的這一謄清賬款項名目爲「商品」，將分錄賬上「商品」按借貸不同記入，摘要欄反映的是與「商品」對應的科目。它的特色在於設有「殘值」一欄，可以隨時比較借貸差額，掌握商家資金流動狀況。

　　以上三個賬簿都是採取的橫行書寫，運用阿拉伯數字，向國人展示了西式記賬方法的簡潔與規範，是會計思想上的一大突破。

三、新式官廳簿記思想

　　民國初年，各官署所用會計賬簿仍沿襲清朝舊制，賬簿設置很不統一：有些官署的賬簿很簡單，缺少必要的牽制，存在許多疏漏之處；有些官署的賬簿很複雜，但缺少系統性。而會計賬簿沒有一定的組織系統，記賬方法沒有一定的約束直接導致了財政財務管理的混亂。於是，審計處召集中央各官署從事會計工作的官員，成立了官廳簿記研究會，研究制定各官署統一的會計賬簿和記賬規則。楊汝梅正是這個研究會的骨幹人物。該研究會制定了各種系統組織的簿記，作爲將來施行會計法規的基礎；對現行會計賬簿權衡其科學性，進行必要的修正；對現行的主要會計賬簿則完全編製了新式賬簿及核算程序，發送給各官署參照使用。在上述這些新式會計賬簿及其核算程序的研究制定過程中，楊氏付出的勞動最多，當時的審計處總辦徐恩元說：「各

項簿記程序多出第三股主任審計員楊汝梅之手。」〔註32〕

　　對於官廳簿記的特點、性質及作用，楊氏認識非常深刻，他說：「國家需要之一切經費，謂之歲出，充此經費之一切收入，謂之歲入。調劑歲入歲出，使歸於平均，是爲政府之財政計劃。因實行此計劃，而規定歲入歲出之整理程序，是爲官廳簿記。故官廳簿記之運用，不能逾乎現行法令之範圍。其主要目的，則在判明預算與決算之關係，使會計無絲毫錯誤，以表示政府之信用於國民。」〔註33〕

　　楊氏等人研究制定的新式官廳賬簿及其核算程序，與我國傳統官廳簿記相比較，具有以下特點：

　　首先，將傳統的四柱結算法與複式記賬法結合起來。如：「消耗物品現計表」，採用「上月結存，本月購入、支用數、實存數」欄目核算，這顯然與我國傳統的四柱結算法「舊管、新收、開除、實在」的欄目設置極其相似。同時，在記賬方法上又體現了複式記賬法。如：從銀行借入 2000 元，其會計分錄爲：

　　收：現金出納 2000 元

　　支：銀行往來 2000 元

　　其次，賬務處理、科目設置都能著眼於會計報表的編製，兩者能夠緊密的結合起來。

　　再次，根據不同官署的財政、財務核算需要，採用了多種記賬方法。如：金庫專用的賬簿「出納官吏存款明細帳」，採用借貸記賬法；各官署通用的會計報表「支出計算書」，採用增減記賬法；各官署通用的出納官吏賬簿「現金出納簿」，採用收付記賬法。

　　這套官廳賬簿及其核算程序，經當時的國務院批准頒佈，在全國各官署施行。它借鑒了日本的會計方法，又適應了當時我國官廳預算收支的特點，且又簡便易學，便於應用，是對我國傳統官廳簿記的一次重要改革。

四、新式銀行簿記、農業簿記、工業簿記及鐵路簿記思想

　　楊汝梅的新式銀行簿記思想與謝霖的銀行簿記思想類似，不再贅述。他明確提出銀行應採用現金分錄法（Cash Journal Method），因爲銀行現金往來業務

〔註32〕中華民國《政府公報》，1913 年 11 月 12 日，第 549 號。
〔註33〕楊汝梅：《新式官廳簿記及會計》，上海商務印書館 1924 年初版，1928 年第 4 版，第 1 頁。

頻繁且複雜，而現金分錄法以現金爲主體，省略現金科目不記，僅記其相對科目，是根據實際情況對複式借貸簿記的發展。他說：「近日如銀行鐵路等類之會計，多用此方法，而銀行會計，尤以現金分錄法，爲唯一之原則。」〔註34〕與謝霖觀點一致，楊氏也主張由日記賬轉記於總賬時，按照複式借貸方法，須反其科目的借貸，唯有現金科目僅轉記借方貸方的總數而不反其借貸。也就是說，凡收入現款，記入借方現金欄內；支付現款，記入貸方現金欄內；凡屬轉賬數目，則依據傳票分別記入借貸各轉賬欄內，使之與實際收支現狀不相混淆。

楊氏並沒有對農業簿記提出具體的規範，但他以前瞻性的眼光預示了農業簿記必將走上歷史舞臺。他說：「從來農業異於其他商工業，其事業之經營，不論大小，組織均極簡單，故整理其會計之記帳法，亦屬不足研究之事。然自近世機械發明以來，農人事業之範圍，逐漸擴充，其內部之組織，亦漸趨於複雜，欲明其資本勞力與所得報酬之比例，非有精確計算之術不爲功。於是農業簿記 Agriculture book-keeping 出現焉。」〔註35〕

楊氏認爲工業簿記與普通商業簿記相同的地方比較多，他說：「由原料品加工而爲製成品，以至出倉，其間記帳之方法次序，皆工業簿記所特有。至此後販賣製成品，則與商業簿記全同。」〔註36〕所以，楊氏主要強調工業簿記中的賃銀（Wage）、原料品（Stores）、原價（Prime Cost）及製成品（Store）的核算與記錄。

鐵路簿記的特點是規模宏大，費用複雜。楊氏按性質將其分爲資產、負債、損失和利益四類。他指出費用核算是鐵路簿記的核心，應該嚴格按照時間區間劃分。如發起至成立公司其間發生的費用爲創業費，開工築路至全線告成其間發生的費用爲建築費，運轉開始至年終發生的費用爲營業費。創業費和建築費統稱爲興業費，作爲固定資本應從股金中支出，作爲鐵路部門的財產；而營業費應從營業收入中支出，是一種消費，化爲損失類。

由上可知，楊汝梅仿傚日本會計方法，結合中國實際情況，全面推廣新式簿記思想，這在當時是難能可貴的。這一做法爲中國傳統簿記注入了活力，也爲西方會計理論在中國的系統傳播奠定了基礎。

〔註34〕楊汝梅：《新式銀行簿記及實務》，中華書局發行，1921 年 9 月初版，1935 年
4 月第 13 版，第 26 頁。
〔註35〕楊汝梅：《最新商業簿記》，昌明公司，1913 年版，第 283～284 頁。
〔註36〕楊汝梅：《最新商業簿記》，昌明公司，1913 年版，第 287 頁。

第六節　徐永祚的會計師事業思想

徐永祚（1891～1959）

徐永祚（1891～1959），字玉書，浙江海寧人，中國銀行天津分行練習生出身，後回母校神州大學銀行科任教、《銀行周報》總編輯。1919 年上海證券交易所成立前，特聘徐擬訂業務規程、會計制度和培訓會計人才。之後，徐氏開設徐永祚會計師事務所，創辦《會計雜誌》、出版《改良中式簿記》，其所創收付記賬法，在解放後稅算會計、商業會計中沿用至 90 年代。他是我國近代著名會計學家，中式會計改良派的代表人物。徐氏的中式會計改良思想將在第四章進行詳細闡述，本節只討論他關於會計師事業發展的思想。

1923 年，徐氏出版了著作《會計師制度之調查及研究》，詳細分析了包括英國、美國、加拿大、澳洲、歐洲大陸、日本等國家會計師的沿革，總結經驗，並結合中國實際探討會計師資格取得、職務及報酬、會計師利弊及取締、推行方法、法規改善等問題。他研究了謝霖所定會計師章程，指出：「關於資格之限制，不免寬嚴失當。關於行為之取締，亦覺過於簡略。而最大缺點，則為無會計師公會之規定。」〔註37〕會計師公會是會計師制度最重要的機關，

〔註37〕徐永祚：《會計師制度之調查及研究》，徐永祚會計師事務所，1923 年，第 58

英美會計師事業的發達很大程度依賴會計師公會的保護和監督。由此徐氏還提出了會計師法規重新構建的一些建議，指出會計師公會應辦事項如：教育指導會計師後進者；調查研究會計學及其它學術原理與實務，並開講習所和演講會；發表關於會計的意見並講求實行方法；維持會計師職業道德；監督會計師行爲；規定會計師報酬標準等。徐氏通過自身的努力積極引進了西方先進的會計師思想，並結合中國的實際情況加以靈活運用，爲中國的會計師事業發展既提供了理論基礎又豐富了實踐經驗。

一、會計師的地位和職務範圍的界定

徐氏認爲會計師的地位與高級會計人員是截然不同的。他說：「其業務之性質，表面上雖似商家所雇用之高級會計員，但其所處之地位大不相同。不專爲特定之個人、商店或公司所雇用，乃係接受社會公共之委託，處於獨立的地位，不爲外界所拘束，雖亦屬收受報酬而供給勞力者，但能本其自己之見解，以公平之態度，自由行使其職權。」〔註38〕可見，徐氏已經充分認識到會計師應該擁有獨立的社會地位。同時，他指出職業道德對於會計師地位的鞏固非常重要，一方面可以依靠律己做到眞正獨立，另一方面也可以取得社會的信任間接的爲獨立創造條件。徐氏的這一思想是會計師事業發展的基石，在當今也是適用的。

關於會計師職務範圍，徐氏的界定過於寬泛，主要原因在於當時會計人才非常缺乏，所以會計師作爲專業人員必須承擔絕大部分會計工作。他認爲會計師的職務囊括了會計的設計、檢查和管理。所謂會計設計就是指根據會計學原理擬定一定的法則作爲會計整理的準繩；會計檢查是檢查會計的正確性；會計管理即指受企事業委託代爲辦理會計整理及記賬事務。此外，徐氏還將財產估價、解決會計爭議、充任顧問、接受咨詢等業務都劃爲會計師的職務範圍。

二、會計師資格的審定——學識與經驗

關於會計師資格的審定，徐氏指出學識與經驗二者缺一不可。他說：「非具有會計上專門之學識與相當之經驗者，不克勝任」。〔註39〕通過對 1918 年

頁。
〔註38〕徐永祚：《會計師制度之調查及研究》，徐永祚會計師事務所，1923 年，第 2 頁。
〔註39〕徐永祚：《會計師制度之調查及研究》，徐永祚會計師事務所，1923 年，第 1

農商部頒佈的會計師暫行章程 11 條及 1923 年修訂法規的研究，徐氏對於中國
會計師資格的審定表達了自己的見解。法規修訂主要體現在第一條即會計師
資格取得條件上，現列示對比如下：

第一條（1918 年）凡中華民國人民年滿三十歲以上之男子，備具左
列各條件者，得依本章程呈請爲會計師。（一）在本國或外國大學商
科或商業專門學校三年以上畢業，得有文憑者。（二）在資本五十萬
元以上之銀行或公司充任會計主要職員五年以上者。

第一條（1923 年）凡中華民國人民年滿三十歲以上具有左列各款資
格之一者，得依本章程呈請爲會計師。（一）在國內外大學或專門學
校之商科或經濟科以會計學爲主要課程之一，肄業三年以上，得有
畢業文憑，並具有相當經驗者。（二）在資本五十萬元以上之銀行或
公司充任會計主要職員繼續五年以上者。〔註40〕

徐氏認爲暫行章程對於會計師資格的規定寬嚴失當。會計師應該具有的
學識和經驗應該是會計專門的學識和會計實務經驗，並不是在學校畢業、在
公司任職就是擁有學識和經驗。規定如此之嚴的原因在於當時我國還沒有適
當機關和人才辦理會計師的審查和考覈，所以這也是無奈之舉。而修訂的章
程改爲具有一個條件即可則要求過於寬鬆。第一款雖然有相當「經驗」作爲
附加，但所謂的經驗相當漫無標準；而第二款並沒有一定學校畢業的限制，「學
識」又無法得到保證。

鑒於此，徐氏提出學習英美的做法，設立會計師試驗委員會和會計師審
查委員會，只有審查和試驗合格的才能成爲會計師。會計師審查委員會由農
商部總長委任高等文官一人、大學教授一人及由會計師公會推選的會計師一
人共同組成，辦理關於會計師資格的審查及懲戒事務。試驗委員會由審查委
員會推選會計師七人組成，規定試驗科目，辦理試驗事務。這種設立專門機
構審核會計師是否符合資格的思想在如今仍然適用。

徐氏提出的必須具備的兩個條件分別是：（一）在國內外大學或專門學校
商科或經濟科，以會計學爲主要課程之一，肄業三年以上，得有畢業文憑者；
（二）在會計師事務所充任學習書記三年以上者，或在資本五十萬元以上之

〔註40〕 整理資料來源於徐永祚：《會計師制度之調查及研究》，徐永祚會計師事務所，
1923 年，第 55～56 頁。

銀行或公司充任會計主要職員五年以上者。〔註41〕這一資格取得的條件更加具體，體現了會計專門學識與經驗的結合，相對來說也較爲嚴格，在一定程度上限制了會計師隊伍的發展，但對於會計師整體素質的提高有所幫助。

三、對於會計師行爲取締的思考

關於會計師行爲取締的規定，徐氏認爲同資格認定一樣存在寬嚴失當的問題。會計師暫行章程僅在第 10 條對會計師行爲的取締做出了規定：「會計師如有不正行爲，其他對於委託人違背或廢弛第六條第八條職務上之義務，或違背第九條之規定者，得有農商部撤銷會計師證書或停止其業務。」而第 6 條規定會計師受有委託時，得辦理關於會計之組織、查核、整理、證明、鑒定及和解各項事務，屬於會計師一般職務的規定。第 8 條規定會計師對於查核賬目事項，非經委託者之許可，不得宣佈。這是明確指出會計師不得泄漏商業秘密，對此徐氏沒有異議。第 9 條規定會計師於有關本人或其親屬利害關係事項，不得執行業務。徐氏認爲這一規定因爲過嚴而不適當。他指出僅限制於本人或親屬有利害關係事項的檢查和證明業務即可，而對於會計組織、設計等事項無需限制。這一觀點是正確的，同當時英美的做法相一致。

另外，徐氏認爲關於會計師行爲的取締僅作以上規定過於寬泛，這也是不適當的。他以英美較爲成熟的理論爲基礎，結合中國實際情況，提出一系列建議。如會計師執行業務時不得兼任官吏或其他有俸給的公職、不得兼營工商業，非有正當理由不得謝絕當事人委託、於本人或其親屬有利害關係的事項不得執行會計查核及證明工作、不得故意損害委託人利益、不得違背刑法等。他還從會計師職業道德角度詳加規定，如不得接受賄賂而代爲隱藏會計缺陷、未經自己核查不得隨意簽字證明、不得用不正當手段假公濟私以致損害會計師信用、不得偏袒、不得收受他人職務上所得報酬、不得收買職務上所管理的動產或不動產等等。

徐氏可以從會計師職業道德方面思考會計師取締的行爲，彌補了會計師資格認定中學識加經驗的不足，大力推動了我國會計師事業的發展。他的一系列建議還是比較合理的，尤其是在中國會計師事業剛剛萌芽之際，但由於

〔註41〕徐永祚：《會計師制度之調查及研究》，徐永祚會計師事務所，1923 年，第 60 頁。

當時政局混亂，政府難以顧及到會計師事業的發展完善，所以採納的甚少。相反，徐氏的會計師思想在民間得到了較為廣泛的認同，運用於具體的會計師實務工作中，成為指導會計師工作的準繩。

四、成立會計師公會的思想

徐氏指出會計師暫行章程的最大缺點就是缺乏會計師公會的規定。會計師公會是從事自由職業的會計師聯合組成的社會團體，是會計師制度中最重要的機構，它的任務是聯絡同業、溝通情況、交流業務經驗和開展學術活動。徐氏認為沒有加入會計師公會的會計師是不能開展會計師業務的。會計師公會的巨大作用體現在會計師公會的工作範圍，徐氏總結如下：

一、教育及指導會計師之後進者。

二、研究或調查會計學及其他關係學術之學理與實務，並開講習所與演講會。

三、發表關於會計上之意見，並講求其實行之方法。

四、規定維持會計師德義之方法。

五、監督會計師之行為，會計師公會會長得依委員會或總會之決議，聲請懲戒於會計師審查委員會。

六、規定會計師報酬之標準額。〔註42〕

徐氏是最早將會計師公會思想引進國內的，他的這一思想來源於英美會計師事業的成功經驗，也是比較成熟的。這一思想為中國會計師事業的發展輸入了活力，提供了保障。由於會計師公會的性質是社會團體，並不需要政府給予積極的支持，所以很快運用於實踐，取得了良好的效果。1925 年 3 月，徐永祚按照西方會計師事業發展的範式成立了上海會計師公會，這是全國成立最早的會計師公會組織，起到了示範作用。成立大會公佈了《上海中華民國會計師公會章程》。1926 年 8 月謝霖發起成立京津會計師公會，秦開於同年 10 月在武漢發起成立武漢會計師公會，陳日平也於年底在廣州發起成立了廣東會計師公會。

〔註42〕徐永祚：《會計師制度之調查及研究》，徐永祚會計師事務所，1923 年，第 62 ～63 頁。

第七節　楊汝梅（衆先）與《無形資產論》

楊汝梅（1899～1985）

楊汝梅（1899～1985），字衆先，河北磁縣人，會計學家。1921 年畢業於北京鐵路管理學院（北京交通大學前身），因名列榜首，又被交通部公費派往美國密歇根大學留學，1926 年獲博士學位，其博士論文即是馳譽世界會計的名著《商譽及其它無形資產》（「Goodwill and other Intangibles」）。1936 年 6 月，施仁夫將其譯成中文，經楊汝梅校閱後，改名《無形資產論》，列入當時由潘序倫主編的立信會計叢書出版，是我國最早出版的全面論述無形資產的會計學專著。

1927 年歸國後，楊汝梅受聘爲暨南大學教授兼教務長，1929 年轉任暨南大學商學院院長兼會計系主任，併兼在光華、交通、滬江等大學擔任會計學教授。1933 年受邀擔任鹽務稽核總所副監理兼賬務股長，1937 年轉任上海所得稅稅額審核處（隸屬中央信託局）總審核。1942 年到重慶，擔任中央、中國、交通、農民四銀行聯合總管理處（簡稱四聯總處）會計長，制訂了七行、局統一會計制度。1945 年抗日戰爭勝利，先後任中行銀行漢口分行經理及總行會計處處長。1949 年定居香港，在香港新亞書院任教，先後任系主任、商學院院長等職；中文大學成立後，任該大學教授、商學院院長等職至 1980 年退休，桃李遍佈世界各地。

　　《無形資產論》對我國及世界的無形資產的學術研究曾產生過重要影響。我國著名會計學者潘序倫先生稱該書「立論之精審，無與倫比」〔註43〕。正是《無形資產論》的出版才使無形資產的會計理論及其會計處理方法開始在我國廣為傳播，並應用於實踐，對於加強中國工商企業的管理和促進會計科學的發展起了很大的作用。它是中國會計學者撰寫的進入世界會計領域並達到當時世界水平的重要著作，直到 1978 年還作為《現代會計發展》叢書重印發行。《無形資產論》一書同時也為美國財經學界所稱許，引起財經各界的重視，當時在美國會計界被奉為關於無形資產的唯一著作。美國密歇根大學會計學名家派登教授（W. A. Paton）在他主編的會計手冊（Accountants』Handbook）一書中多次引證楊氏論點，與當時會計學界的泰斗凱斯脫（Kester）等人觀點同列。在美國紐約大學 R・P・Brief 教授編輯的再版系列經典名著中，這部專著也被列入其中。楊氏是中國會計學者中成就達到當時世界水平的第一個人，從 1933 年到 1947 年的十幾年中世界上對於無形資產的研究還沒能超越楊氏所作研究，這的確是中國會計界足以引以為榮的。

〔註43〕楊汝梅：《無形資產論》，潘序倫所作序，商務印書館 1936 年 7 月初版，位於「原序」和「凡例」之間，無標注頁碼。

20 世紀 20 年代，西方會計學者對於商譽等無形資產的性質有所論述，但多半圍於無形資產法律上的特點及其估價問題，而且眾說紛紜，莫衷一是，沒有能夠從理論上闡明無形資產的本質特徵，沒有具體的解決會計處理問題。楊氏在《無形資產論》一書中比較全面而系統的論證了無形資產的性質，提出了會計處理原則和方法，批判了西方會計學者某些觀點。全書共 9 章，依次為總論、商譽之性質、商譽與企業收益之關係、其他無形資產及其與商譽之關係、商譽與額外收益能力之關係、非購入無形資產之處理方法、各種非購入無形資產之分析、購入無形資產之性質及其處理方法、合夥及公司改組時無形資產之處理。前 5 章對無形資產理論進行系統論述，將當時國際上關於無形資產的各種見解加以詳細的分析與歸納；後 4 章則在理論基礎上探討不同情形下無形資產會計處理辦法的演進。該書觀點獨特鮮明，有理論，有實例，富有說服力。

一、對於無形資產理論上的認識

（一）無形資產與有形資產的區分

楊氏一針見血的指出無形資產性質和處理方法的研究是會計上最難解決的問題之一，其根源在於對於「無形資產」一詞很多學者僅僅從字面上去理解，認為是與「有形資產」相對的，而無法從本質上把握，所以存在很多學術分歧、自相矛盾的地方。他總結了當時西方會計學者將資產分類的三個標準，一一進行駁斥。

1、以物質是否存在為標準。認為不存在於可見可觸可量可算的實物中的財產為無形資產，反之則為有形資產。楊氏舉例加以反駁：「例如應收帳款及應收票據等，皆不過為一種債權，並無實質物體之存在。若照上述定義，自亦應列為無形資產之一種。但會計習慣，則將此種資產列入有形資產之中。再如開辦費及其他遞延資產，更無物質存在之可言，但會計學上所稱之無形資產，卻又未將是項資產包括在內也。」〔註 44〕

2、以價值實現難易為標準。認為無形資產不易於實現其價值，即缺乏流動性和穩定性。楊氏指出固定資產如機器設備廠房也缺乏流動性，而且由於技術進步和製造成本變化，其穩定性也不可靠。「由此可見若依財產價值之兩種實現性（即流動性與穩定性）為標準，而分資產為有形與無形二類，則確

〔註 44〕楊汝梅：《無形資產論》，商務印書館 1936 年 7 月初版，第 2 頁。

有實物存在之資產如房屋機器等，亦將不復能以有形資產稱之，則其說之不當，自屬顯然。」〔註45〕

3、以資產能否分屬為標準。認為其存在價值可以分屬於特定資產上的為有形資產，反之為無形資產。楊氏舉例論述：「例如創辦營業時之種種支出，實為一種必需之投資，在整個營業上，自有其正當之價值，但其所值並不能分屬於特定之某項資產上。……但此處所言之開辦費用，在一公司組織之時，有非常重要之意義，其數常必甚巨，於是在公司之資產負債表上，常用一特定之科目以表示之，不復包括於無形資產之一類中。」〔註46〕

可見，楊氏對於無形資產的性質給予了精闢的分析，有理有據，駁斥了當時學術界流行的「物質存在說」、「價值實現說」和「資產分屬性說」，具有學術創新意識，明晰了無形資產的基本涵義。為了更加深入論述其觀點，楊氏還在書中附上自己所作的分類，如圖 2-2 所示。〔註47〕

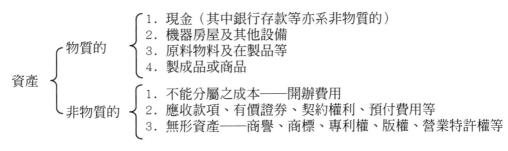

圖 2-2 資產分類

（二）無形資產的特質分析

追根溯源，楊氏認為無形資產是借法律的保護和政府給予的特權而產生的，它的價值以剩餘利益為前提，以經營上的優越性、獨佔性為條件。失去這些前提和條件，無形資產本身就沒有任何價值了，而憑藉這種優越性和獨佔性產生特殊利益與成本支出沒有連帶關係。所有無形資產都不能脫離其原屬企業而獨立存在，因而不能在市場上買賣，但可以隨企業一併轉移，並以企業所獲額外利益的多少決定它的價值，由於企業收益逐期不同，它的價值是不穩定的。

〔註45〕楊汝梅：《無形資產論》，商務印書館 1936 年 7 月初版，第 4 頁。
〔註46〕楊汝梅：《無形資產論》，商務印書館 1936 年 7 月初版，第 5 頁。
〔註47〕楊汝梅：《無形資產論》，商務印書館 1936 年 7 月初版，第 6 頁。

由此，楊氏給出了無形資產的初始定義：「凡附屬於營業之各種權利或情形，只能於其爲獲得優越或獨佔利益之原因時，始可成爲無形資產。」〔註48〕

楊氏的這些論述觀點獨到，抓住了事物的本質，具有一定的總結性，但也存在局限。從現代觀點來看，版權、專利權等無形資產也可以買賣，脫離原企業仍然可以獨立存在。但在20年代對於無形資產認識深刻到楊氏這種程度已經令人讚歎不已了。

（三）對於商譽及其與收益關係的看法

楊氏論述無形資產是以商譽爲核心的，其他無形資產包括商標、商號、繼續營業價值、營業特許權、專利權、版權、商業秘密等，不完全等同於商譽，但也與商譽有著不可割捨的緊密關係。他定義商譽爲：「一切要素及情形，凡足以使一企業產生一種較尋常收益爲高之收益者，均得稱之爲商譽矣。」〔註49〕目前，世界上對於商譽的定義也沒有統一。《會計詞典》指出，所謂商譽是指企業在其有形資產基礎上，能獲得高於正常投資收益能力所形成的價值，這顯然是沿用楊氏超額盈利觀對商譽進行定義的。但是我國財政部2006年公佈的《企業會計準則第6號——無形資產》中規定無形資產主要包括專利權、非專利技術、商標權、著作權、土地使用權、特許權等。商譽的存在無法與企業自身份離，不具有可辨認性，不在無形資產準則規範之內。

在《無形資產論》一書中，楊氏總結商譽與企業收益有三種關係：

1、銷售上的商譽。影響顧客選擇購買商家的因素有很多，如區分顧客的不同階級，即周到迅速的服務應區分不同的顧客並提供不同的服務，從而取悅盡可能多的顧客，類似經濟學中的價格歧視的方法；維繫與老顧客之間的關係；選擇最佳售賣地點；使用商標、牌號等。這些商譽取得的利益是生產者剩餘，應該理解爲銷售效率的報酬。

2、製造上的商譽。企業家往往用各種辦法，改善工作情形，關注工人身心安適，訂立一種公允的工資標準，以增加工作的快感，使工人對於工作或工廠發生濃厚的興趣，以此獲得製造上的商譽。楊氏還特別指出，減少勞工周轉率有利於降低諸如培訓等成本，也是商譽的一個來源。此種觀點類似經濟學中的效率工資理論。

3、理財上的商譽。企業家經營上的成功、地位的鞏固以及個人信用程度

〔註48〕楊汝梅：《無形資產論》，商務印書館1936年7月初版，第14頁。
〔註49〕楊汝梅：《無形資產論》，商務印書館1936年7月初版，第63頁。

高都可以取得投資者的信任，從而在借款上取得便利和負擔較輕的利息，取得額外收入。

楊氏還深入探討了商譽與額外收益能力之間的關係：

商譽的定義隨時代發展而演變，由過去以業主與顧客之間的友誼及和諧關係演變為以企業獲取額外收益為標準。額外收益的概念是針對正常收益而言的。隨著工商業的發展，一般經濟學家認為投資風險性相同的企業收益率也大致相等。如果某一企業大大超過一般收益率，則超過部分為額外收益。楊氏認為造成這種情況的因素種類繁多，不勝枚舉，「舉其要者而言，大抵不外有商譽、專利權、版權、營業特許權等數種」〔註 50〕，因而無形因素是產生額外收益的原因。

按照現代經濟學的觀點，此種表述當然是過於簡單，有局限性的。隨著經濟的發展，管理職能的專門化使管理人員的素質、技術研發等多種因素變得至關重要，經濟管理成為公司延續生命的主要支撐力量。企業必須充分利用其政治、經濟、科技、文化等各方面的有利影響，獲得理想的經營業績，甚至獲得超過同行業平均水平的利潤。當然，如果企業通過上述措施，果真獲得了超過同行業平均水平的利潤，企業就擁有了商譽。可見，隨著生產的發展，科技的進步，人們對商譽的特性有了深入的瞭解。

由於各種無形因素所產生的額外收益無法分別確定，它們之間還會相互影響，所以楊氏主張將各種無形資產都歸入商譽。因為既然不能分別計算各種無形資產的收益，那麼，把它們分開來核算也就沒有什麼太大的意義了。「由此而觀，宜乎一般商業習慣及會計理論，多不將商譽與其他無形因素加以區分，而只以一籠通之科目歸納之。此種辦法，雖不免使讀者無由窺見各種因素之影響，但亦有不得已之苦衷在，初未可以厚非也。」〔註 51〕這一思想反映了楊氏簡化核算、避免繁瑣的思想，仍然是具有學術前瞻性的。

楊氏對於商譽的論述涉及到法學、經濟學、心理學、管理學等範疇，尤其是從經濟學原理的角度討論無形資產的特殊性質，可見其博覽群書，功底深厚。其中引鑒了非常多的經濟學思想和術語，如經濟人、完全市場競爭、供求關係、彈性、生產者剩餘、消費者剩餘、邊際報酬等等，甚至在論述各種無形資產之間相互影響作用時運用了標準的供求關係坐標系和彈性原理，

〔註50〕楊汝梅：《無形資產論》，商務印書館 1936 年 7 月初版，第 66 頁。
〔註51〕楊汝梅：《無形資產論》，商務印書館 1936 年 7 月初版，第 71 頁。

還涉及到價格歧視、效率工資等經濟學的基本觀點。以多元學科的廣闊知識面來研究無形資產問題，其成果具有的突破性和創新性是顯而易見的。

二、對於無形資產會計處理上的認識

無形資產如何進行會計處理也是當時學術界十分含混的難題，楊氏將無形資產按其來源具體劃分為非購入無形資產和購入無形資產，從而分開討論其入賬方法，還補充了合夥及公司改組時無形資產的處理方法。

（一）非購入無形資產的處理方法

非購入無形資產是否應該在賬簿中及資產負債表中表示在當時學者之間是有不同觀點的。一種觀點認為不應該將非購入無形資產價值表示在賬簿上，不能將額外收益還原為資產而列入賬簿書表之中。楊氏非常贊同這一觀點，他說：「此種見解，雖在實際應用上常難完全遵循，但數十年來，一般會計學者幾無不奉為金科玉律也。」〔註52〕另外一種反對觀點認為會計的主要目的是根據獲利能力估計其整個企業的資產價值，以給管理當局提供充分資料，作為決策參考，所以賬簿和資產負債表上表示的財力必須與獲利能力一致，故無形資產必須入賬。楊氏評論道：「此種理論，由表面觀之，雖亦不無相當理由，然一究其實，即知其無甚價值也」〔註53〕，表明了其鮮明的態度。

楊氏細緻論述了資產與獲益能力之間的區別，並從成本理論、資產估價、各種資產性質等角度比較研究，得出結論為：「總之，無形資產因其價值缺乏穩定性與確定性，故不應列作資產，更與計算產品之成本無關也。」〔註54〕其中，他專門論述了不確定與不穩定價值不應該視作資產的理由。可以肯定的是劃分不確定價值是非常重要的，而計算收益應該以投資價值為基礎，將營業毛利與投資價值相抵後剩餘為營業純益，營業純益是計算不確定價值的基礎，無形資產的估價應以純益為唯一標準。況且，額外收益是有復合性的，即各項因素之間有連帶互助的作用，所以很難完全劃分清楚；無形資產逐期估價對於企業經營成果有很大的影響。所以，歸結一點，無形資產的價值只用收益表示是最恰當的。

楊氏還比較了各種非購入無形資產的不同特點，認為發生情形不同，應該採取不同的處理方法，如專利權取得所花費的成本在相當限度之下不妨計

〔註52〕楊汝梅：《無形資產論》，商務印書館 1936 年 7 月初版，第 73 頁。
〔註53〕楊汝梅：《無形資產論》，商務印書館 1936 年 7 月初版，第 74 頁。
〔註54〕楊汝梅：《無形資產論》，商務印書館 1936 年 7 月初版，第 74 頁。

做資產，而商譽取得所花費的成本則最好不作爲資產處理；商號、商標的設計費、註冊費即公有企業獲得特許權的費用等帶有開辦費的性質，也應作特殊賬務處理等等。

（二）購入無形資產的處理方法

楊氏認爲購入無形資產應該入賬，可以特設「額外獲利能力成本」賬戶處理。原因在於通過轉讓手續，無形資產的商業價值已經由不確定和不穩定轉爲確定和穩定，而購入無形資產是營業成本的一項，且只有入賬才能正確反映新管理當局的才能。

購入後，無形資產價值增高，則爲收益還原的價值，處理方法應與非購入無形資產類似；無形資產價值減少，折舊如何處理則又是一個很有爭議的問題。有學者主張無形資產性質固定，不需折舊；而楊氏等學者則認爲無形資產變幻莫測，應分期攤銷。並且明確指出收益並不是重估無形資產價值的良好標準；折舊期應以購入時預計時期爲標準，同時採取靈活處理方式，如「無形資產之存在年限，事實上有不能達到法律上之存在年限時，自不必強以法律之年限爲準則」〔註55〕；折舊可以採取平均法、現值法和定率法三種方法，應按具體情況分別對待。

（三）合夥及公司改組時無形資產的處理

考慮到現實情況，無形資產的處理就更加複雜了。如合夥改組與獨資企業的轉讓是不同的。當合夥人退夥需支付其商譽價值時，應按照實際支付金額以「商譽」賬戶入賬，而不應以商譽總額入賬；當新合夥人加入時，應考察股權比重，舊合夥人股權多則商譽不應列爲資產，新合夥人股權較多則列爲資產。

合夥改組爲公司時，如果公司股東仍爲以前合夥人，則實際上沒有轉讓事實發生，無形資產不應入賬；如果公司發行股票，除向外界售賣極少，原合夥人仍爲主要股東外，則視爲轉讓手續具備，無形資產應當計入賬簿。

幾家舊公司合併爲一家新公司，如果新公司發行股票直接交換舊公司財產，有額外收益的公司可以得到超過其實際財產價值的股票，應以股票折價科目入賬；如果新公司發行股票售得資金購買舊公司財產，則按照購入無形資產入賬。

〔註55〕楊汝梅：《無形資產論》，商務印書館 1936 年 7 月初版，第 133 頁。

在合併資產負債表中，統轄公司（控股公司）已經全部掌握附屬公司產權時，其投資額超過附屬公司財產淨值部分，以商譽價值表現於合併資產負債表中；反之，則作爲負商譽處理。如果將附屬公司的資產負債另外編製附表，而使得統轄公司的投資額於附屬公司的財產淨值不必整理，也就沒有無形資產如何處理的問題了。

第八節　北洋政府時期會計思想的特徵總結

以上各節對於北洋政府時期財計組織結構思想、會計法制化思想的分析提供了這一時期會計思想發展的基本思路；對於北洋政府時期會計思想的發展與實踐的研究將不同領域具有代表性的會計思想加以總結；最後對謝霖、楊汝梅（予戒）、徐永祚、楊汝梅（衆先）等代表人物的會計思想進行深入的剖析。綜上，作爲會計思想史上一個重要的積累過渡時期，北洋政府時期的會計思想有如下一些特點：

（一）會計思想大體上傳承了日本會計思想

北洋政府在會計思想的發展引進中起了非常重要的組織作用，主要是仿傚日本做法進行會計立法和會計組織建設工作，這爲愛國知識分子提供了非常有效的平臺來學習、引進西方會計理論，從而發展完善自身的會計思想。郭道揚教授曾指出：「『民三』會計法是以日本會計法作爲藍本擬定而成的，除少數參酌中國實際外，其章節條文分列，與日本相差無幾，其內容之安排，更是大同小異，『不啻日本會計法之譯文』。」〔註56〕在會計法的基本精神指導下，北洋政府時期的會計思想大體上也是以日本會計思想作爲藍本。如當時著名會計學家謝霖曾留學日本，對日本金融界所用的銀行簿記理論與實務頗有研究，早在1907年就和孟森合作在東京出版《銀行簿記學》一書。從本質上講，謝霖的銀行會計改良思想就是學習日本會計方法的結果，將中國傳統現金收付記賬法改革爲現金式分錄記賬法，即複式記賬法。又如楊汝梅（予戒）也曾留學日本，其全面推行的新式會計思想大體上也沿襲了日本會計的模式。

（二）會計法制化思想得到初步發展

1914年10月公布施行的會計法是中國歷史上第一部會計法，史稱《民三

〔註56〕郭道揚：《中國會計史稿》下冊，中國財政經濟出版社1988年6月第1版，第387頁。

會計法》。它的頒佈是中國會計史上一件大事，是中國會計法制化的開端。這是參加當時政府工作的愛國學者力求從會計立法入手來改善中國財政會計落後狀況的首次嘗試，在加強會計法律制度方面取得了一定進展，並對當時政府的預算、決算工作在一定程度上起到了約束作用。這反映出統治者主觀上已經認識到用法律制度來規範會計工作的重要性，同時也反映出北洋政府時期會計法制化思想已經得到初步發展。儘管在執行過程中帶有一定的虛僞性，但是其進步性無法被忽視，爲我國近代會計思想的發展奠定了基石。

（三）會計統一的思想非常清晰

北洋政府已經認識到會計制度散亂、各自爲政嚴重影響到會計的核算和財政預算、決算的執行，這對他們的統治非常不利。而愛國知識分子也認識到這種多元化會計發展局面不利於中國會計理論的進一步發展。由此，會計統一成爲各個層面的客觀要求，統一會計的思想出現，並且愈演愈烈，得到會計工作者的一致認可。1914 年擬訂的普通官廳用簿記統一了會計科目、內部會計憑證、會計賬簿、會計報表等的格式和名稱，以及賬簿登記、報表編製方法，使中國近代會計走上制度化規範化的道路。1913 年交通部成立「統一鐵路會計委員會」，制定了統一的鐵路會計則例，使其適合中國經營管理要求，便於主管部門彙編考覈，爲中國會計改革做出了榜樣。1924 年全國銀行公會統一銀行會計科目實行。審計院擬訂一系列規則，如審計法施行規則、支出單據證明規則、審查國債支出規則等，使審計工作有一定的標準可循，開始了中國審計的制度化和規範化歷程。

（四）會計思想的發展落後於會計實務操作的發展

會計本身是實務性工作，理論和實踐需要緊密結合，而北洋政府時期的會計研究還沒有從簿記實務中完全擺脫出來。由於中國傳統重農抑商思想的束縛和西方國家在一定程度上掌控了經濟大權的特殊國情，會計實務操作被迫直接採用西方先進會計方法，得到了較快的發展。相對而言，會計理論的學習、研究則較爲落後。所以，會計思想的發展落後於會計實務操作的發展。但是，具體應用西方會計方法以及運用根據西方先進會計理論改良的中式會計方法一直是會計學習、建設的主要渠道，這種超前的會計實踐所提供的經驗教訓則成爲後來會計思想發展的重要參照。

（五）會計思想的系統性存在不足

　　北洋政府時期的會計思想較為零散，不具有系統性。這一時期的會計思想存在很多空白，主要集中在會計法制化思想、會計統一思想、改良銀行會計思想、發展會計師事業思想、發展會計教育思想等，研究範疇較為狹窄。其中楊汝梅（眾先）蜚聲國外的無形資產思想雖然已經達到了世界先進水平，但仍只是浩瀚會計思想中的冰山一角，無法彌補會計思想缺乏系統性的不足。至於其他會計思想，如農業會計思想、郵政會計思想、會計出版發行思想等等都很少涉及。

（六）會計教育思想具有局限性

　　北洋政府時期，會計教育已經引起了一部分愛國知識分子的重視，如謝霖先生深感當時瞭解西式會計的人員缺乏是新式銀行簿記難以推行的重要原因之一，於是徵選山西票號、安徽錢莊各數十人在北京設立講習所進行培訓，並親自講授「銀行簿記」等課程，為銀行改用西式複式記賬法提供了人才來源。儘管如此，當時的會計教育思想仍然十分薄弱，其授課內容不過是對傳統實務操作的引導和西方會計理論零散觀點的介紹，表現出較為明顯的局限性。這有經濟上的原因，如中國民族資本主義工商業發展的局限性；也有歷史觀念上的原因，如廣大會計工作者對於會計理論發展缺乏重視等。

第三章　國民政府時期財計組織及會計法制化思想

　　1927 年 4 月，蔣介石在南京成立國民政府，又稱南京國民政府，這是 1927 年至 1949 年中華民國的最高行政機關。南京國民政府建立後，名義上爲統一的中央政府，實際上難以在全國推行其政令、軍令。1930 年至 1933 年，反蔣派先後在北平（今北京）、廣州和福州等地組織國民政府、西南政務委員會、中華共和國人民革命政府以及其他一些政權機構，與南京國民政府分庭抗禮。1931 年 11 月，中華蘇維埃共和國成立，堅決實行抗日和反蔣的方針。1937 年盧溝橋事變後，南京國民政府在全國人民抗日熱情的推動下，開始抵抗日本侵略者的進攻。抗戰勝利後，南京國民政府最終拒絕實行中國共產黨提出的成立聯合政府、和平建國的方針，於 1946 年 6 月挑起全面內戰。1949 年 10 月 1 日，中華人民共和國中央人民政府在北京宣告成立，標誌著南京國民政府在中國大陸二十多年的統治結束。

　　國民政府統治時期，蔣、宋、孔、陳四大家族所經營、控制的官僚資本壟斷了國民經濟的主要部分，成爲國民政府的經濟基礎，對社會經濟的健康發展起了嚴重的遏制、破壞作用。但是，以上海爲中心的民族資產階級在經濟上支持國民政府的同時，提出了取消不平等條約、實行新的經濟政策、獲得較大的政治發言權等要求，並積極興辦實業。中國人民的反帝愛國運動一浪高過一浪，廣大群眾抵制洋貨、提倡國貨的行動，以及國民政府爲了鞏固統治提出開展「國民經濟建設運動」等都或多或少地推動了民族工業的發展。抗日戰爭爆發後，由於四人家族加強對工業的壟斷，日本帝國主義採取「以

戰養戰」的掠奪政策，加上戰爭的破壞，民族工業幾近破產，國民經濟也一蹶不振。抗戰勝利後，由於國民政府統治地區通貨膨脹惡性發展，導致國民經濟迅速崩潰，加速了南京國民政府的覆滅。

與北洋政府時期相比較，國民政府統治時期的會計工作情況得到了大大的改善。一方面，國民政府力求在財政、會計、統計等方面仿照歐美（主要是美國）資本主義國家的基本做法進行了建制、改制和核算方法等方面的改善工作，以適應其獨裁統治的需要，便於層層進行壓榨剝削；另一方面，愛國知識分子爲了振興經濟、改善吏治，致力於整頓財政和防範貪污盜竊，他們深入進行的改良會計工作產生了明顯效果。這個時期，我國的民間會計取得了前所未有的發展，當時會計教育界、實業界、民間會計師事務所都積極引進國外先進的會計理論和方法，積極進行改革、改良中式會計工作。此時，西方會計理論的傳播無論在傳播途徑上還是在傳播範圍上都漸次豐富，逐漸加深變廣，達到了近代中國範圍內的最高水平。

第一節　國民政府時期財計組織結構設置思想

一、國民政府時期超然主計制度概述

1927 年國民政府執政之初，沿襲北洋政府舊制，其主管財會工作的機關在中央爲財政部，各省市爲財政廳局，還沒有獨立意義的會計專門組織機構的設置。自 1931 年國民政府的主計處成立以後，把主計工作由財政部劃出，隸屬主計處，主計處直接隸屬於國民政府。自此，會計執行權力和監督權力分離開來，全國的會計、統計事務大體由主計處以超然地位執行，原財政部所掌控全國會計的權力除本身會計事務部分外，其餘統歸主計處掌管。

主計處成爲國民政府掌理全國歲計、會計及統計事務的最高機關，其下設歲計局、會計局和統計局三局，會計工作的主管機關是會計局。主計處設主計長一人，綜合管理並指揮監督所屬官員，各局設正負局長各一人，由主計官分別兼任，分掌各局事務。三局之間各自執掌明確，分工具體。歲計局主要負責總概算、總預算和決算報告的編製工作，以及有關表冊的設計、頒行工作。會計局主要掌管國家總會計的日常會計工作及對會計人員的任免、遷調、培訓、管理方面的工作，以及各機關所用會計制度的制定、頒發；對各機關日常會計事務的指導與監督；對各機關會計報告的查核及匯總編製出全國的會計報告

等。統計局主管全國的統計事宜。具體情況詳見如圖 3-1 所示〔註1〕。

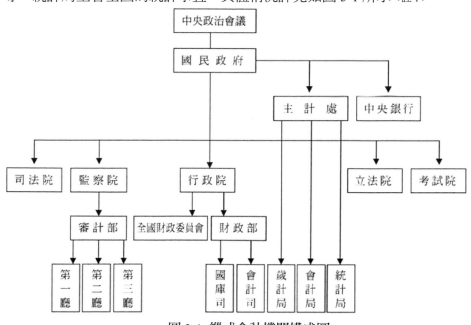

圖 3-1　縱式會計機關構成圖

總的來說，國民政府很重視財計工作，把它提高到關係國家盛衰的高度。在 1929 年 8 月送立法院審議的設置主計總監部的提案中就提到「國計關係國政盛衰，故歷來良好之政治組織，皆隆重其地位」。〔註2〕認爲財政部的會計司雖然已將全國的會計、歲計、統計合併辦理，但收效不大。主要原因在於財政部屬於行政院的一個部，沒有獨立的資格，不能提出超然的主張；地位太低，不能指揮和控制全國各機關的會計統計行政而保障其人員地位獨立；範圍太小，不能充分聘用高級人才。所以應該將會計、歲計、統計設獨立的機關，隸屬於國民政府，使它超然於五院之外。

這一財計組織系統的重大革新自然引起了當時財政、會計學者的激烈辯爭，引發了一輪思想上的交鋒。當時的大部分財政、會計學者認爲由歲計、會計、統計三合一的主計制度是一種積極的財政監督制度，是構成聯綜組織制度的重要環節。主計機構處於超然獨立地位，便於行使職權，與各機關長官濫用職權、貪污舞弊相抗衡，其牽製作用是顯而易見的，理論上也是成立

〔註1〕雍家源：《中國政府會計論》，商務印書館出版，1933 年 11 月初版，1938 年 5
　　　月第 3 版，第 27 頁。
〔註2〕《中國會計史料選編》IV：第 2878 頁。

的，在當時也曾發揮過作用，可以說這種會計組織建制的改善是前所未有的。但實際上還是有照搬西方國家成規的痕跡，治下不治上，治標不治本，事實上圖有財會組織機構之名，而不能做好官廳會計的實際工作，具有局限性和不徹底性，最終隨著國民政府在政治上的瓦解而免不了流於形式。

國民政府移都南京後，於 1928 年 7 月 1 日設置審計院，並公佈《審計院組織法》17 條，主要規定：審計院設在國民政府所在地，必要時得酌設審計分院，實行中央、地方兩級審計制。審計院設第一第二兩廳：第一廳監督預算執行事項，第二廳審核決算事項，即分為事前審計和事後審計。從事具體審計工作的審計、協審，需要具有在國內外大學或專門學校修習政治經濟學等學科三年以上畢業，並對財政學或會計學有精深研究資歷的人充任。審計院院長、副院長、審計、協審，非經法院褫奪公權或依法受懲戒的處分不得令其退職。

1928 年 8 月 10 日，國民黨第三屆第五次中央全會通過設行政、立法、司法、考試、監察五院後，改審計院為審計部，由監察院掌管，審計部成為監察院下執行財政監督的機構。一般行政事務的監督由監察院委員行使，對財務行政的監督則由審計部行使。審計部設部長一人，政務次長各一人。下分三廳：第一廳辦理全國各機關的事前審計事務；第二廳辦理全國各機關的事後審計事務；第三廳辦理全國各機關的經濟稽查事務。每廳設廳長一人，各設三科，進行分科辦事。同時規定了審計人員的任職資格、獨立性、限制兼職情況以及職務上的迴避制度等。隨著審計業務的發展，審計辦事處後來分為甲、乙兩種，分管規模較大的企業和一般性企業。此外，還有設計巡迴審計制度，派駐各機關的就地審計人員等。

可見，國民政府時期建立了一套垂直領導的獨立執行審計監督的審計體制。對事前審計、事後審計與稽查進行科學的分工，並根據需要和可能，分別採用定期送審或就地審計，形成一個既有重點，又顧及一般的審計網絡，是比較嚴密而完善的近代審計制度。這種較為系統的審計組織建制無論從規模還是從組織形式方面講都是前所未有的。它一方面取法於國外，參照了英、美、法、德諸國審計建制的基本做法，另一方面則沿襲了我國唐、宋比部建設制度和明清時代的都察院制度的某些做法，將審計部設置於監察院之下，確保審計部在聯綜組織系統中的獨立地位。儘管這種審計組織建制因當時政治局勢的混亂免不了難達其效，但歷史的進行考察，這種組織建制在一定程度上還是起到了非常積極的作用。

二、國民政府時期超然主計思想的變遷 〔註3〕

　　國民政府時期的主計制度是政府為了積極監督財政，實行的一種具有超然主計和聯綜組織特徵，由政府歲計、政府會計及政府統計三者綜合而成的統一計政制度。其中，歲計指的是預算決算，會計包含會計制度設計與會計處理兩個方面，統計則是指各機關統計事務的統籌與分工。具體來說，主計的主體是國家，對象是數字，目標是加強財政監督，是一定程序、辦法、組織與機構的綜合。

　　超然主計制度擺脫了中國多年來存在的財政與計政含混不清且沒有相應分權制衡體系約束的經濟集權體制，寄希望以此澄清吏治。這一制度把財政和計政徹底區分開來。財政由財政部負責，隸屬於全國最高行政機關——行政院，主管賦稅、公債、庫藏、官產經理、貨幣金融等；而計政中的歲計、會計、統計是積極監督財政的工具，由專門設立的主計處負責，隸屬於擔負全國全部政治責任的最高機關——國民政府。這種制度同世界其它各國的會計制度也是不同的，例如，英國的預算編製由財政委員會下的主計局負責，重要問題由議會決定，而美國預算編製與核定權在總統，會計統計工作則由財政部負責，這些都有別於超然主計制度。單純從制度本身比較來言，超然主計制度的設計突出了主計機關超然的地位，同時又兼顧預算、會計、統計工作的連環性，具有一定的優越性。但聯繫到該制度實施的大背景就不難發現，國民政府實行的五院制不同於歐美國家的三權分立，所以自然要求相對嚴格的主計制度與之相配合。但在當時個人獨裁的體制下，再嚴格的制度也難免流於形式。而英國、美國的權力制衡機制設計較為完善，這為其主計制度順利實施提供了前提條件。

　　然而，不可否認的是，國民政府時期超然主計制度的變遷展現了中國由原來落後的混一制度邁向先進的聯綜組織制度的發展進程。該制度的建立表明，財政會計專家已經注意到會計獨立、連環一致與分工牽制對於會計工作的重要意義。其中學者們積極討論的如何明確主計處的隸屬關係、如何消除超然主計制度對行政事業的妨礙、如何正確處理會計人員和長官同事之間的摩擦等思想，對現代會計制度的設置具有重要的參考價值。

（一）超然主計制度提出的時代誘因

　　美國會計史學家A・C・利特爾頓指出：會計的發展一方面依賴於它所處

〔註3〕參見宋麗智：《國民政府時期超然主計思想的變遷》，《財經研究》（滬）2007年第8期。

的環境，另一方面又取決於一定環境下所出現的新問題。隨著環境的變化，它已往所具有的一些方面，如某些概念、某些方法都已成爲歷史，此時便需要通過研究、解決新的問題，去適應變化了的環境，創造出新的概念或新的方法，這便叫做「發展」。〔註 4〕國民政府時期超然主計思想的變遷同樣符合這樣的規律。也就是說，中國的歷史條件發生變化，要求實施超然主計制度和聯綜組織制度，於是主計思想漸漸萌芽。那麼，引起超然主計思想變遷的時代誘因究竟可以歸納爲哪些呢？

首先，世界先進財政會計思想的影響不容忽視。20 世紀 30 年代前後，正是世界會計學術發展的高潮時期，這時的財政會計學者提出了必須健全財會制度以監督財政的主張。一般學者認爲財政會計的混一組織制度（又叫一條鞭制）是財務上貪污舞弊的根源，改進的辦法是實行財會用人的分權制，以達到內部牽制的效果。這種內部牽制的分權制，當時已爲中外財政會計學者所認可。國民政府主計制度中的聯綜組織就是以內部牽制思想作爲理論依據發展而來的。

其次，控制貪污舞弊之風要求健全監督財政會計制度。國民政府執政初年，中國國民黨提出一個很合乎民眾心理的口號：「打倒貪官污吏，澄清吏治！」這個口號的提出依從歷史事實，反映了當時的時代要求。從政治角度來看，近百年來，官吏的營私舞弊，造成了極度腐敗的政治局面，滿清政府和北京政府都因此而垮臺，剷除貪污已經成爲一種時代要求；從經濟角度來看，西方列強經濟進步一日千里，中華民族要想在經濟競爭中尋求一條出路，有著自身的特色，必須集中精力加速經濟建設，而落後的財政會計制度易於滋生腐敗，已經成爲經濟進步的桎梏。當時人們總結了兩個造成貪污舞弊的原因：一是用人不良，二是制度有缺陷。而兩者之中，制度方面的原因更爲重要。因此，健全財政會計制度，採取積極的監督牽制措施，已成當務之急。超然主計思想正是在這種歷史背景下提出的。

再次，國內財政會計學者的有力主張是推進主計思想的積極動力。關於如何建立財政會計制度的問題，國內學者紛紛著書立說，發表自己的主張，主要代表人物有潘序倫、雍家源、胡善恒、尹文敬等。倡導建立超然主計制

〔註 4〕參見Ａ‧Ｃ‧利特爾頓：《 1900 年以前會計的發展》結束語部分。轉引自郭道揚著《會計史研究──歷史‧現時‧未來》，中國財政經濟出版社，2004 年 8 月第 1 版，第 129 頁。

度最為積極的學者，首推國民政府立法院財政委員會委員衛挺生。為了防止
政府官員貪污財政資金，衛氏利用立法委員會這個平臺，於1928年冬立法院
成立時提出了一系列財政會計制度改革的建議，其中超然主計制度的草創是
其得意之作。他的超然主計思想和聯綜組織思想引起了當時財政會計學界的
高度重視。著名財會學者如何廉、李權時、楊汝梅（予戒）、聞亦有、鄒曾候、
陳長衡等均紛紛寫文響應。這些學者大多曾留學日本、美國且專門學習過財
會專業，他們的主張雖不完全一致，但都是以國外先進的財會制度為基礎，
再結合中國的實際情況提出個人的見解和辦法，以求建立中國的財會制度。
所以從根本上說，國民政府的超然主計制度就是當時中國的財會學者和專家
研究設計而成並積極推行的。

（二）超然主計制度思想的產生

衛挺生是超然主計制度的積極發起者和推行者。衛挺生（1890～1977），
字深甫，湖北棗陽人，1911 年清華大學畢業留學美國，密歇根大學文理生，
1916年獲哈佛大學學士學位，專業政治經濟，1918年獲哈佛大學工商管理碩
士學位，專業銀行財政。1920 年就任南京高師教師，中國銀行總管理處秘書，
1928 年任立法院財經委員會委員。曾著《財政改造》、《中國今日之財政》、《戰
時財政》、《計政制度論》、《中國現行主計制度》等著作，是當時財政學者中
的傑出代表。

1928 年衛挺生正式提出超然主計制度，並指出主計制度在中國是首創，
國外也沒有先例。主計制度提議得到了 1929 年訪華的甘末爾顧問團的肯定和
支持，設置主計總監部的立案在 1929 年 8 月經中政會第 218 次會議議決通過，
後又經第 238 次會議通過，送國民政府立法院辦理立法程序，此後主計制度
即以立法形式出現在政府組織中。1931 年 3 月，主計處正式成立。

在當時的時代背景下，衛氏超然主計思想的啟蒙也不可避免的受到國內
和國外兩種思潮的影響，是綜合吸收國內外會計思想的產物。

首先，衛挺生對國內混一組織制度弊端的認識，是其主計思想啟蒙和產
生的初始淵源。衛氏認識到當時貪污盛行的根本原因在於所採取的混一組織
制度（即一條鞭制）。認為在這種制度下，各機關行政長官既主持機關內一切
事務，又有權任命辭退機關內一切工作人員，類似獨裁。各機關的財務，包
括預算、出納、購買、會計、報銷、決算等均由一行人員包辦到底，所以舞

弊非常容易。〔註 5〕爲了防止這種混一組織制度下所產生的舞弊行爲，衛挺生開始思索制度變革，超然主計制度也因此而產生。

其次，美國「分工合作」與「內部牽制」的現代工商業管理原則對其主計思想的啓蒙產生了重要影響。衛挺生在留美過程中認眞考察了美國等地的現代工商業，認識到「分工合作」與「內部牽制」是現代工商業實現有效管理的兩個原則。他說：「任何龐大工商業之管理，其管理錢財者與管理賬簿者，必須分工合作互相牽制。凡忽視此條件而爲龐大之組織，未有不失敗者。故管錢與管帳，兩種事權之必需分立，實爲現代工商管理之金科玉律。」〔註 6〕由此他受到啓發，得出整治貪污腐敗的方法：「即爲廢除行政與監督脫節的混一組織，另創一個相互牽制的組織來代替它」。〔註 7〕這種新組織就是衛氏向立法院提出的一系列財政會計制度改革的核心思想，後被命名爲聯綜組織。

聯綜組織思想參照了我國古代財計組織建制和近代西方國家所謂經濟牽制制度建設的基本做法，是一種較爲科學的控制經濟的財計組織制度。它由四個聯立系統組合而成，即財務行政組織系統、主計系統、出納保管系統、審計系統。其中主計系統在聯綜組織中處於中心環節地位，是較爲科學的財計組織管理制度。我國著名會計學家郭道揚教授對聯綜組織制度給予了高度評價，認爲該制度是「集古今中外經濟牽制關係建設做法之大成」。〔註 8〕

總結衛氏設計的超然主計制度，可以發現其有四個特點：（1）超然性，即各機關辦理預算決算會計統計的人員，雖然受所在機關長官指揮，但是有超然的地位。（2）聯綜性，即各機關的主計人員，一方面爲所在機關職員辦理預算決算會計或統計事務，對其機關長官負責；而另一方面又是主計處派出職員，不但直接受主計處監督指揮，而且直接受其任免、遷調、訓練、考覈。（3）連環性，即歲計會計統計三個部門合併組織成爲一個有連環性的機關。（4）隸屬性，即中央主計機關隸屬於擔負全國政治責任的機關，地方主計機關直接隸屬於各級政府的最高長官。

〔註 5〕衛挺生、楊承厚：《中國現行主計制度》，1946 年 8 月重慶初版，商務印書館，第 16 頁。

〔註 6〕衛挺生：《民國計政之過去現在與將來》，《東方雜誌》33 卷 1 號，1936 年 1 月 1 日，第 135～136 頁。

〔註 7〕衛挺生、楊承厚：《中國現行主計制度》，1946 年 8 月重慶初版，商務印書館，第 17 頁。

〔註 8〕郭道揚：《中國會計史稿（下）》，中國財政經濟出版社 1988 年第 1 版，第 437 頁。

從其特點可以看出，主計制度推翻了原有財政集權的混一制，建立了財政分權的聯綜組織，賦予主計人員超然地位。它有統一的制度，統一的方法，且加強了計政工作的技術性，明確主計學科是一門專門知識，主計人員應使用專業人才，在人員安排上更注重分工合作、提高效率。這些對於完善財政會計制度、杜絕貪污都有積極作用。總的來說，這一制度的出發點是好的，設計也比較成功，可以說在中國會計思想上是一大創新。但不盡如人意的是它的實踐結果，馬寅初曾評價其爲「制度駕理想王國之上，事實淪十八層地獄之下。」〔註9〕朱通九也認爲：「衛挺生氏提議設立之主計制度，雖已設置有年，而成績至爲平庸」。〔註10〕儘管如此，這一主張在中國會計思想史上仍然具有重大意義，對於完善有中國特色的現代會計監察制度也有重大的借鑒作用。

（三）超然主計思想推行經過

任何制度的創立都不是偶然的，也不是一蹴而就的。主計制度創立和推行也歷經了幾個階段，我們可以細分其爲試驗階段、設計階段和正式成立及成長階段。

1、會計獨立的失敗

國民革命軍北伐之初，理財人士已經認識到以往中國採用混一組織的弊端，紛紛提倡各機關會計獨立。1927年，國民政府在南京成立時，財政部就開始實行會計獨立制度，凡是財政部所屬機關，會計人員均由財政部直接招考指派任免，這是打破混一組織的第一步。當時寄期望於各會計主任可以利用其超然地位，盡職牽制其主管長官。但大多數會計主任都放棄了他們的監督職能，使得會計獨立制度徹底失敗。

衛挺生在一篇論文中曾說：「民國十六七年間，國民政府財政部所屬機關間，在計政方面，曾爲一度有價值之試驗。」〔註11〕這次試驗即是指此次會計獨立，雖然最終歸於失敗，但卻提供了很多寶貴的教訓，爲日後設計主計制度提供了參考。例如，從這次失敗中，人們發現：單有會計獨立是不夠的，

〔註 9〕馬寅初：《財政學與中國財政——理論與現實》，商務印書館 1948 年 8 月初版，第 108 頁。

〔註10〕朱通九：《近代我國經濟學進展之趨勢》，《財政評論》5 卷 3 期，1941 年 3 月，第 34 頁。

〔註11〕衛挺生：《關於財政部會計獨立之經過及其失敗之原因》，轉引自衛挺生、楊承厚著《中國現行主計制度》，1936 年 8 月重慶初版，商務印書館，第 18 頁。

更要有預算的獨立；會計機關直接隸屬財政部是不夠的，要隸屬更高的機關。這兩點對於主計制度設計的影響很大，前者決定主計制度的範圍，後者決定主計制度的隸屬。

2、主計制度的設計

會計獨立制度的失敗引發了對主計制度的設計，所以可以認為主計制度是會計獨立辦法的擴大和改善。其設計經過了反覆斟酌論證，最初有立法院財政委員會的主張，繼之有甘末爾顧問團的建議，最後又經過中央多方考慮，然後設計才告完成並付諸實施。

（1）立法院財政委員會的主張

1928 年冬，立法院成立。立法院財政委員會先議定了財政及財政監督立法的若干要點，定為立法政策。要點簡單歸納如下：①採用聯立組織，提高公務機關的效能；②除會計地位超然外，預算編製者、統計編製者地位也應超然；③辦理會計、預算、統計等人員隸屬於主計機關這一超然機關，不再隸屬於財政部；④改原來的送請審計制度為就地審計制度。這些主張在實際執行過程中大體都得以實現，所以可以說是主計制度創始初步的基本綱領。

（2）甘末爾顧問團的建議

以上主張經立法院財政委員會議定後，恰逢 1929 年國民政府聘請美國專家多人組織財政設計委員會（又稱甘末爾顧問團）來到，經交換意見，認為上述主張大體妥當，力主聯綜組織的設計。同時，建議設置超然稽查機關及超然出納機關，均被財政委員會採納。至此，主計制度和聯綜組織的基本設計初步完成，以後的設計工作，不過是審時度勢、權衡利弊而已。

（3）中政會的商討

主計制度的建立，對於中國政府組織的變動太大，所以中央對此極為關注，雖然接受財政委員會的主張，但對於其形式與組織則頗費推敲。1929 年8 月中央政治會議委員胡漢民提議設置主計總監部，直接隸屬國民政府，並設置會計歲計統計三部門，主管全國歲會統事宜。此立案經中政會第 218 次會議議決通過，並要求在開始時小範圍進行，先由中央各機關辦起，逐漸推行於各省，其機關隸屬於國民政府。復經第 238 次會議通過，送國民政府立法院辦理立法程序。至此，中央當局對於主計制度的組織已作出最後的權宜決定，此後主計制度即以立法形式出現在政府組織中。

3、主計制度正式成立、成長與退出

1931 年 3 月，主計處正式成立，但因爲各機關組織之間關係錯綜複雜，而且適逢國難，推行新制度非常艱難。衛挺生對當時情況總結如下：「自民國二十年主計處成立以來，迄今數年，其制度仍未能充分推行。即在中央各機關，辦理歲計會計統計之人員改隸屬於主計處，亦最近始商有辦法，而尚未充分實現。而中央對於推行此種制度仍未能充分實現。而中央對於推行此種制度之決議案，經過全體大會及中央政治會議者，已有六七次之決議，以促其成。原推行之成績，中央尚未完全實現，地方尚未開始舉辦。此其制度推行之艱難有如此者！……超然主計人員之聯綜組織，最先實施者爲鐵道部，……繼鐵道部而推行者爲交通部，……此外成績尚少。而積極作梗俾新制度無由貫徹者，亦尚大有人在也。」〔註12〕可見當時的推行工作並不順利。

1935 年以後，主計制度逐漸進入成長時期，雖然 1937 年、1938 年受到中日戰爭影響，但抗戰進入後期以後，政府注意基本建設工作，不遺餘力的推行主計制度，各項主計法令依次公佈實施，如預算法、決算法、會計法、統計法，爲主計制度全面實施提供了制度層面上的保證，實施機關也從中央擴充到地方。主計制度在推行過程中，內憂外患，交相煎迫，雖然最高當局倡導有方，主管機關經營得力，但是還不能夠完成其預期的使命，這是主計制度施行以來最大的遺憾。

1946 年 12 月 25 日國民大會通過並由 1947 年 12 月 25 日實施的憲法裏面，對於實施了 16 年有餘的超然主計制度隻字未提。根據部分條款推定，中國的財政制度在行憲以後發生了變革，編製預算決算的權利已經轉移到行政院。過去直接隸屬於國民政府的主計處也相應轉爲隸屬於行政院，辦理預算的審核事務；行政院的會計處辦理預算的編製事務；各院和所屬機關的會計人員也轉移到立法院的會計處，以便辦理各院和所屬機關預算編審的事務；各院的預算各有其會計人員做初核工作，行政院對於各院的預算僅負擔彙編的責任，可以免除干涉各院政務的嫌疑。這是根據憲法的規定，把超然主計制度轉變爲不超然主計制度。

（四）制度討論引致的超然主計思想深層次變遷

每個國家都有自己特殊的環境和客觀的事實，所以需要一種獨特的制度

〔註12〕衛挺生：《民國計政之過去現在與將來》，《東方雜誌》33 卷第 1 號，1936 年 1 月 1 日，第 141～142 頁。

去適應它，外國制度只能作爲一種參考，決不能完全照搬。超然主計制度是中國自身的制度創造，沒有成規可以借鑒和模倣，必須摸著石頭過河，於嘗試中尋求發展。因此，制度的首創必然有不完備之處，加上新制度實施又面臨著當時非常複雜的國際國內環境，自然會引起朝野對它的爭論。更何況這種自創製度在理論上沒有自成體系，在實踐中沒有得到有力驗證，思想分歧由此產生。這就要求經過必要的論爭來明確思想，統一意見，以推進和深化制度改革。主計制度提出後圍繞著主計處的歸屬、超然主計制度與行政事業的關係以及會計人員與長官的關係等問題進行了廣泛討論，豐富和發展了超然主計思想，使得主計制度日益完善。

1、主計處應該隸屬於最高政治機關——國民政府的思想

主計制度確立以後，得到很多國內外的專家學者和輿論的支持，如衛挺生、蔣明祺、聞亦有、張國藩、陳立夫、何廉、李權時、楊汝梅（予戒）、吳大鈞、張心澂、趙挹芝、吳芝村等等都先後發表文章，肯定計政聯綜組織建設的基本理論及其做法。他們認爲，預算決定一國大政方針，會計是預算的具體表現，統計是預算的根據，所以這三項工作極爲重要，應該直接隸屬於擔負全部政治責任的最高政治機關——國民政府。而財政部只是行政院中的一個部門，其地位不足以直接監督國民政府及各院、部等高級機關。同時，財政部所屬機關也不能完全維持會計主任的超然地位，在制定預算過程中難免會考慮自身的困難，無法站在全局的高度統籌安排。既然當時中國的財政部無法擔當此重任，那麼專門設置超然主計處就成爲必然的要求。

當然，當時也有少數學者對其提出了批評意見。以胡善恒、羅介夫、尹文敬等爲代表的專家學者認爲，超然主計制度割裂了財政部的職權，使得預算的制定和執行分屬主計處和財政部兩個部門，不利於整體協調。因爲專設主計處後，預算、會計、統計等職權直接隸屬國民政府，財政部就失去了賴以調控一國財政的工具，這有礙於財政部發揮效能。

胡善恒曾是中央政治學校經濟學教授、行政院會計長、廣東省財政廳長，他的著作《財務行政論》轟動一時。他主要考察了英國的財計制度，認爲會計職權隸屬於財政部是較爲合理的。他將財政職責分爲四部分，即財政的計劃、經理、管理和清理，也就是預算、收支行政及附帶業務、行政監督和結算決算，認爲這四部分是不可分離的，具有連帶一致的關係。他指出：「若是分授與幾個機關主持，不僅違背政府總制之精神，抑且使各部分之效力，不能充分發生，

即各機關所司一部分之職權，亦無從運用敏活。」〔註13〕而且，胡氏認為超然主計制度是違憲的舉動，因為當時實行的是五權憲法，只有行政、立法、司法、監察和考試五權，因此設立五院，在五院之外設立超然主計處與五權並立與憲法不合。由此他提出自己的觀點：預算應該由財政部負責編製，不應該歸主計處辦理；主計機關不應該隸屬於國民政府，應該把會計獨立，劃歸財政部辦理。胡氏還進一步提出，財務部辦事沒有效率，就應當設法增進其行政效率，而不是設立超然的主計處。他還考察了主計處成立幾年來的預算編製情況，認為根本上是沒有改進的，還是存在時間滯後、虛報漏報甚至不報的情況，且由於專門成立了主計處，編製預算的經費浪費嚴重。〔註14〕

　　財政專家羅介夫曾是中央監察委員，他的著作《中國財政問題》出版後廣為流傳，影響也很大。他同樣認為編審預算的權力不應該放在主計處，應該是屬於最高財務行政機關。預算的編造，要由財政部主持辦理，編製預算的人必須是實施預算的人，然後對於經費的要求和核減才能夠明瞭。〔註15〕

　　財政專家尹文敬對於主計制度的看法基本上是毀譽參半的。首先，他認識到當時官吏的貪污腐敗是財政混亂的主要原因之一，認為於五院之外成立的主計處使政府的財政監督制度發生了變化，在一定程度上肯定了主計制度的成績。但是，從本質來說，尹氏仍然認為財政的行政監督權應屬於財政部，主計處的成立使得其與財政部的職權含混不清。尹氏並沒有針鋒相對的反對主計制度推行，而是考慮到不同監督權的分配問題，主旨在於縮小主計處的職權。〔註16〕

　　客觀來說，世界大部分國家確實將預算、會計核算等職能歸屬於財政部，而且取得了良好的效果。根據這些成功國家的經驗，建議中國如法炮製也並無不妥。但國與國之間還是存在差異的，法制健全程度和行政體系完善程度的差異將直接影響制度的效果。例如，英國確實是由財政機關兼管預算、會計和統計，效果很好，但是不可忽視的是當時英國的法制和行政系統已經比較健全，重大事務都由議會決定，這本身就是相互制衡的制度安排。而當時中國的現實情況與英國相差很遠，政局混亂，很多法律流於形式，組織體系

〔註13〕 胡善恒：《財務行政職權之完整與脫節》，《東方雜誌》33 卷 11 號，1936 年 6
　　　　 月 1 日，第 29 頁。
〔註14〕 胡善恒：《財務行政論》，1934 年 12 月版，上海商務印書館，第 256～270 頁。
〔註15〕 羅介夫：《中國財政問題》，1933 年 5 月版，上海太平洋書店發行，第 129～
　　　　 130 頁。
〔註16〕 尹文敬：《財政學》，1935 年 7 月第 3 版，上海商務印書館，第 638 頁。

也缺乏內在的牽制制約。撇開現實差異，一味追求制度形式的相同會使思想僵化，存在一定的局限性。

對於以上反對超然主計制度的思想，衛挺生做了深入的批駁。1936 年，以《東方雜誌》爲載體，衛挺生先後發表了《民國計政之過去與將來》、《主計制度釋疑》、《主計制度再釋疑》三篇文章，從正面闡述了「會計獨立與主計超然」、「主計制度及其理論」、「主計制度推行之現狀」，以及「計政之將來」等問題，對胡善恒、羅介夫、尹文敬等人的議論逐條進行反駁。國民政府主計處對於胡善恒所引的事實，也分別致函中央政治學校轉致胡氏及《東方雜誌》，逐項加以詳盡解釋。

衛氏認爲胡氏思想效法於英國，但我國與英國國情相差太大，沒有完善的法制，沒有完善的行政體系，所以是行不通的，只能貌似而神離。他指責胡氏對於主計制度的攻擊來自於形而上學的制度改革思想，不能因爲歐美和日本沒有這種制度或者教科書上沒有講過這種制度而推斷新制度是不可行的。他說：「胡先生之錯誤乃在於根據舊有事實以評判新立制度。夫預算之不確實乃舊有事實也。主計制度正欲糾正此事實，……，事實最爲雄辯，如過去事實不能證明以財政部主管預算時更能編製預算，且其編製能更爲確實，則胡先生主張應以預算之編製權歸財政部爲無理由矣。」〔註 17〕從而堅持設立超然的主計處，隸屬於最高行政長官，對之負責，而不是隸屬於財政部；堅持會計人員具有超然地位，才可以不怕「開罪於同事」，加強會計人員的權力。對於胡氏提出的主計處編製預算不確實的質疑，衛氏認爲這不是主計處缺乏效率，而是主計處的職能由於各種現實原因無法發揮，需要進一步完善。對於胡氏所提主計制度違憲一說，衛氏認爲五院所行使的職權本來都是不全的，所謂五院是相對的。他說：「所以一部分的行政權，或是放在行政首長之下而不放在各部會，並不生違憲問題。」〔註 18〕

對於羅氏的觀點，衛氏評價頗高，認爲純粹是學者對客觀事實的研究，並沒有主觀偏見，其思想在一定程度上正可以理解爲對主計制度的支持，遂逐詞逐句進行剖析。衛氏得出結論，即新的主計制度仍然可以完全達到羅氏

〔註 17〕 衛挺生：《主計制度釋疑》，《東方雜誌》33 卷 5 號，1936 年 3 月 1 日，第 6 頁。

〔註 18〕 衛挺生：《主計制度再釋疑》，《東方雜誌》33 卷 13 號，1936 年 7 月 1 日，第 41 頁。

的要求，包括要求預算制度與實際財務行政有密切連帶關係，預算準備者必須是預算施行者，各處可以做到適當經費核減等，這從另一個側面也可以體現出主計制度的潛在優勢。只是對於羅氏的財政部無法實施非財政部編製的預算這一質疑存在反對意見。衛氏認爲核減經費是主計處的職責，核減經費的主張是中央最高權威，如果可以各盡其責，則可以做到按照大政方針擬定的預算計劃執行，不會發生窒礙。

　　衛氏認爲尹氏的根本問題在於思想方法上，是用舊的分類方法解釋新的制度，含糊不清。他指出主計爲積極的監督，或者說是元首的監督事務；而審計爲消極的監督，或者說是監察院的監督事務，不能簡單以分屬於立法、行政、司法三部門來衡量。

　　其他財政、會計學者也紛紛撰文，表明支持超然主計思想的態度。如聞亦有在《近兩年來推進主計制度（會計部分）之概況》（1937）一文中，闡述了超然主計制度實行以後的情形，從正面肯定了主計制度的良好發展趨勢，並指出主計處成立後恰逢國難，所以一直到 1935 年主計制度的推行才取得一定成效。〔註19〕蔣明祺在《主計制度辯惑》（1937）一文中，對於胡氏與衛氏的辯論作了較爲全面的介紹，既評述了胡氏的基本觀點，又論及了衛氏的主張，立場較爲客觀，說理比較明白，對於這場辯論有小結的作用。蔣明祺從概念上否定了胡氏認爲的主計應屬於財務行政的主張，支持衛氏的主計應爲財務行政監督的主張，得出結論：「在理論上，據前節之分析，財務非財政，故獨立會計之制，不必劃作管理全國財政事務之財政部之管理權。」〔註20〕張國藩在《中國主計制度之研究》（1937）一文中，從理論的高度全面概括了主計制度的意義、特質、學理上的根據、中國需要超然主計制度的理由、反對理論的辯駁以及超然主計制度的回顧與前瞻，堪稱爲對當時主計制度的綜述。並從學理角度論證了超然主計制度可以增進行政效率，容易集中全國技術人才，可以使任責分明，杜絕弊端。他認爲超然主計制度適合五權憲法的政制，且其創立是以財政部會計獨立制度失敗的教訓做背景，而這種教訓告訴我們單單會計獨立而預算不獨立仍然不足以防止舞弊的行爲。所以，他是

〔註19〕聞亦有：《近兩年來推進主計制度（會計部分）之概況》，《會計季刊》，2 卷 3 期，1937 年 1 月 1 日，第 1～17 頁。

〔註20〕蔣明祺：《主計制度辯惑》，《會計季刊》2 卷 3 期，1937 年 1 月 1 日，第 19～32 頁。

積極支持主計制度推行的。在文章結尾部分，他寫道：「總而言之，中國超然主計制度不但科學理論上有其深厚之根據，在客觀事實上亦有其迫切的需要，雖係中國自己創立的制度但仍不失爲智慧與歷史的產物，並非少數一知半解之人閉門造車所得之結果也。」〔註21〕

由於抗日戰爭爆發，這場論爭未能繼續進行下去，但通過辯論，學者們加深了對主計制度的認識，爲後來的推行奠定了理論基礎。經過這場大辯論，此後學術界始終存在著兩種不同的觀點，但也有些持反對意見的學者逐漸轉變思想，如胡善恒後來曾一度擔任行政院會計長，爲推行主計制度而努力。雖然主計制度得以在實踐中推行，但是，對於如何確立會計在政府組織機構中的地位，如何進一步在政府財計組織部門之間建立既有分工協作又相互牽制的關係等問題在學術界一直存在一定的分歧。辯論對於制度的轉變及建設都是重要的，明確方向的同時可以查漏補缺，如人們已經進一步認識到，在構建制度的過程中，仔細考察如何增進效率也是必要的。

總的來說，通過爭辯，人們已經更加深刻的認識了超然主計思想的本質，肯定了超然主計制度是一種積極監督財政的制度，是英美等國先進方法和中國實際情況相結合的產物，從制度本身來說還是比較優良的。雖然推行效果不佳，但並非全部是制度本身的問題，其他原因也是存在的，如政局動蕩、推行不利等等。

2、消除超然主計制度對行政事業妨礙的思想

超然主計制度實行以後，行政或事務事業機關一切和財務有關的措施，往往要受到歲計會計方面的牽制，有時因爲和歲計會計方面的規定不合，或和歲計會計方面不協調，導致不能實施，或者必須延緩，所以認爲主計制度在一定程度上妨礙了行政和事務事業的呼聲高漲，如何消除妨礙也成爲學者們討論的焦點。

1936年10月中國工程師學會第14界年會中，工程專家、教育家凌鴻勳的發言尖銳的指出超然主計制度有妨礙行政和事務事業的嫌疑。聞亦有當時主管全國會計業務，他認爲凌氏所舉事實和現行主計制度有所出入，遂於1936年10月17日在南京中央日報發表《主計制度與建設事業》一文，從會計人事和會計制度兩方面與凌氏展開辯論。辯論使得雙方學者很快達成共識，認

〔註21〕張國藩：《中國主計制度之研究》，《會計季刊》2卷4期，1937年4月1日，第61～96頁。

為會計制度和審計制度都是為了使行政得到幫助，並非鉗制行政、妨礙行政，但是下級人員不明白這個道理，多方面加以牽制，致使行政方面發生很多困難，這種情形確實有改進的必要，希望會計處設法改善。

廣西省會計長張心澂為此在會計處處務會議上，針對歷年所認為會計妨礙行政的事實，擬定了各項改善方法，簽呈主席批准，並電告通知廣西省各機關和會計人員遵照執行。他總結了三種情況下的處理方法，即對於各機關長官或各部門需用款項，會計人員拒絕或延遲不辦理手續或發生異議情況的處理辦法；對於會計人員查點材料或物品，各機關長官或經手人員認為其妨礙事務的處理辦法；各機關長官或各部門人員認為會計手續有礙於行政情況的處理辦法。〔註22〕這一通知是對於會計妨礙行政狀況進行改善的一個實例，說明會計管理人員已經意識到改善自身工作的重要性，從而從嚴要求會計人員，儘量使得會計工作可以協助行政和事務事業，減少妨礙。

當然，會計處提出的消除超然主計制度對行政事業妨礙的思想的出發點主要是尋找自身工作的失誤，通過一系列具體辦法進行調整，確實可以在一定程度上改善會計工作，提高經濟效率。但是，對於行政長官權力的制衡以及行政事務事業怎樣才能做到不違反會計原則的探討還不夠深入，所以改良辦法並不徹底，效果也不夠突出。這是我們處理會計具體問題時需要引以為戒的。

3、正確處理會計人員和長官同事之間摩擦的思想

在超然主計制度推進過程中，會計人員和長官同事之間的摩擦問題也日益突出，對此問題的研究和討論貫穿始終。會計人員掌管歲計和會計事務，且地位超然，在執行職務的時候，對於財政上的收入和支出都有牽制的作用，所以和長官同事之間很容易產生摩擦。會計人員因為同時受到長官和會計長的監督指揮，如果順應長官而又與會計法規不符，則會計長會責難；如果遵照會計長的指示，按照規章制度辦理，長官則會不滿。這一問題出現後，難免有人又會對超然主計制度發生疑問。對於這一問題進行研究的主要目的也在於試圖解決超然主計制度實行過程中的突出問題。

對此，張心澂認為按照以前的一條鞭法，在各機關並沒有所謂的會計員，即使有也是長官所派，所以沒有摩擦發生；但是超然主計制度因為有牽製作用，所以摩擦在所難免，而且無摩擦未必是件好事，有摩擦也未必是件壞事。他說：

〔註22〕詳細電文轉引自蔡世英著《中國現行主計制度概論》一書，1948年1月版，立信會計圖書用品社發行，第137～139頁。

「若一方因公，一方因私，而有摩擦，此為良好現象。若雙方各鬧意見，皆非公而為私，則為不良現象。若雙方均瞭解，均照章辦事，無不良之心思及行為焉，而無摩擦，則為良好現象。若照以前一條鞭辦法，而無摩擦，或在制度之下，雙方勾通作弊，或一方退讓，敷衍從事，而無摩擦，則亦為不良現象。」〔註23〕可見，張心澂已經開始用辯證的眼光分析問題，充分論證了主計制度的優越性，並在該制度的運用上潛心思考，以求尋找到解決現實問題的辦法。

張氏將各種衝突摩擦匯總在一起進行歸納總結，指出會計人員大致有 20 餘種導致摩擦的行為，其中突出的有會計技能不足、誤解會計超然獨立的內涵、不明權限、懈怠職務、行為不檢等；長官大致有 10 餘種導致摩擦的行為，如有意舞弊、誤認為會計人員是省府派來的奸細、有心辦好政治卻受到會計人員對於用款事項等方面的牽制等。由此他認為，會計長應客觀對待摩擦，公正的解決問題，給不甚明瞭的當事人明確解釋，使其瞭解主計制度的實質，並且積極回答各方面提出的問題，以免糾紛。另外，會計人員素質急待提高，培訓補習必不可少，各種會計手續應該透明且完備。

通過上述舉措，可以使摩擦雙方都明瞭會計實質，都按照規章制度辦事，從而減少徇私舞弊的行為和相互之間的摩擦。這樣，會計制度的運用會收到更好的效果。

（五）超然主計思想變遷的特點和啟示

縱觀超然主計思想的變遷，我們可以看到它有自身鮮明的特點。首先，它的思想萌芽產生於政局動盪時期，適逢國難，各機關組織之間關係錯綜複雜且缺乏必要的權力制衡機制。不安定的外在環境和不完善的體制構建使得新制度推行效果更加撲朔迷離，人們無法看清和預見未來的發展方向，從而導致思想上分歧日益增多。其次，政治勢力仍然是干預經濟思想的主要力量。作為國民政府立法委員的衛挺生在政治上佔據絕對優勢，正是依靠此優勢才具有極強的號召力，使得超然主計制度得以順利推行和完善。再次，從這場辯論中可以看到西學東漸的影響，參加辯論的學者論及到了英國、美國、法國、意大利、日本等國相關制度的情況，主要辯論者都有國外求學經歷。雖然各方對國外制度的側重點不同，觀點認識也並不一致，但是積極吸取國外經驗畢竟開闊了國人的視野，引發了更多積極的思考。

〔註23〕轉引自蔡世英著《中國現行主計制度概論》一書，1948 年 1 月版，立信會計圖書用品社發行，第 137～141 頁。

對國民政府時期超然主計思想變遷過程的研究表明，超然主計思想是反對經濟集權體制的產物，是建立權力相互制衡體系的積極嘗試。主計制度本身的設計是先進的，別具一格的，這體現在它的超然地位、連環一致和分工牽制等思想上。但是，在當時這一制度卻無法順利推進，取得積極的成效，主要原因在於國民政府時期個人獨裁格局的形成和缺乏必要的制衡體制支撐。同時，會計工作理論不健全也在制度具體推行過程中引起了一定的妨礙和摩擦。這是不可避免的，但也是通過明確思想可以改善的。

目前，我國計政工作仍然主要隸屬於財政部，但情況和國民政府時期已經大不相同。財政部採取自上而下、上下結合的方法，審查彙編國家預算草案後報國務院審定，再由國務院提請全國人民代表大會審查批准，然後逐級審批下達執行。國家預算的執行機關是國務院和各級人民政府，它們分別負責執行國家預算和地方總預算。財政部門在各級政府的領導下，組織預算的具體執行工作，保證收支任務的完成。統計工作則主要歸屬於國家統計局。儘管如此，國民政府時期超然主計制度也並不是徹底失敗的，它所蘊涵的如何確立會計在政府組織機構中的地位、如何在政府財計組織部門之間建立既有分工協作又相互牽制的關係，如何消除會計工作對行政事業的妨礙、如何正確處理會計人員和領導同事之間的摩擦等思想無疑為我們解決現實問題提供了有益的借鑒和啓示。

第二節　國民政府時期會計法制化思想的深入發展

一、國民政府時期的會計法及其體現的會計法制化思想

1927 年，南京國民政府成立。1928 年 8 月，國民黨宣稱進入所謂的「訓政時期」，並於 1931 年制定並通過了《中華民國訓政時期約法》，已經涉及到維護國民生計及其財產權利。1936 年 5 月 5 日，又發佈了《中華民國憲法草案》，史稱《五五憲草》。由於局勢突變，國民大會的召開一再展期，正式憲法的通過被擱置下來。直到 1946 年 12 月 25 日才通過憲法草案，1947 年 1 月 1 日正式公佈，1947 年 12 月 25 日正式執行。《中華民國憲法》具有很強的保守性，從本質上講，既限制私營公司經濟的發展，又保持「四大家族」對國民經濟的壟斷和控制，還進一步保護封建地主制經濟。

國民政府於 1929 年 4 月公佈了《民法・總則編》，以此確定了民法的基本原則和規制方向。同年 11 月又公佈了《民法・物權編》。總則編明確了保障債

權等原則性問題與基本問題，物權編明確了有關不動產與動產方面的基本概念與對其進行保障的問題，它確立了民法中的最基本的規範。1930 年 12 月又分別頒佈了《民法・親屬編》和《民法・繼承編》作為補充。憲法和民法作為國家的基本法律，為會計法的制定奠定了一定的基礎，也指明了基本的方向。

國民政府成立後沿用北洋政府的會計制度，出現了很多問題。1932 年主計處給國民政府的呈文中指出：「前經派員分赴各機關調查現行官廳會計制度，其內容多不一致，組織亦欠完備，至報表種類，尤屬簡單，編製方法，多未能以帳冊為依據，亟應從事改革，以求統一，而期完備。」〔註24〕於是公佈實施《中央各機關及所屬統一會計制度》。這個統一會計制度有四大重要改革之處：一是複式簿記制度的採用，二是會計科目的設立，三是預算賬的增設，四是報表的改革。〔註25〕由於初次實施統一會計制度，有些會計人員不瞭解核算方法，各機關具體情況也不一樣，無法全面推行，不得不推遲一年，到 1933 年 7 月 1 日才正式實施。同時制訂了一個《中央各級機關及所屬統一會計制度實例總說明》，幫助會計人員掌握統一會計制度的核算方法，消除推行新制度中的障礙。

直到 1935 年 8 月 14 日國民政府才公佈正式的會計法，並於 1936 年 7 月 1 日開始實行，共 10 章 127 條。這部《會計法》以強化政府會計控制為中心，吸取了美國 1921 年《預算與會計法案》的基本精神，並突出了會計方面的規範，同時，在實質上並沒有擺脫《民三會計法》的影響，參照了《民三會計法》中所確定下來的部分內容，彌補不足，顯示了更大的進步性。它代表著中華民國時期會計立法的最高水平，推進了中國近代會計的發展。

（一）國民政府會計法的特徵

1、體現了較高的會計專門化立法水平

《民三會計法》範圍極廣，成為綜合性財務法規，內容超出了會計規制範圍。國民政府時期，由於對預算、決算、出納、審計事項均已經另外制定單行法規，所以內容集中，趨近於專門化。

2、重視會計制度設計，理論充實，體系完備

國民政府的會計法把會計制度設計放在首要地位，主張將所需要的會計報告決定後，據以設計會計科目、簿籍、報表及應有的會計憑證。這種思想矯正了以

〔註24〕《中國會計史料選編》Ⅰ：第 628 頁。
〔註25〕參見《中國會計史料選編》Ⅰ：第 670～671 頁。

往會計報表、會計賬簿及會計科目脫節的弊端，層層相扣，形成較爲完備的會計體系。這對於會計制度建設逐步走向科學化、系統化的道路起著促進作用。

3、易於理解操作

《民三會計法》很大的不足在於條款較爲簡單抽象，涉及內容廣泛卻只有 9 章 37 條，且篇幅較爲短小，實施起來歧義較多，難於理解。國民政府的會計法內容覆蓋面較小，共 10 章 127 條且條文詳細，是國民政府主計法令中條文最長的法令之一，不需另外訂立施行細則，便於理解操作。而且，它是依據國民政府所確定的超然主計制度建立的，所以在貫徹執行中有相關部門的配合來保證施行。

（二）國民政府會計法的基本內容

1、政府會計分類的規定

國民政府的會計法將政府會計做了橫向和縱向的劃分。規定會計事務的分類爲橫向劃分，會計組織的分類爲縱向劃分，要求用縱向分類確定某一機關所應採取的會計組織，用橫向分類確定其會計組織應包括的會計事務。詳細分類情況如圖 3-2 所示。

　　政府會計事務
　　（1）普通公務的會計事務
　　　①公務歲計的會計事務
　　　②公務出納的會計事務
　　　③公務財務的會計事務
　　（2）特種公務的會計事務
　　　①公庫出納的會計事務
　　　②財務經理的會計事務
　　　③征課的會計事務
　　　④公債的會計事務
　　　⑤特種財務的會計事務
　　　⑥特種基金的會計事務
　　（3）公有營業的會計事務
　　　①營業歲計的會計事務
　　　②營業成本的會計事務
　　　③營業出納的會計事務
　　　④營業財務的會計事務
　　（4）公有事業的會計事務
　　（5）非常事件的會計事務

圖 3-2　橫向劃分的政府會計事務

以上爲橫向劃分，劃分依據是政府會計事務的性質不同。其中，以盈利爲目的的爲公有營業機關；不以盈利爲目的的爲公有事業機關。非常事件是指有非常概算的事件及其他不隨會計年度開始和終了的重大事件。縱向劃分的政府會計事務如圖 3-3 所示。

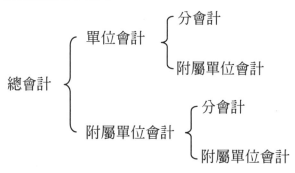

圖 3-3 縱向劃分的政府會計事務

以上爲縱向劃分，劃分依據是機關組織不同。中央、省、市、縣各政府的會計各爲一總會計，以各級政府財政總收支爲核算對象。單位會計有兩種：一是在總預算有法定預算的機關單位的會計；二是在總預算不以機關劃分而有法定預算的特種基金的會計。附屬單位會計也有兩種：一是各級政府或其所屬機關附屬的營業機關、事業機關或作業組織的會計；二是各機關附屬的特種基金的會計。

2、政府會計制度設計的規定

會計法第 1 條即闡明「中華民國各級政府及其所屬機關，會計制度之設計及會計事務之處理，依本法之規定。」〔註 26〕可見這部會計法對會計制度設計的重視。

（1）政府會計制度設計機關的規定

第 17 條規定：「總會計之設計，由各該級政府之主計機關爲之。單位會計或附屬單位會計及其分會計之設計，由各該機關單位之主辦會計人員擬定，呈由各該級政府之主計機關核定。前項設計應先經核准試辦，再經各關係機關之會計人員及審計人員會商後，始得核定。」〔註27〕

〔註26〕《中國會計史料選編》Ⅰ：第 56 頁。
〔註27〕《中國會計史料選編》Ⅰ：第 60 頁。

（2）政府會計制度設計原則的規定

①採用一致規定的設計方式。會計制度設計方法有兩種：一是單獨設計，二是聯合設計。第 16 條規定：「凡性質相同或類似的機關或基金，其會計制度，應爲一致之規定。」〔註28〕第 43 條：「中央政府各機關對於事項相同或性質相同之會計科目，應使其一致，對於互有關係之會計科目，應使之相合。」〔註29〕目的在於消除各單位會計機關會計制度發生的歧義情況，以便總會計的綜合彙編。在此基礎上，主計處於 1938 年編訂了《中央各機關及所屬普通公務會計制度之一致規定》。

②採用複式簿記制度。第 10 條規定各種會計組織，均應用複式簿記，但分會計和附屬單位會計之分會計等事務簡單的，不在此限。〔註30〕

③採用收付實現制和權責發生制爲計算的基礎。第 44 條規定：「各種會計科目之訂定，應兼用收付實現事項及權責發生事項爲編定之對象。」〔註31〕

④採用以會計報告決定會計科目、簿籍、憑證的原則。第 16 條規定：「會計制度之設計，應將所需要之會計報告決定後，據以訂定應設立之會計科目、簿籍、報表及應有之會計憑證。」〔註32〕

⑤強調會計人員應具有超然地位。第 76 條規定：「各級政府所屬各機關主辦會計人員及其佐理人員之任免、遷調、訓練及考績，由各該政府之主計機關依法爲之。」〔註33〕這樣使得會計人員在執行職務時可以不受所在首長威脅，發揮內部牽制的作用，構成超然主計制度的一個有效環節。

⑥設計會計制度必須合法。第 19 條規定：「各會計制度，不得與本法及預算、決算、審計、統計等法牴觸；單位會計及分會計之會計制度，不得與其總會計之會計制度牴觸；附屬單位會計及其分會計之會計制度，不得與該管單位會計或分會計之會計制度牴觸。」〔註34〕這樣有利於辦理預算、決算、審計、統計工作以及上級機關的指導和彙編工作，使之和諧一致。

〔註28〕《中國會計史料選編》Ⅰ：第 60 頁。
〔註29〕《中國會計史料選編》Ⅰ：第 65 頁。
〔註30〕參見《中國會計史料選編》Ⅰ：第 59 頁。
〔註31〕《中國會計史料選編》Ⅰ：第 65 頁。
〔註32〕《中國會計史料選編》Ⅰ：第 60 頁。
〔註33〕《中國會計史料選編》Ⅰ：第 71 頁。
〔註34〕《中國會計史料選編》Ⅰ：第 60～61 頁。

（3）政府會計設計中應明確的事項

會計法第18條還規定要明確各會計制度應實施的機關範圍、會計報告的種類及其書表格式、會計科目的分類及其編號、會計簿籍的種類及其格式、會計憑證的種類及其格式、會計事務的處理程序和其他應行規定的事項等七個方面。據此給會計制度設定了一個基本框架，使設計人員有所遵循，並成為後來設計會計制度的範本。

3、有關會計報告、會計科目、會計簿籍和會計憑證的規定

國民政府會計法的一個特點就是根據所需要的會計報告來訂立會計科目、簿籍和憑證。所以會計法的第二章就闡述會計報告，接下來三章分別闡述會計科目、會計簿籍和會計憑證。

（1）對於會計報告的規定

國民政府的會計法中，規定會計報表的名稱有數十種之多，但就其內容的基本性質來說，分為靜態會計報告和動態會計報告兩種。靜態會計報告是表示一定日期的財務狀態的報告，即表示某天某時財務的一般情形。動態會計報告是表示一定時間內的財務變動經過情形，即從某時起至某時止財務變動的經過情形。會計報告的編送，必須以所辦會計事務為根據決定編送報告的種類。各級政府的總會計應編製單位會計或附屬單位會計的各種動態報告和靜態報告的綜合報告。分會計編製的會計報告，應就其本身及其所隸屬的單位會計或附屬單位會計所需要的事實，參酌各單位會計或附屬各單位會計所應造送的各表分別確定。

（2）對於會計科目的規定

首先，會計科目應該按照各種會計報告所應列入事項設定。其次，由於各機關會計報告中所應列入的事項決定於各機關所執行的會計事務，為使得會計科目切合於會計事項的內容，會計科目的名稱應顯示其事項的性質，且如果其科目性質與預算、決算科目相同，其名稱應與預算、決算科目的名稱相合。再次，制定會計科目時，各種會計總表的會計科目與其明細表的會計科目應顯示出統制與隸屬的關係。再次，在公有營業的會計事務為成本損益計算時，對於其營業上使用財務有永久性的應有折舊科目，沒有永久性的應有盤存消耗科目。最後，各種會計科目應按性質編號，且不經過各該級政府主計機關或其最高主計人員的核定不得變更已確定的會計科目。

（3）對於會計簿籍的規定

會計簿籍分爲賬簿和備查簿兩種。賬簿是指簿籍的記錄，是編製會計報告的事實依據。其主要的賬簿又可分爲序時賬簿和分類賬簿。詳細情況見圖 3-4。

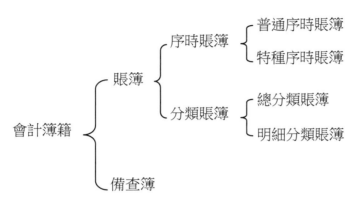

圖 3-4　會計簿記的分類

序時賬簿和分類賬簿均應就事實上的需要及便利設立專欄。總會計的賬簿應就其彙編會計總報告所需要的記載設置，備查簿應就其處理事務上的需要設置。

（4）對於會計憑證的規定

會計憑證分爲兩類：一是計賬憑證，即收入傳票、支出傳票和轉賬傳票，證明處理會計事項人員的責任；二是原始憑證，即各種單據、收據、報表等，證明事項經過，並作爲計賬憑證的依據。傳票是主計制度中實現內部牽制原則的主要工具。會計法中還規定了原始憑證不生效力的情形、傳票應記載的事項、傳票生效的條件、原始憑證替代傳票的原則、允許以原始憑證代替傳票爲計賬憑證的條件等事項。

4、關於簿記組織系統的規定

國民政府會計法所規範的簿記組織系統可以概括爲如下簿記組織系統圖，如圖 3-5 所示。〔註35〕

〔註35〕《中國會計史料選編》Ⅰ：第 682 頁。

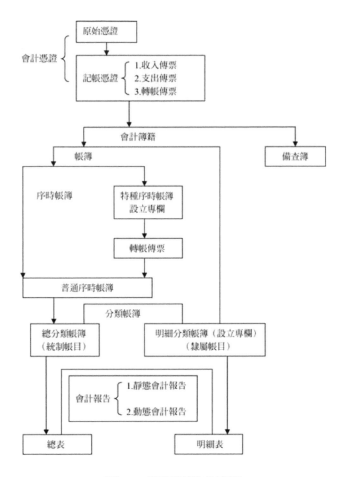

圖 3-5 簿記組織系統圖

這一簿記組織系統是根據會計工作的先後程序而定的。國民政府的會計法雖然重視會計報告，並主張設計會計制度時應由會計報告決定會計科目、簿籍及憑證的設置，但是這種主張只限於會計設計，至於在會計工作上，仍應按照上述簿記組織系統的程序，即根據原始憑證按照會計科目製作傳票，由傳票登記入賬，根據賬簿的結算編製會計報告。

同時會計法還規定了記賬、過賬、結賬的原則：非根據合法的原始憑證不得編製記賬憑證；非根據合法的記賬憑證不得記賬（期終結算等可以不編記賬憑證）；特種序時簿按一定時期過入總分類賬的應以其結數編製記賬憑證，記入普通序時簿，再行過入總分類賬；但只有一種現金出納序時簿時，可以直接過入總分類賬。各種財務的明細分類賬按期結算，各以其結數編製記賬憑證，過入有關統制賬簿（戶）。

公務機關和公有事業機關各賬戶餘額應分別結轉歲入預算和經費預算賬戶，以計算歲入和經費的餘絀數；公有營業機關的損益賬戶應結轉總損益賬戶，以計算營業損益，對資產負債各賬戶餘額應結轉下年度。

5、關於會計人員和會計交代的規定

會計法對會計人員的地位、職責、保障及服務的注意事項也做了一些規定，突出了會計人員的超然地位。會計交代是指會計人員發生變動，前任將其所管事項移交後任接管。會計法詳細規範了主辦會計人員的交代、會計佐理人員的交代、交代時對於賬簿的處理和交代不清的懲處。

以上可以看出，這部會計法所規定的對象較爲廣泛、全面。它包括了中央政府和各級地方政府的普通公務機關和公有營業、公有事業機關的財政或財務收支核算的內容、方法、程序。而計賬憑證（傳票）的採用、設計會計制度的原則、會計人員行使職權的保障和辦理交代的要求等，都是北洋政府的《民三會計法》所沒有做具體規定的。這表明國民政府會計法制化程度大幅度提高了，將中國近代會計法制建設推進到一個新的階段，集中體現了民國時期這方面的歷史性進步。

（三）國民政府會計法與其修訂會計法比較

經過實踐，國民政府於 1948 年 3 月將會計法由 10 章 127 條修訂爲 6 章 122 條。從內容來看修訂後調整了各章的安排，簡化會計程序，更加合理。趙友良教授已經將其進行了系統的整理，現將修訂前後的會計法各章標題對照列示如表 3-1 所示。〔註36〕

表 3-1 修訂前後的《會計發》對比

1935 年的會計法		1948 年的會計法	
第一章	通則	第一章	通則
第二章	會計報告	第二章	會計制度
第三章	會計科目	第三章	會計事務
第四章	會計簿記	第四章	會計報告及決算報告
第五章	會計憑證	第五章	會計人員

〔註36〕參見趙友良：《中國近代會計審計史》，上海財經大學出版社，1996 年版，第79 頁。

第六章　會計人員	第六章　附則
第七章　會計事務處理程序	
第八章　會計報告程序	
第九章　會計交代	
第十章　附則	

由於會計報告、會計科目、會計簿籍和會計憑證都屬於會計制度的內容，所以歸併爲一章「會計制度」，重點說明會計制度的內容、種類，以及設計的機構和要求等；會計交代爲會計人員職責的一部分，歸入「會計人員」一章；會計事務處理程序調整爲「會計事務」一章；會計報告程序修改爲「會計報告及決算報告」，把原來決算法中規定的決算報告歸入會計法，除了在年度終了時編製決算報告外，其他如遇機關裁撤、改組、合併或因組織變更，以致預算分立時，以及基金結束或合併，名稱變更或分立時，也應編製決算報告。這些反映了修訂後的會計法概念比較明確，注意簡化核算手續，更具有科學性。

二、國民政府時期關於會計截清年度的爭論

在會計法訂立過程中，幾次修訂都涉及到會計年度的變更。可見，財政、會計學者們對於會計年度如何截清在認識上是不統一的，其中爭議也比較集中。

對於會計年度的期間以一年爲限，這是諸多學者已經達成的共識。針對其他各國有採取兩年或兩年以上爲一個會計年度的做法，各學者總結經驗，認爲以一年爲限至少有如下優勢：（1）期限短，則預算與實際收支差距不大；（2）政府每年向國會提交預算案，使得政府不易牟取私利，民衆及時知曉財政內容，也可監督財政；（3）財政計劃可以隨現實情況變化及時調整。

學者們眞正有爭議的地方在於會計年度的截清起止期限，這是會計法首先要規範的內容，也是所有會計理論和實踐的前提，理所當然受到了應有的重視。很多學者都細緻的考察了世界各國實例，總結出四種截清方法：一是歷年制，即自1月1日開始，12月31日爲止；二是四月制，即自4月1日開始，次年3月31日爲止；三是七月制，即自7月1日開始，次年6月30日爲止；四是十月制，即自10月1日開始，次年9月30日止。經過反覆研究對比，觀點各不一致。

（一）主張採用四月制的觀點

在主張會計截清起止期限應從 4 月 1 日開始的學者中，以知名財政專家胡善恒最為旗幟鮮明，他認為四月制最為合理。

首先，他認為會計年度應在私人經濟結帳之後。私人經濟結算都在年末，收支交割，事務繁忙，而財政收支金額巨大，與私人經濟結算一起進行「必增加緊張，或引起社會經濟之恐慌」。〔註37〕

其次，他認為四月前收入較為豐厚，可供結算。這一主張胡氏從財政收入和支出兩個方面闡述。財政收入主要來源為稅收，而稅收按月份分佈有淡季旺季之分，農業的影響最為明顯。總的來說，農民在每年 1 月、7 月兩個月份資金最充裕，徵稅最為適合，國庫收入較為豐厚；而春季與秋季比較而言，春季收入多於秋季。財政支出數額龐大，如果以四月為限，上年度決算收支適合，沒有餘存，四月開始有農業稅收支持以維持當前支出，同時籌劃 6、7、8 三個淡月經費供應，到 10 月收入增旺，清償欠款，到 1、2 月份收入大增，可以完全償清欠款。

再次，他認為可以不阻礙社會經濟活動。胡氏設計最佳經濟循環方案，在會計年度開始時，收入應可供支出；以後數月收入遞減，支出必然隨之減少，可以減少浪費；多餘資金流通於社會會增強社會經濟活動的活力。

為了從事實上論證他的觀點，胡氏以皆採用或改用四月制的英德日法等國為例，稱這些國家均是「工商業發展之國」。〔註38〕但是對於採用歷年制或者七月制的國家評價並不客觀，他認為採用者要麼是「在財政歲入歲出，數額甚少，臨時事故不多者」，要麼如美國，「經濟充裕，結算時不感受困難」，並強調「美國學者，常以七八兩月國庫存款過多為不智」。〔註39〕對於中國具體情況，預算年度採取七月制，胡氏也表示了不同意見：「假使將來我國歷行預算制度，並謀收支之適合，無害於社會金融，方知此制之不妥當。」〔註40〕可見，胡氏堅持自己的思想，敢於挑戰，敢於表達。

〔註37〕 胡善恒：《財務行政論》，商務印書館 1934 年 12 月初版，1935 年 6 月再版，第 88 頁。
〔註38〕 胡善恒：《財務行政論》，商務印書館 1934 年 12 月初版，1935 年 6 月再版，第 90 頁。
〔註39〕 胡善恒：《財務行政論》，商務印書館 1934 年 12 月初版，1935 年 6 月再版，第 90 頁。
〔註40〕 胡善恒：《財務行政論》，商務印書館 1934 年 12 月初版，1935 年 6 月再版，第 90～91 頁。

（二）主張採用七月制的觀點

以潘序倫、雍家源等為代表的會計學者則主張採取七月制的做法。

潘序論認為，各種制度都與各國國情相關，不能對其利弊一概而論。但是他總結了會計年度開始時期有兩個決定條件：一是「須在國庫收入多而支出少之時」；二是「須在距國會議定預算最近之時」。〔註 41〕其中第一個條件與胡善恒觀點是一致的，而第二個條件則結合事實具有明顯的實踐操作性。

潘氏指出我國會計事務自古以來是以歷年制為標準的，但由於會計年度是否適當應具備以上兩個條件，所以會計年度的開始期限也應發生變化。他考察了民元頒佈的會計條例以及民三改訂的會計法，均規定以 7 月 1 日為開始期。因為當時國會開會是在 3 月，會後有 3 個月事件議決預算；又因為 6、7 月正好是稅收徵收最旺，國民經濟最寬裕的時候，因而是最恰當的時機。他認為 1915 年修訂會計法，改回歷年制，實在是由於各官署因循舊習，不願改變不願奉行的緣故；而到了 1916 年國會恢復，經眾議院議決仍恢復七月制。國民政府成立後，在財政部會計則例中沿用七月制，1932 年的預算法、1935 年的會計法也都是採用的是七月制。這些都為潘氏的觀點提供了現實支撐。直到 1936 年國民政府頒佈了改會計年度為歷年制的訓令，會計年度重新恢復歷年制。而後 1937 年預算法、1948 年的會計法均採用的是歷年制。

雍家源與潘序倫的觀點大致相同，他指出確定會計年度開始期限必須要綜合考慮政治、經濟和社會三方面的因素。政治方面是要考慮國會議決預算的時間；經濟方面應選擇在國家收入豐裕之時；社會方面要關心民間生計，在人民經濟寬裕時徵稅才最為恰當。雍氏認為「年度交接，收入無多，勢必發行債券，或籌劃短期借款，以謀應付。多所稱貸，不得不附加利息，國庫蒙其損失矣。吾國社會上生產事業，如農產物收穫期多在秋冬，如工廠商號結算上多在每年之下半年，國家收入，比較以秋季為暢旺，故以七月一日為會計年度開始之期也。」〔註 42〕

〔註 41〕 潘序倫：《政府會計》，商務印書館 1933 年 8 月初版，1935 年 5 月第 4 版，第 9～10 頁。

〔註 42〕 雍家源：《中國政府會計論》，商務印書館出版，1933 年 11 月初版，1938 年 5 月第 3 版，第 67 頁。

（三）主張採用歷年制的觀點

歷年制是我國自古以來就採用的，自 1936 年改會計年度重爲歷年制後一直沿用。此次變更的提議人是立法院財經委員會委員衛挺生，得到馬大英等財政、會計學者們的極大支持。

衛挺生對於民國初期的立法有所擔憂，認爲有矯枉過正的趨向，即往往不問本國需要，而全盤以歐美、日本制度爲依據。他以民三會計法爲例，認爲幾乎全部抄襲日本會計法的條文，除了會計年度開始日期是 7 月 1 日，而這是美國的制度。

衛氏關於會計年度決定的標準與前人大致相同：一是議會開會日期；二是財政收入淡旺季節；三是國民經濟需要。雖然標準相同，但是所得結論卻不一致，衛氏認爲依上述三個條件七月制並不可取，「不但毫無意義，而且全無是處」〔註 43〕。

首先，議會召集日期與會計年度開始期關係密切。「二者不宜過遠，過遠則議決之期去執行之期亦遠；又不宜過近，過近則議未定而執行之期先到，常有先爲假預算之必要，預算仍失其統制財政之效力。」〔註 44〕考察中國實際情況，「中央議會常年開會，地方議會農隙開會」〔註 45〕，所以 1 月 1 日開始會計年度執行預算比較適宜，7 月開始反而沒有什麼道理。

其次，研究政府財政收入，2 月和 5、6、7、8 等月均爲淡月，7 月 1 日正在長期清淡時期的中間，而 7 月收入尤爲清淡。爲證明其觀點，衛氏運用了實證分析方法，例舉了 1930 年至 1934 年的稅收數據以及 1933 年海關稅收預算按月分配表，除去戰亂、自然災害等影響因素外，證明 7 月 1 日確爲稅收清淡時期，不宜開始會計年度。

再次，研究國民經濟需要，衛氏仍然運用實證分析方法，以具有代表性的上海金融季節爲例，引用上海銀行周報的調查結果，證明 7 月 1 日正在金融緊急季節之後，而在金融寬鬆季節之前，並不是開始會計年度最適宜的月份。

〔註43〕 衛挺生：《改定政府會計年度之商榷》，《東方雜誌》32 卷第 13 號，1935 年 7 月 1 日，第 92 頁。

〔註44〕 衛挺生：《改定政府會計年度之商榷》，《東方雜誌》32 卷第 13 號，1935 年 7 月 1 日，第 91 頁。

〔註45〕 衛挺生：《改定政府會計年度之商榷》，《東方雜誌》32 卷第 13 號，1935 年 7 月 1 日，第 95 頁。

　　而且，從人民習慣心理角度來看，1 月 1 日有萬象更新的內涵，便於政府實施新的預算計劃。金融機關和新式商店多用國曆年終爲結賬時期，政府也以年終結賬，關係雙方都會感到便利，編製統計工作也較爲容易，可以同時得到結賬和統計上的便利。

　　一方面，由於衛氏時任立法院財經委員會委員，所以他的觀點在推行過程中阻力較少，也較爲容易付諸實現；另一方面，衛氏的論述有理有據，可以說客觀公正，突破了其他學者以主觀思考得出結論的思維方式，從而在當時學術界產生了極大的影響。

　　馬大英（1910～1991），北京人，1932 年畢業於中央政治學校大學部財政系，曾任該校副教授、教授。建國後，歷任東北計劃統計學院副教授，東北財經學院副教授、圖書館副館長，遼寧財經學院、東北財經大學教授，民革遼寧省委第七屆副主任委員。專於中國財政史，著有《漢代財政史》、《中國財務行政論》、《中國田賦史》（下冊）。馬氏對於衛氏觀點極爲贊同，並在其基礎上進一步比較、闡述，加以補充。

　　馬氏認爲依據中國國情，四月制最不足取。首先，1、2 月爲隆冬，不適合議會開會，如果 3 月開會，則開會時間和會計年度開始時間過近；其次，3、4、5 三個月也是收入淡季；再次，4、5、6 三個月正是金融緊急的月份；最後總結道「四月既無充分稅收以應新年度之鉅額支出，更無繼來之旺月以濟其窮困。則不獨節約無由，且不得不借貸度日，以維持日常政務之照舊進行。而借債利息上之損失，反有害於政府之正當用途。」〔註46〕

　　對於七月制，馬氏觀點也較爲明確，他說：「七月制現已明令廢止，蓋不得不如斯也。」〔註47〕針對當時支持七月制學者所列舉的理由，馬氏給予一一辯駁，並羅列了七月制的缺點，觀點與衛挺生一致。

　　至於十月制，馬氏也有所論及，討論了其優點和缺點。其優點在於：一是與農業年度一致。9 月、10 月農民收穫完成，本年事務了結。二是 10 月之後有 3 至 5 個月時期爲農閒時期，便於政府徵工從事大規模公共工程建設，且於一個會計年度完成。以上兩個觀點，在眾多關於會計年度的討論中是具有創新意識的，緊緊把握住了當時中國的經濟基礎仍在農村這一客觀現實。三是 10 月之後稅收較爲豐厚，不會入不敷出。至於其缺點，則在於與議會開

〔註46〕馬大英：《中國財務行政論》，國立編譯館出版，1947 年 7 月初版，第 62 頁。
〔註47〕馬大英：《中國財務行政論》，國立編譯館出版，1947 年 7 月初版，第 63 頁。

會時期不符，於結賬、統計上沒有便利。

　　綜合其觀點，馬氏認爲「會計年度以採用歷年制爲最佳，十月制七月制次之，而四月制最不足取。」〔註48〕

三、國民政府時期的審計法及其體現的會計法制化思想

　　民國時期的審計法制建設大致分爲三個漸進的階段，也就是先後頒佈了三部《審計法》，使得審計法制日益完善健全起來。

　　1925 年 7 月國民政府成立於廣州，設監察院，由於當時轄區較小，審計工作由監察院內的一個科辦理。同年 11 月公佈了《審計法》17 條和《審計法施行規則》18 條，內容比較簡單概括。主要規定了審計範圍、權力等事項，內容上與北洋政府的審計法類似。突出特點在於規定了以送達審計爲主兼行就地檢查、以事後審計爲主兼顧事前審計和稽查工作等原則。這部審計法雖然很不完備，但卻是後來國民政府審計院擬定審計法的基礎。

　　1927 年北伐勝利，國民政府移都南京，1928 年 3 月公佈《審計院組織法》，審計院正式成立，4 月公佈《審計法》23 條。這部審計法承襲了監察院的審計法而有所發展和創新，內容更加充實，規定也比較具體，但還是不夠完善。它主要明確了事前審計的重要地位，凡主管財政機關的支付命令要先經審計院核准，與預算案或支出法案不符時，審計院拒絕核簽；未經審計院核准的支付命令，國庫不得付款。同時創新的提出了支出合理性原則，規定各機關的不經濟支出，即使符合預算案或支出法案，審計院也得駁覆，不予核銷。所謂「不經濟支出」就是合法而不合理的支出。這一規定可以避免教條式的審計。同時還增加了送審文件，以保證審計工作的順利正確實施；賦予審計院對於審計政黨的各機關支出計算書發給「核准狀」的權力，而不必呈報國民政府予以核銷，這就擴大了審計的權力。

　　國民政府設行政、立法、司法、考試、監察五院後，按國民政府組織法規定，在監察院下設審計部，1931 年 12 月撤銷審計院，其職權移歸審計部。於是 1934 年另行起草審計法，但因不久抗日戰爭爆發，未能及時完成立法程序而被拖延下來，直到 1938 年 5 月才正式公布施行。這部《審計法》醞釀時間較久，在原審計法的基礎上，經過專家論證修訂爲 55 條，是舊中國最全面而且科學性也最強的《審計法》。

〔註48〕馬大英：《中國財務行政論》，國立編譯館出版，1947 年 7 月初版，第 64 頁。

（一）孫中山的「五權憲法」和「權能分治」思想成為審計法立法的法理基礎

孫中山，（1866～1925），名文，字德明，號逸仙、中山，廣東香山人，近代中國向西方找尋救國救民眞理的最重要代表人物，是中國革命的偉大先行者。他的著作、演說、函電等被編爲許多種不同版本的選集和全集。解放後，人民出版社於 1956 年出版了兩卷本的《孫中山選集》，在 1981 年紀念辛亥革命 70 週年時，中華書局又開始出版《孫中山全集》。

孫中山的立法精神是「五權憲法」，這是孫中山法理思想的重要組成部分，也是他在研究西方各國法理思想的基礎上，結合中國的歷史與國情加以集中的產物。孫中山一生漂遊海內外，到過歐美許多國家，目睹西方國家文明的同時，也瞭解到西方「三權分立」立法精神的不足與政治結構的弊端，並分析了將監察權歸於議會的兩大弊端：一是議會身兼立法、監察兩大權力，但側重於立法，實際上並不能很好地履行行政監察職能，尤其不能監控廣大的中下層官員；二是干擾行政。所以，孫中山說：「現在立憲各國，沒有不是立法機關兼有監督的權限，那權限雖然有強有弱，總是不能獨立，因此生出無數弊病。比方美國糾察權歸議院掌握，往往擅用此權，挾制行政機關，使他不得不頻首總命，因此常常成爲議院專制；除非有雄才大略的大總統，如林肯、麥堅尼、羅斯威等，才能達行政獨立之目的。況且照正理上說，裁判人民的機關已經獨立，裁判官吏的機關卻仍在別的機關之下，這也是論理上說不去的，故此這機關也要獨立。」〔註 49〕爲了避免歐美「三權分立」的弊端，孫中山主張不僅立法要獨立，監察也應獨立。正是從權能分治的原則出發，在借鑒中國古代的科舉制和御史監察制的做法下，孫中山提出自己的政府組織構架，即把考試、彈劾的權力從行政部門和議會中分離出來，成爲獨立的機關，在中央政府設立立法、司法、行政、監察、考試五院，分別行使五種治權。

南京國民政府建立後，爲了消弭不同政見之爭，打著繼承總理遺志的旗號，在「秉承」孫中山五權憲法的立法精神之下，建立起五院制的政治體制框架，這一框架與孫中山設想的五院制權力運行機制是有著實質性區別的。但有一個不爭的事實是，根據孫中山「五權憲法」確立起來的五院制政治體

〔註 49〕孫中山：《在東京〈民報〉創刊週年慶祝大會的演說》，載於《孫中山全集》第 1 卷，中華書局 1981 年版，第 331 頁。

制中，國民政府把立法權中的監察權和行政權中的考試權獨立出來，並將審計機構隸屬於監察院，採用財政上的司法監督模式，行使事前審計、事後審計和稽察三種職權，使三種職權分工合作，互相牽制。這種審計職權的分工，「猶之乎三民主義之民族、民權、民生主義，均有連環性，不惟適合。」而這種審計模式也正是「秉承總理孫中山先生遺教，將財政司法監督之權，隸屬於監察院，使財政監督與人事監督成獨特之監察權，屹然立於行政、司法、立法、考試四權之外」的選擇。〔註50〕可見，「孫中山創立五權憲法的原則，亦誠可謂三民主義化之官廳審計制度，其必要性自不待言。」〔註51〕應該說，孫中山「五權憲法」的立法精神是「標榜」繼承總理遺志的南京國民政府構建其政治體制的法理基礎，這也就勢必成爲其審計法制建設的法理淵源。

（二）1938年審計法的特點及主要進步

1、內容由粗到細，由簡至繁，由寬而嚴。相比較1928年的審計法23條，1938年的審計法更加周詳，共5章55條，依次爲通則、事前審計、事後審計、稽察和附則，內容更加完備，條理更加明晰，立法也較爲嚴格。

2、擴大了審計範圍。之前的審計法規定的審計範圍主要是以各政府機關的經費收支爲主，1938年的審計法擴大審計範圍爲：監督預算的執行；核定收支命令；審核計算、決算；稽審財政上的不法或不忠於職務的行爲。除了普通公務機關的審計外，還將特種公務機關、公有營業、公有事業機關的審計訂入審計法。

3、改進了審計分工模式。從事前審計、事後審計擴大到稽察，以辦理各機關的現金、票據、證券、財務等的現場檢查和盤點工作，使得各種審計工作有機聯繫在一起。事前審計審定預算，事後審計考覈預算執行及完成情況，實地稽察工作可以彌補事前控制和事後審計的不足，且以實行就地審計爲主。這種分工模式比較科學，對於財政收支中可能發生的弊端，既防患於未然，又便於事後發現，及時處理彌補。

4、提高了審計機關和審計人員的地位和權力。第9條明確規定：「審計人員獨立行使其職權，不受干涉。」〔註52〕這一規定具有重要意義，體現了

〔註50〕黃鳳銓：《中國事前審計制度》，油印本，南京圖書館古籍部藏，第3頁。
〔註51〕黃鳳銓：《官廳審計》，中國計政學會學員作品（內部印行），1937年版，第5～6頁。
〔註52〕《中國會計史料選編》Ⅰ：第471頁。

審計人員的獨立性，要求審計人員在執行業務時，不受任何方面的干擾，客觀公正的作出結論，為審計工作順利進行提供了法律保證。同時賦予審計機關和審計人員帶有強制性的三項權力：（1）查詢權。規定審計人員因審查案件的需要，可以持審計部稽察證，向有關公司團體或個人查詢，或調閱簿籍、憑證或其他文件，各該主管人員不得隱匿拒絕，必要時可以請求司法或警察機關協助，並在必要時可以封鎖有關簿籍、憑證及其他文件，或提取其全部或一部分。（2）處分權。如果發現各機關財務上有不法或不忠於職務的行為，審計機關可以通知被審機關長官進行處分，並由審計部呈請監察院依法懲戒；如事件緊急，審計機關應通知被審機關長官迅速執行；如負有賠償責任的，審計機關應通知被審機關長官限期追繳；如處分事件主體為被審機關長官時，應通知各該被審機關的上級機關執行處分等。（3）制裁權。規定各機關違背審計法規定且情節重大的，審計機關除依法辦理外，應拒絕核簽該機關經費支付書；對於各機關顯然不當的支出，雖沒有超越預算，亦得事前拒簽或事後駁覆。

此後，陸續公佈了《審計法施行細則》、《各省市審計處組織法》、《公有營業及公有事業機關審計條例》、《審計部巡迴審計實施辦法》、《駐國庫審計事務實施辦法》等，成為審計法的有效補充。可以看出，在國民政府時期，審計法制是相當完備的，基本上實現了審計工作的法制化。民國以前的任何封建王朝都沒有也不可能有如此周詳嚴密的審計法規，這是我國近代審計不同於古代審計的重要標誌。

四、國民政府時期會計法制化思想深入發展的啓示

以上只是以會計法、審計法的演進為重點研究對象，至於預算法、決算法、公庫法以及會計制度建設等方面則不一一介紹，希望可以有代表性的考察民國時期會計法制化思想發展的大致情形。經過認真研究，理順了會計法制建設，尤其是會計法、審計法發展的脈絡，明晰了民國時期會計發展的法制環境，對於認清此時期的會計思想起著非常重要的作用。

（一）會計法制化思想演進的基本規律和社會經濟運行的基本規律具有十分清楚的關聯性和一致性

凡經濟發達的國家，會計沒有不發達的；凡會計不發達的國家，也沒有一個是經濟發達的，這是一條基本規律。進入 20 世紀後，帝國主義列強由於

世界大戰無暇東顧，使得中國在最初 20 年里民族資本主義經濟得到了一定的發展。到了國民政府時期，中國民族資本主義經濟的發展進入新階段，國民政府強化對財政經濟的控制也進入到一個新的階段。經濟越發展，經濟運行關係越複雜，會計法制建設的科學性、先進性和權威性就越強，並且在國家的整個法律制度體系中地位越來越重要，其基礎性規製作用也越來越顯著。

（二）會計法制建設思想與財計組織建設思想是相輔相承的

財計組織制度的改革及相關組織機構設置的適時改革和會計法制建設是互相增進的，二者在發展變化中從始至終保持著一致性。會計法制在處理會計的關聯關係中不斷提高會計法制化的科學性和系統性，而財計組織建設則通過不斷健全和完善財務會計的組織制度達到與會計法律制度的制定、執行相適應的目的，以此不斷提高會計法律制度在貫徹執行中的權威性和有效性。可以看到，民國時期主計制度思想的形成，使得財計組織和會計法制均發生了相輔相承的變化。

（三）統一性是會計法制建設思想的基礎

要想實現對經濟的統一管理，必須以建立統一的會計、審計和財務制度為基礎。如果在會計法制建設的基礎層次失去了會計制度建設的統一性，就會喪失對經濟運行過程中會計行為的有效控制，由此也就會因為會計失控而帶來災難性的後果。南京臨時政府時期就開始主張建立統一會計制度，為的是整理與統一財政，實現政府對經濟的統一控制，進而實現對政治的統一控制。國民政府時期更是重視會計法制建設的統一性，1927 年就有「統一會計委員會」設置，以期實現對國家財政的全面、統一的控制，最終達到維護其統治的目的。不論目的如何，也不論實施過程中如何流於形式，重視統一性是會計法制建設的一個先進經驗。

（四）留學歸來的愛國學者在會計法制建設過程中功不可沒

民國時期會計法制建設的一大突出特點就是按時期明顯的分成兩個階段：北洋政府時期，無論會計法還是審計法，都是傚仿日本；國民政府時期，則實現了會計法制由日本模式向歐美模式的完全轉變。在這一轉變過程中，留學歸來的愛國學者作出了傑出的貢獻。他們以真正實現中國的民主共和，強化對國家財政控制和振興中國實業為出發點，學習和引進了西方近代資本主義國家的會計法律制度，在一定程度上切合中國的實情建立了以政府會計

為主體的會計法律制度及其體系，並在其中體現了他們會計思想的創造性。

（五）沒有妥善解決制定機制和執行機制的一致性問題

美國黃仁宇博士在他的著作《大歷史不會萎縮》一書中說：「一個社會真正的轉折點在法律（這法律也要在社會上行得通才能算數，民國初年政府頒佈的法律與社會脫節仍是具文）。」〔註53〕還指出：「民國初年所修憲法、約法以及召開的議會注定無實效。它們非歷史產物，而係倉促製造。它們本身尚為社會之外界體，不可能與基層接觸。」〔註54〕所以，民國時期的會計法制建設也得總結教訓，僅僅有科學系統的會計法制建設還遠遠不夠，還必須有貫徹執行這些法制的組織機構和人，而且更重要的是還要有真正與「共和」、「民主」精神相一致的政治體制和組織體製作為保障。否則，流於形式或淪為一種粉飾性的擺設將是唯一的結局。

〔註53〕〔美〕黃仁宇：《大歷史不會萎縮》，廣西師範大學出版社，2006 年 11 月版，第 57 頁。

〔註54〕〔美〕黃仁宇：《大歷史不會萎縮》，廣西師範大學出版社，2006 年 11 月版，第 35 頁。

第四章　國民政府時期會計改良與會計改革思想論爭

第一節　會計改良與會計改革思想論爭產生的背景

在我國封建社會，由於長期受重農抑商思想的支配，因此人們認爲會計是計利之術，被學士、大夫所不齒。在這種非正常觀念的支配下，儘管歷代計數方面的學者在有關著述中都不同程度地涉及到了與會計科學有關的內容，但是系統論述會計技術的著作缺乏，會計知識及其技能的傳授僅靠師徒相傳。這不僅限制了會計科學的發展，而且也使會計在社會經濟發展中的地位和作用受到了很大的限制。

自從帝國主義經濟侵略的大炮驚醒了中國人的迷夢，打破了數千年來傳統的抑商觀念以後，「振興實業」成爲了發展的新目標。然而中國的民族資本主義工商業卻越來越不景氣，日趨破產，人們認爲管理不善、會計方法落後是工商業日趨衰敗的一個具體原因。一方面爲了適應迅速發展的民族工商業的需要，另一方面也是因爲受到由帝國主義列強所控制的我國海關、鐵路、銀行及郵政等新型經濟業務的衝擊，傳統的「中式簿記」開始逐漸暴露出其與新型經濟運行模式不相適應的明顯弊端，從而導致了對中國現代會計科學發展具有重大意義的三個事件的出現：一是大清銀行進行

了會計制度改良的初步嘗試；二是清朝末年因大清銀行業務擴展及管理的需要，以及民族工商業的發展對大批新式會計專門人才的需求，中國的會計教育拉開了登堂入室、設課講習的序幕；三是一批會計學術著作相繼面世，其中尤值一提的是《連環帳譜》（1905）一書，首開了專門出版中國會計學術著作的先河。所謂的重大意義，不僅僅是其爲 20 世紀 30 年代中式簿記改良運動起到了搖旗吶喊的作用，更主要的是其爲自唐宋時期創立四柱結算法後已經沉寂了近千年的中國會計科學發展帶來了一股和煦的春風，成爲中西會計文化在 20 世紀進行全方位交流的起點，拉開了中國會計科學在 20 世紀得以快速發展的序幕，從而使中國會計科學的發展在本世紀初就翻開了新的一頁。

從 1918 年開始，上海銀行周報特別開設會計研究專欄，公開研究會計簿記之學。當時該報主編爲徐永祚，因爲同時執行會計師業務，對中式簿記接觸很多，研究頗深，這爲他後來直接引發中式會計改良和改革的大論爭提供了基礎。1927 年，國民政府成立，會計研究的步伐開始加快。中國經濟學社請徐永祚在上海市總商會演講，講題即爲改革中國會計問題，隨後暨南大學及上海市商科大學等也紛紛請其演講，形成改良中式簿記運動。至 1928 年，前上海市農工商局主張改良簿記，同年上海會計師公會受全國商會聯合會的囑託，特設改良簿記委員會。1929 年，實業部爲籌劃改良簿記一事，覆函聘請徐永祚。當時討論的議題集中在是否推行西式簿記、廢棄中式簿記。因爲各方主張不一致，所以沒有具體方案。經過四、五年的實踐，徐永祚根據中國固有制度，參照世界最新理論，寫成有系統有組織的改良中式簿記方案，規定賬簿表單程序 30 餘種，並另編《改良中式簿記概說》（1933）一書發行。《改良中式簿記概說》的發行引起了會計學術界的極大關注，從而導致了 20 世紀 20 年代末到 30 年代的一場關於中式會計改良和改革的大論爭，堪稱是我國近代會計發展史上影響最大的一次學術討論和交流。

至此，會計學界圍繞如何改革或改良中國會計這一問題逐步形成兩大派別。一派是以徐永祚爲代表的改良中式簿記派，他說：「西式簿記決不能盡奪中式簿記之席，中式簿記亦自有其存在之價值也。」〔註 1〕所以改良派

〔註 1〕徐永祚：《改良中式簿記概說》，徐永祚會計師事務所 1933 年 12 月初版，緒論第 1 頁。

的觀點是應吸收西式簿記的一些先進理論，在中式簿記的基礎上予以改良。因為中式簿記並不是全無組織，記賬方法也不是全不合理，因此，不僅在形式上有維持的價值，在實質上也有保存的可能。另一派是以潘序倫為代表的全面引進西式簿記的改革派，他指出以改良中式簿記「求其與所謂『西式簿記』者永成對抗並立之勢，是則與『科學統一』之原則，似有不符也。」〔註2〕他們認為改良中式簿記只能認為是改良簿記運動中的一種過渡辦法，僅能視為小商號不得已的補救辦法，而不能認為有學術價值並廣泛宣傳。如果宣傳過分，則恐怕會使真正科學的簿記方法難以推行。

這兩大學派奮鬥目標是一致的，對於改進中國會計必要性的認識也是一致的。1933年，徐氏在《改良中國會計問題》一文中指出：「今日國家財政之不整理，工商事業之不發達，其原因雖有種種，而會計不良，實為其中最主要之一原因。故改良會計問題，實較任何問題為重要。」〔註3〕1934年，潘氏在《改良中式簿記之討論》一書序言裏也指出：「近年以來，國人為時勢環境所迫，經會計學家之倡導，對於簿記，重要之認識，已漸見普遍。以簿記為研究討論之對象者，亦日漸增多，各機關及工商企業之採酌歐美成法，以實施其簿記之改良者，尤多紛紛而起。」〔註4〕正是由於當時會計學界對中國會計狀況的不滿和重視，推動了中國會計的革新運動。而這兩大學派的分歧主要是在於所走的道路不同，即對於如何進行改良所採用的方法不一樣。他們在理論辯爭的同時都積極付諸實踐，因為大本營都在上海，他們進行改良中國會計的試點工作也都集中在上海和上海周圍的一些城市。伴隨著他們改進會計工作的深入開展，他們在如何改進中國會計方面的分歧也越來越大。由於這兩大學派之爭是在相互研究問題、相互探討改革或改良方法、求同存異的指導思想支配下進行的，所以這場爭論正好推動了中國會計學術和會計實踐的發展。

〔註2〕潘序倫：《為討論「改良中式簿記」致徐永祚君書》，《立信會計季刊》2卷4期，立信會計師事務所編纂，1934年4月1日，第205頁。注：凡《立信會計季刊》即為立信會計師事務所編纂，故以下引文不再重複。

〔註3〕徐永祚：《改良中國會計問題》，《會計雜誌》1卷1期，徐永祚會計師事務所編纂，1934年1月1日，第5頁。注：凡《會計雜誌》即為徐永祚會計師事務所編纂，故以下引文不再重複。

〔註4〕潘序倫：《「改良中式簿記」之討論》序，立信會計師事務所1935年1月初版發行，第1頁。

第二節　中式會計改良派的會計思想

一、徐永祚的中式簿記改良思想

徐永祚（1891～1959）

　　徐永祚（1891～1959），字玉書，浙江海寧人，我國近代著名會計學家，中式會計改良派的代表人物。徐氏幼時在海寧達才學堂發蒙讀書，成績優良。其後，他在浙江省高等學堂讀完中學，考入上海神州大學經濟系。在經濟系學習期間，他系統的修完了全部會計課程，並取得了優異成績，這爲他一生從事會計師工作和會計理論的研究奠定了良好基礎。大學畢業後，徐氏先在天津任職，不久，赴上海物品交易所任科長。1918 年至 1919 年間擔任銀行周報編輯，立志從事改良中式會計的工作。爲此，他在銀行周報上專門開闢一會計研究專欄，商討改良會計事宜。

　　1919 年至 1921 年，應上海證券交易所邀請爲其代擬規程、會計制度和培訓會計業務人員。1920 年任會計科科長，全權處理交易所的會計事物，所擬會計制度在上海證券業頗有影響。1921 年，他在北京政府農商部領取會計師執照，在上海創辦了著名的徐永祚會計師事務所。自此，他便一心一意致力於中式簿記改良事業。1933 年徐氏擬定了《改良中式商業簿記方案》；同年出版了《改良中式簿記概說》一書，推出了一套完整的中式簿記改良方案；1935年出版了《改良中式簿記實例》一書，擬定了 30 餘種標準賬簿，並分別在工商企業推行。這一系列著作體現了他改良中式簿記的思想，其中《改良中式簿記概說》是我國第一部系統闡述收付簿記法的會計專著。爲了擴大改良中

式簿記的影響和便於推行改良中式簿記的理論與方法，他又於 1933 年元月在原會計師事務所出版部的基礎上創辦了全國聞名的《會計雜誌》。與此同時，他還先後在神州大學、復旦大學和上海中華工商專科學校任教，講授會計學、高等會計學及審計學等課程。解放後歷任全國政協委員、上海市政協常務委員兼財經委員會主任、華東軍政委員會監察委員和正明會計師事務所主任等職。

（一）徐永祚中式會計改良思想的變遷

1918 至 1921 年間，徐永祚初步接觸西式複式簿記時曾主張完全改用西式簿記。徐氏自己陳述原因為：「當時對於西式簿記及會計原理，雖已粗知梗概，而於中國通行之簿記及記帳法，則幾一無所知。以為中國簿記顛倒紊亂，支離破碎，毫無研究之價值。故主張根本廢棄，完全改用西式簿記。」〔註5〕這是徐永祚改良中式會計思想的第一時期。

1922 至 1923 年間，經過一段從事會計師工作的業務實踐，他開始認為鑒於西式簿記不能為一般人所認識，完全仿行是不可行的。因為習慣上的問題以及採用西式簿記的成本太高，徐氏主張維持中式簿記的形式，至於內容仍完全為西式簿記。這是第二時期。

1924 至 1926 年間，徐永祚通過與工商企業的廣泛接觸和對使用中式簿記的企業進行調查研究以後想法又有很大的變化。他說：「中式簿記，並非全無組織。記帳方法，並非全不合理，病在參差不一耳。不僅在形式上，有維持之必要，即在實質上，亦有保存之價值。且以形式之廣，歷史之久，愈覺其勢力之大，基礎之固，決非西式簿記所能取而代之。但其缺點甚多，非加改良不可。」〔註6〕這是他改良中式簿記思想發展的又一階段。

1929 至 1934 年間，是徐氏改良中式會計思想發展的第四階段，即通過發動一場改良中式簿記運動把改良中式會計的思想付諸實踐。這一轉折在於對改良方案中三項發現的具體實施：一是中式賬簿中文直寫，只要篇幅不是過長，雖沒有採用多欄金額法便利，但能利用賬簿分割法來達到賬簿組織的變化；二是中式簿記的統轄記賬法非常簡便；三是如果可以合理利用四柱清

〔註5〕徐永祚：《改良中式簿記問題》，《會計雜誌》3 卷 1 期，1934 年 1 月 1 日，第 10 頁。

〔註6〕徐永祚：《改良中式簿記問題》，《會計雜誌》3 卷 1 期，1934 年 1 月 1 日，第 11 頁。

冊，那麼效果比西式簿記的平衡試算法還要好。至此，徐氏改良中式簿記的會計方法體系初步建立起來，並在南洋兄弟煙草公司、五州藥房、中華書局等企業試點運用取得了初步成就，進一步堅定了普遍推行改良中式簿記的決心。

（二）徐永祚改良中式會計大綱

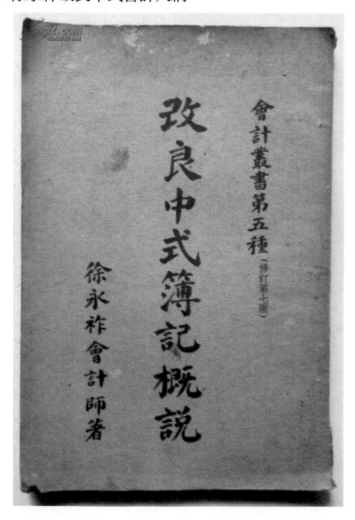

徐氏在其著作《改良中式簿記概說》中明確提出改良中式簿記的三個前提。首先，簿記是一種科學，應該採用科學方法即運用複式簿記原理；其次，簿記是一種實用科學，應該切合實際應用，考慮使用環境，避免不必要的複雜手續；最後，簿記是一種經濟科學，應合乎經濟原則，盡可能降低費用，提高效率。以此為前提，針對徐氏總結的中式簿記四個主要缺點，即賬戶無一定之

分類、賬簿無一定之組織、賬簿無一定之格式、賬法無一定之規律，〔註7〕他提出了完整的十條改良大綱，如下：

一、欲求會計之整理明確，必須採用新式會計與複式簿記之原理原則，此爲改良方案一定不易之宗旨。但中式簿記法中理論及效用與複式簿記法相符者，則闡明之，仍照舊沿用。

二、中式簿記之上收下付，猶之西式簿記之左借（Debit）右貸（Credit）。此係中西文字書寫方向不同，其記載分明則一也。中式簿記既以中文記載，何必改就西文書寫之方向。故改良方案，仍照舊上收下付直書。

三、中式簿記之轉帳，猶之複式簿記之分錄（Journal）。惟中式之收付，以現款爲主。複式之借貸，以科目爲主。故其所表現者，適得其反。此係中西創造記帳法者之見解不同，實無優劣存乎其間。以吾觀之，中式之收付，反較西式之借貸更覺通俗易曉。吾人但知其相反可耳，何必爲形式上之改革。故中式簿記現款式收付之帳法（即日記簿之收付過入謄清簿並不反其收付），改良方案仍照舊沿用。

四、中式簿記之四柱結算法（即四柱清冊之舊管、新收、開除、實在四柱），猶之複式簿記之平衡試算法。蓋中式記帳法，以現款爲主，故應軋算結餘之是否相符。複式記帳法以科目爲主，故應求得借貸之是否平衡。其爲檢算記錄及計算之有無錯誤則一也。但其效用，四柱結算可以表現一個其間收付之比較與經過及結果，而平衡試算僅能表現一個其間借貸之結果，故四柱結算法實較優於平衡試算法，改良方案仍照舊沿用。

五、中式簿記之登記數目，除廣式簿記用數碼字外，大都均用全寫字，即數字間必注明十百千萬等位名。較諸西式簿記之用亞拉伯數字記載者，不免書寫費時而多佔地位。但不易塗改，亦其長處，且熟練者書寫亦甚迅速。若照日本式僅書數字，而以線或點區分其位數，則須楷書。舊式記帳員，反引以爲不便。故改良方案登記數

目之用全寫字記載，或如廣式之用數碼字記載，可一任自由，不加改定。唯用全寫字記載，究竟多佔地位，且不能採用多欄式記帳法，實爲缺點。尚能改用廣式之以數碼字記帳，則與西式之用亞拉伯字記帳無異。既省地位，又可迅速，且能利用多欄式記帳法。

六、西式賬簿印有一定格式，某格記日期，某格記借貸事由，某格記借貸金額，某格記過帳頁數，常有一定。故查閱核算，均甚便利。中式賬簿僅分上下兩欄，記載收付，頗不一律，且過帳不注明過頁，每頁不編定頁數。不僅查閱核算，均感不便，且撕毀頁數，亦無從查考，實爲中式簿記之缺點。故改良方案中特仿照西式簿記，將各賬簿訂定格式，編定頁數，注明過頁，並每本賬簿均附詳細登記法。

七、中式簿記記帳，使用戳記。如帳目已經過清者，蓋『過』或『入』字之戳記。記帳遇有錯誤者，蓋『誤記』或『錯入』之戳記。表示記帳至此爲止者，蓋『止』字之戳記。表示收付數目已平者，蓋『兩訖』或『平』字之戳記。此項習慣，其用意頗與西式簿記之用銷號（✓）化雙線（∥）及劃斜線（／）等相同。故改良方案，仍照舊採用。但中式簿記常有將日記簿中之暫時收付或收付相同之數目，彼此蓋一『對銷』或『銷』字戳記，即不轉過謄清簿。又常有將讓價抹尾之數，蓋一『清訖』或『訖』字戳記，即作了事，不再轉帳，經由日記簿而轉入損益帳戶。實爲中式簿記之缺點，必須改正。故凡此種戳記，即應廢止不用。

八、複式簿記記帳，必先分清項目，以便記入適當之帳戶。中式簿記記帳常不分清項目，即分項目，亦無適當之分類名稱。且原始記錄，並不採用項目。轉記之時，過入何項何目，一任記帳者之自由。以致混淆不清，勾稽不易，此實爲中式簿記之大缺點。故改良方案中，對於賬戶之分類，特爲從新規定。帳戶分類，應隨收付性質而定，各業均有不同，本方案所規定者爲一般工商業通用之標準項目。應用之時，尚須酌量取捨，不可拘泥。

九、複式簿記常能應事業規模之大小，帳目收付之繁簡，以變化其賬簿組織，而增進會計上辦事之效能。中式簿記無系統與秩序

的組織，或失之重複，或失之殘缺。且彼此不能連貫，名稱亦不一律。以致不能表現正確之財政狀況與營業成績，此亦為中式簿記之大缺點。故改良方案中對於賬簿之組織，亦為從新規定。賬簿組織，變化無窮，不能執一以繩。本方案所規定者，可集合至極簡，分化至最繁，且假定分為五個組織，以便商界斟酌採用。

　　十、複式簿記記帳法，常有一定規則。凡開帳記帳過帳及結帳等一切手續，均須遵照辦理。故能秩序井然，有條不紊。中式簿記記帳法分併無規律，一任記帳員之自由，以致顛倒紊亂，流弊百出，此亦為中式簿記之大缺點。故改良方案中特為訂定記帳規則，凡（一）開立賬簿，（二）應記載之事項，（三）記帳所用之文字及數字，（四）記帳單位，（五）改正錯誤，（六）蓋用戳記，（七）查對帳目，（八）結算現存以及（九）賬簿表單之保存，（十）賬簿之貼用印花，（十一）經管人員之分別記明等，均有詳細之規定。庶幾中式賬簿，可以變為有系統有秩序有規律的記錄。」〔註8〕

　　這十條改良大綱是徐氏改良中式會計思想的整體體現，他從保存傳統的中式簿記出發，對西式簿記既不排斥也不照搬，帶有明顯的「中學為體，西學為用」的思想色彩。他主要分析了中式簿記與西式簿記的優缺點，保存中式簿記的優點，吸取西式簿記的長處來糾正中式簿記的缺點，以此明確改良的方向。他改良中式簿記的總思路是：採用複式簿記的原理原則，沿用中式簿記法中與複式簿記法相符合的理論及方法。

　　徐氏根據西式會計科目的特點對傳統中式簿記科目進行了分類，把會計科目分為兩大類：一類是存該項目（或資產負債科目），包括資產、負債兩大項，其中資產類包括現款、存貨、投資、器具裝修、不動產等，資產負債共同類包括往來、票據、貨款、證金、存欠款、暫記款等，負債類包括股本等；另一類是損益項目（或損失利益科目），其中損失類包括進貨、推銷費用、事務費等，利益類包括銷貨、進貨折讓、收入回傭等。

　　在賬簿組織體系中，他根據工商企業的實際情況，設置了 6 種賬簿組織體系。在賬簿的設置中主要簿設置分為日記簿和謄清簿兩種。輔助簿主要設置認股簿、股票存根簿、股東分戶簿、股份轉讓簿、股息紅利簿、來票簿、

〔註8〕徐永祚：《改良中式簿記概說》，徐永祚會計師事務所 1933 年 12 月初版，第 9～12 頁。

出票簿、薪工簿、單據簿等。結算表主要設計有日計表、月計表、各賬目餘額表、商品查存表、資產負債表、財產目錄、損益計算書等。

各種賬簿的登記方法基本上形成了「證→日記賬→分類賬→日、月計表（統轄賬戶）→年報表」的體系。即根據記賬憑證先登記日記簿，凡現金收付事項，只記與現金發生對應關係的賬戶，而以收付之差反映爲現金淨餘額；轉賬事項則視同現金，以虛收虛付處理，有收有付，收付相等。日記簿的記錄視業務繁簡每日、旬、月過入謄清簿，在過賬時收方過入收方，付方過入付方。只有現金流水過賬時要反其收付過賬，即現金流水簿的收方過入謄清簿的付方，現金流水簿的付方過入謄清簿的收方。如果不設現金流水簿，要將流水簿的現金餘額直接抄入結算表的付方，參加平賬。

（三）徐永祚改良中式會計的具體觀點

1、主張收付簿記法

收付簿記法就是以收付二字爲記賬符號的簿記法。凡是收入款項記入日記簿的收項，過入謄清簿的收項，編入結算表的收項。凡是付出款項記入日記簿的付項，過入謄清簿的付項，編入結算表的付項。對於轉賬收付情況，則假定作爲現金現款收付入賬，以自己收入款項或付出款項爲標準。

徐氏對於收付簿記法的評價是：「理論淺顯，方法簡便，且爲吾國固有之簿記法，符合一般人之觀念」。〔註9〕所以他認爲推行收付簿記法會較爲便利，而且收付簿記法只是記賬方向恰好與借貸簿記法相反而已，並沒有違背科學精神；至於「收付」和「借貸」只是作爲記賬符號，沒有必要比較二者的優劣。他還指出：「在今日貨幣制度尚未廢棄以前，無論信用制度如何發達，最後之決算仍爲現金款。而會計學上亦至今仍以現款爲最可寶貴之一物，今以最後決算最可寶貴之現款爲收付記帳之標準，何得謂爲不適於今日之用？」〔註10〕這裏，徐氏找到了以現金作爲收付簿記法記賬標準的依據，強調了現金的重要作用，而且由此認爲收付簿記法與盛行的西式簿記中現金分錄法頗爲相似。

同時，徐氏還從中西簿記法的源流上進行考證，指出二者雖然各自具有

〔註 9〕徐永祚：《改良式簿記問題》，《會計雜誌》3 卷 1 期，1934 年 1 月 1 日，第 12 頁。
〔註10〕徐永祚：《改良中式簿記問題》，《會計雜誌》3 卷 1 期，1934 年 1 月 1 日，第 13 頁。

悠久歷史，但基本原理都出自於算學上的方程序。他說：「東洋之收付簿記法及西洋之借貸簿記法，性質雖不同，而其合於記數算數之正軌則一。」〔註11〕所以不能因爲後者新奇而可貴，前者陳舊而廢棄，而應審時度勢，依照中國國情選擇採用收付簿記法。

2、主張賬簿分割法

徐氏認爲，爲了適應不同規模的企事業要求，同時應對簡單和複雜的賬目收付，必須要改變賬簿的組織。西式賬簿的多欄金額式和賬簿分割法可以很好的達到分化和集合的目的，增進會計上的辦事效率；而中式賬簿中文直寫，不便於設立多欄金額，但可以採用賬簿分割法予以彌補，理順賬簿組織。

因爲舊式簿記設置的賬簿雜亂無章，名稱不統一，組織也沒有規律性，所以在改良方案中，徐氏有意重新規定賬簿組織，力求其有系統性和關聯性，兼具對照與分合的機能。如日記簿首先分爲銀錢日記與貨品日記兩大類。銀錢日記又詳細分割爲以收付目的物爲標準的賬簿，如現款日記、行莊日記、轉賬日記、來票日記、出票日記等；以賬目性質爲標準的賬簿，如進貨付款、銷貨收款、開支日記、銀錢日記等。而貨品日記又分爲進貨日記、銷貨日記、進貨退還、銷貨退回、寄售品簿等。這種賬簿分割方法的目的在於代替多欄金額法。他說：「若能融會貫通，善爲變化，必能應用於各種大小之事業。雖無敷設多欄金額之便利，仍能運用自如也。」〔註12〕

3、主張統轄記賬法

統轄記賬法就是匯合同類項目記賬，以簡化過賬及結算手續。具體而言就是由各種日記簿編製日記表，每天的賬目以日記表統轄，可以省去多欄式日記簿；由各種謄清簿編製月計表及各賬戶結算表，每月的賬目以月計表統轄；每一賬戶的細目或分戶，又各以賬戶結算表統轄，又可以省去總謄清簿；此外有歲計表統轄全年的賬目，以結算表代用統轄賬簿；而全體賬目每日每月每年的狀況，均可按此方法統轄。各種賬表，均以四柱式爲原則，各賬目的始末及經過，均分柱列舉。

〔註11〕徐永祚：《東西洋簿記法之源流及其分野》，《會計雜誌》3 卷 1 期，1934 年 1 月 1 日，第 94 頁。

〔註12〕徐永祚：《改良中式簿記問題》，《會計雜誌》3 卷 1 期，1934 年 1 月 1 日，第 14～15 頁。

徐氏認爲這一統轄記賬法比起西式簿記法的統轄手續更爲便利。例如：西式簿記法如果採用多欄式日記簿做爲統轄記賬的工具會增加賬幅，增多空白的地方；如果採用總謄清簿則手續繁複，賬目除了分戶過入分清簿外還必須匯總或單獨過入總清簿，而且賬戶散見各頁，並沒有很好的起到統轄的作用；如果採用憑單記賬，即使節省了原始的重複記錄，歸類記錄各賬戶，但是必須要編製總憑單，手續仍然沒有節省。

4、主張四柱結算法

四柱結算法源起於我國古代的四柱清冊，爲官廳報銷所用，商界也沿用。運用四柱清冊的方式結算賬目即爲四柱結算法，編製的賬表即爲四柱結算表。四柱是指舊管（上期結餘）、新收（本期共收）、開除（本期共付）和實在（本期結餘）。比較而言，四柱清冊的舊管和實在常限於現款結存，而四柱結算法的上期結餘和本期結餘則推用於各項目，可收可付，所以更爲科學。徐氏認爲四柱結算法能表現每一期間賬目收付的經過及結果，並能檢驗每一期間記賬及計算有無錯誤。所以，他主張凡規模較大、收付較多的商店或機關都應用四柱結算表結算賬目。

四柱結算表通常可以用來編製四柱結算日記表、月計表、歲計表及各賬戶結算表。以日記表爲例：「日記表爲每日結算全部帳目之表冊，應每日編製。先抄錄上日日記表中各項目本日結餘之收數或付數於本表各該項目下上日結餘之收項或付項欄內。然後根據各種日記簿，對於每一項目，分別收付，各結一總數，記入本表各該項目下本日共收共付欄內。再將各項目本日共收共付數，與上日結餘收付數相加減，各結一餘數，記入本表各該項目下本日結餘之收項或付項欄內。登記完畢後，均應每欄各結一總計數記入之，並應軋算本日共收與共付之總計數，將其餘數注明 『收』或『付』，記入兩欄之中；軋算本日結餘收項與付項之總計數，將其餘數注明『收』或『付』，記入兩欄之中。如設有總日記簿者，本表可以照抄總日記簿。」〔註 13〕月計表、歲計表等區別在於時間區間不同，可以比照日記表編製，在編製完畢後，應由製表員及會計主任簽印，送請經理或上級職員查核。

在《改良中式簿記概說》一書第 1、2 版中，徐氏採用西式簿記的平衡結算法來總結四柱結算表，規定將銀錢日記簿中每日所結共收共付數，反其收

〔註 13〕徐永祚：《四柱結算之方法及其理論與效用》，《會計雜誌》3 卷 1 期，1934 年
1 月 1 日，第 28～29 頁。

付方向，過入謄清簿現款賬戶，或記入四柱結算表現款項目下本日共收共付
欄內，以檢驗記賬以及計算有沒有錯誤。關鍵在於檢查本期共收共付欄內總
數是否相等，本期收項付項欄內結餘數是否相等。但由於反其收付過賬編表
的埋由很難向未學簿記者做出簡單說明，而且四柱結算法與西式平衡結算法
形式雖不同但實質相同，都是數學上的還原和代數上的移項，所以徐氏決定
改用純粹的四柱結算法，在《改良中式簿記概說》第 3 版中已經將日記簿登
記法及四柱結算表編製法加以修正。謄清簿和結算表都不設現款項目（資產
負債表和財產目錄除外），銀錢日記簿的共收共付數或結餘數都不必過入結算
表，雖然沒有平衡數的表現，但同樣有檢算錯誤的作用。

　　四柱結算法自身檢驗作用表現於以下方程序：

$$舊管　+　新收　-　開除　\equiv　實在$$

即　上期結餘收項　＋本期共收－本期共付$\equiv$本期結餘收項

　　上期結餘付項　＋本期共付－本期共收$\equiv$本期結餘付項

上期結餘　（收項－付項）　＋本期（共收－共付）$\equiv$本期結餘（收項－付項）

　　上期結餘欄收數＋本期共收共付欄收數$\equiv$本期結餘欄收數

或　上期結餘欄收數－本期共收共付欄付數$\equiv$本期結餘欄收數

　　同時，徐氏認為西式平衡結算法會使得未學西式簿記者誤認為借貸兩
訖，重視虛數而缺漏實數。例如，某賬戶借方共計 2356.40 元，貸方共計 1672.25
元，則結餘數為借差 684.15 元。平衡結算時，須將借差加入貸方，所以借貸
兩方均為 2356.40 元，而貸方的實際數為 1672.25 元並沒有表示出來，而是表
現為 2356.40 元這個虛數。這一缺陷可由四柱結算法彌補。上期結餘（舊管）
反映過去的結果，本期結餘（實在）反映現在的結果，本期共收（新收）和
本期共付（開除）則反映過去結果變為現在結果的變化過程，既表示了經過，
又可以作比較。

　　另外，徐氏認為四柱結算法可以解決中式簿記難以統轄記賬問題。四柱
結算法須列出本期各項目的共收共付數，所以可以看作總日記簿，則日記簿
不妨無限制分割，至營業終了，只須集合各日記簿的總數匯總記於總日記簿
內各該項目下，即可明瞭各項目的收付情形即收付總數。所以，無需設置總
清簿，日計表仍然可以起到統轄記賬的作用。而且，每日編製的日計表與每
張總憑單無異；每月末日編製的月計表與根據逐日總憑單編成的月結總憑單
無異。因為日計表中各項目的餘數是逐日滾結，所以每月最後一日日計表中

各項目的餘數必須與月計表中各項目的餘數相等，所以較總憑單制更多了一層對照與檢算的作用。

所以，徐氏讚揚四柱結算法是改良中式簿記的精髓。總結徐氏所論證的四柱結算法的優點有六項：（1）可以檢算錯誤；（2）可以表現每一個期間財產增減變化的經過及結果；（3）可以將前後兩期的結果在同一表內相比較；（4）可以補救中式簿記不便採用多欄式記賬法的缺點；（5）可以廢除總謄清簿，而採用更爲簡便的統轄記賬法；（6）可以減少賬簿數量，節省重複記賬的麻煩。因此，他下結論說：「改良中式簿記所用之四柱結算法，理論自然，方法簡便，效用之大，罕與倫比。西式簿記中尚未見有此種結算法，不僅中式簿記有採用之必要，即在西式簿記，亦有仿行之價值也。」〔註14〕

綜上，徐氏借鑒的西式簿記思想主要有：複式記賬法；記賬憑單制；並按照西式會計科目的類別對中式科目進行分類；以會計憑單取代草流；根據記賬憑單登記日記賬；以資產負債表和損益計算書以及財產目錄取代原來的「結冊」；將賬簿劃分爲主要簿和輔助簿等。徐氏保留的中式簿記思想主要有：現金收付記賬法；上收下付的賬頁格式；四柱結算法；會計數碼體，並推薦使用廣式數碼；過賬戳記「過」或「入」；會計科目或賬戶的習慣名稱；採用傳統的方法對資產負債表以及損益表進行計算等。

可以看到，徐氏較爲妥善的解決了繼承和改良的關係，既保存中式簿記的核算形式，又把西式借貸會計的優點融合進來。這種不改變原有記賬習慣的改良，爲舊式記賬人員和工商業者所理解，因而得到他們的重視和積極採用。所以，改良中式會計思想一方面保留了傳統中式簿記的優點，如四柱結算法，並促進其發展；另一方面爲千萬家企業解決了會計方法不適應現實需要的燃眉之急。因此，徐氏改良中式簿記的思想對改善當時中國會計的落後狀況起到了很大的作用，具有重大的進步意義和深遠的影響，後來產生的以資金爲中心的收付記賬法以及以財務爲中心的收付記賬法，基本上都是從他的以現金爲中心的收付記賬法演化出來的。

但同時不容忽視的是，徐氏的會計改良思想也具有明顯的不徹底性。如在賬戶分類上，爲了儘量保持那些舊式賬房習慣用的名稱，使得一些科目性質意義都比較模糊，如存該項目中的票據、貨款、證金、存欠款、暫記款等都是資

〔註14〕徐永祚：《四柱結算之方法及其理論與效用》，《會計雜誌》3 卷 1 期，1934 年1 月 1 日，第 21 頁。

產負債（存該）不分的。又如在賬簿組織建設上，徐氏爲了照顧舊式賬房的習慣，把各種名稱的賬簿都予以保留，以供使用者選擇。他說：「至於習慣通行名稱，應儘量採用，亦爲改良之本旨」。〔註15〕這就使得簿記組織表上內容繁瑣複雜，有很多重複的地方，也有很多不合理不科學的地方。以銀錢日記簿爲例，按一般會計原理來說，銀錢日記分爲現金日記賬和行莊（銀行、錢莊的簡稱）日記賬，已經可以正確反映收款、付款情況，而要求在此之外另立收款、付款兩本日記簿，實在是重複而沒有必要。徐氏也注意到這個問題，他說：「應用之時，須視事業規模之大小，事務分掌之不同，酌量取捨，不能一成不變」。〔註16〕其實，最簡單的簿記組織系統就是：記賬憑單——日記賬——總分類賬——會計報表。

　　儘管如此，中式會計改良的方案一經出臺就得到了廣泛的重視和歡迎。徐永祚更是通過演講、無線電播音方式向全上海市宣講推行改良中式簿記問題。中國計政學會、全國商學聯合會等單位也撰文提倡改良中式簿記，各界社會名流紛紛題詞並發表評論。上海申報特發行專號介紹改良中式簿記，各家日報亦陸續轉載改良中式簿記的新聞。1934年元月，《會計雜誌》刊行「改良中式簿記專號」，改良中式簿記學派中各位專家紛紛發表論文，介紹改良中式簿記的基本理論與方法，運用對比的方法宣傳改良的優越性。加上各地商會先後提倡，中小企業中響應者與日俱增，促使改良中式簿記運動向縱深發展。1935年，徐永祚收集各位專家論文，彙編成《改良中式簿記論集》，由徐永祚會計師事務所發行，該書是中國現代會計學術發展史的一頁重要記錄。

二、陸善熾主張採用現金收付法的思想

　　陸善熾，留日學者，我國知名會計學家，曾與徐永祚合作《所得稅與會計》（1938）一書。1935年，根據平井泰太郎的日文版將會計學之父盧卡·帕喬利的《算術、幾何、比與比例概要》（1494）一書譯成中文，並在《會計雜誌》6卷分期連載，從而影響了整個中國會計界。陸氏最開始是徐永祚改良中式簿記思想的積極支持者，後來思想轉變，也爲積極引進新式簿記作出了一定的貢獻。本節集中論述其早期支持改良中式簿記的思想。

〔註15〕　徐永祚：《改良中式簿記概說》，徐永祚會計師事務所1933年12月初版，第27頁。

〔註16〕　徐永祚：《改良中式簿記概說》，徐永祚會計師事務所1933年12月初版，第32頁。

　　陸氏肯定西式簿記被稱爲一種科學自然有其特殊的優點，但反對因此將中式簿記全部抹煞拋棄，主張發揚中式簿記的優點彌補其缺點。通過比較中西式記賬方法的異同，陸氏說：「中式記帳，以現金之收付爲立腳點；西式記帳，以假設之貸借爲立腳點。國人對於收付之觀念，習之已久，無須思索，但對於貸借之法則，則來自外國，理會匪易。吾人若能就中式簿記加以改良，存其優點，而去其缺點，使合於條理清晰簡便易行之原則，則駕輕就熟，必可勝過西式簿記，更何必以舶來之學術，奉爲金科玉律哉。」〔註17〕

　　爲了推進中式簿記的改良，陸氏深入研究比較了西式借貸分錄法和中式現金收付法，在《會計雜誌》改良中式簿記專號（3 卷 1 期）發表《現金式分錄法與現金收付法之異同》、《複式簿記源流考》兩篇文章，又在《會計雜誌》4 卷 1 期發表《論借貸學說與收付理論》一文，系統的闡述了其主張採用中式現金收付法的思想。他認爲從簿記技術上觀察，西方的借貸簿記法和中式改良的現金收付法都是自成體系，並且合乎情理，可以稱爲簿記法上的兩大派別。從客觀看來，兩種方法沒有優劣之分，只是從實施便利和適合我國社會習慣來看，改良簿記應從收付簿記入手，而現金收付法是理論最淺顯、方法最簡便的簿記法。

　　陸氏認爲現金收付法的主要做法是：「凡入者收之，出者付之，爲收爲付，各記明事由。收付相抵之餘數，即係現金結存數。收付事由之分類，即表明現金收入之來源與付出之用途。」〔註18〕日記簿、謄清簿以及結算表的性質都是如此。也就是說，日記簿上收付比較，收方大於付方的數額表示現金結存數，應與庫存現金相等。過入謄清簿時不過將收付事由歸類，以便明瞭現金的收入來源和付出用途，收付均不必反其方向，所以謄清簿無異於歸類後的一個大現金收付賬。將全體賬戶的收方總數減去付方總數，其餘數必表示現金的結存數，應與日記簿內的餘數相等，與現金庫存數也相等。再根據謄清簿抄錄總數編製收付經過及結果一覽表（即結算表），這也類似一個大的現金收付賬，將現金的收入來源及付出用途全部整理歸類，並也可驗證收付餘額與庫存現金是否相符。

〔註17〕　陸善熾：《現金分錄法與現金收付法之異同》，《會計雜誌》3 卷 1 期，1934 年 1 月 1 日，第 48 頁。

〔註18〕　陸善熾：《中式簿記改良後之觀察》，《會計雜誌》3 卷 1 期，1934 年 1 月 1 日版，第 113～114 頁。

　　1934 年，陸氏反思現實狀況，認爲當時很多學者不顧國情一味盲從西方理論，只提倡表面上的借貸分錄法，又不貫徹西式簿記的精髓，簡單的以「借貸」二字晦澀難解爲理由改用「收付」代替，這種做法分離了西式簿記借貸法則的精神，是不可取的。於是，陸氏還細緻比較了現金收付法和幾種借貸分錄法的異同，以期明確會計概念和會計方法。具體區別如圖 4-1 所示。〔註 19〕

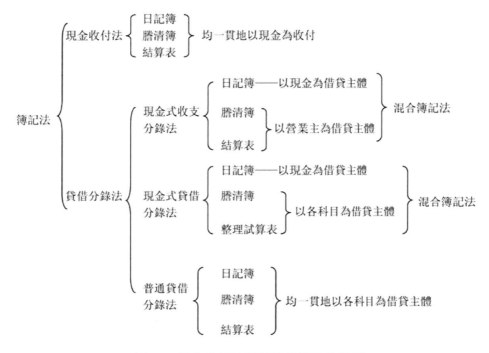

圖 4-1　現金收付法與貸借分錄法的異同

　　從圖 4-1 可以看出，中式現金收付法與西式的現金式收支分錄法、現金式貸借分錄法、普通貸借分錄法都不相同，主要區別在於記賬主體和方法不同。根據陸氏的劃分，中式現金收付法和西式借貸分錄法地位並列，同屬於簿記法的兩種方法，這爲陸氏主張採用現金收付法提供了有力的理論支撐。由此，陸氏批評了當時存在的兩種觀點：一是認爲西式簿記中的現金分錄法就是中式簿記的現金收付法；二是因爲中西簿記的方法不同而認爲中式簿記不能成爲一種完全的簿記法。

　　陸氏還比較了中西簿記的起源和發展，他說：「中西簿記在方法上之所

〔註 19〕陸善熾：《現金分錄法與現金收付法之異同》，《會計雜誌》3 卷 1 期，第 58 頁。

以有分歧，實由於東西洋社會制度之進化歷史不同。同時人類對於科學實踐之有因襲性，亦爲東西洋各自成立一種簿記系統之重大原因。」〔註 20〕西式簿記起源於商人，所以重視與貸金業者發生的債權債務關係，而有債權必然有債務人，有債務必然有債權人，所以造就了雙行記載的特殊形式。以此爲基礎並逐步發展，形成了西方借貸簿記法。而中國社會歷來爲官廳支配，所以簿記法起源於官廳而不是商人。官廳爲消費機關，重視的是正確記錄現金收付，財政上以量入爲出爲宗旨，所以採取「收入減付出等於結餘」的特殊方式，後演變爲收付簿記法，也被商人用來整理賬目。所以他指出：「站在純粹簿記技術方面觀察，則二者俱有其當然之歷史，與正確之方法，殊不宜以借貸簿記之立場，批評收付簿記，亦不宜以收付簿記之立場，批評借貸簿記。」〔註 21〕所以陸氏主張根據現實情況具體分析，客觀評論。這種分析問題的思路是非常可取的，是以歷史的眼光進行比較分析，並帶有一定的辯證色彩。

爲了明析借貸簿記法的理論，陸氏對借貸學說作了詳細的總結介紹。他將近三百年來各國學者的代表學說加以分析，總結了九大派別：人的一科目說、人的二科目說、物的一科目說、物的二科目說、貸借對照表說、三科目系統說、資本循環說、現實理論說和動態二科目說。從理論的出發點和構成方法以及基本觀念進行了詳盡的分析對比，描述了各學派的特徵和優缺點。他說：「人的學說，偏重對人關係，而忽視對物關係。物的學說中之靜態學說，偏重於資本之假定的靜止狀態，而忽視其現實之動態性質；動態學說，則偏重於資本之動態性質，而遺忘其靜止狀態。俱不免有顧此失彼，未得其全之撼。」〔註 22〕由此，陸氏得出結論，認爲簿記法要成爲一種科學的方法，應該兼顧正確記錄資本循環的動態過程和某一特定時期中活動成績的靜止狀態，然而借貸學說將二者混爲一體，所以理論與事實偏離，矛盾百出，不得要領。陸氏的這一觀點是錯誤的，他雖然明瞭靜態學說和動態學說相結合是會計全面反映現實經濟生活的必然要求，但是主觀上強行將借貸簿記法的靜

〔註 20〕 陸善熾：《論借貸學說與收付理論》，《會計雜誌》4 卷 1 期，1934 年 7 月 15 日，第 9 頁。

〔註 21〕 陸善熾：《論借貸學說與收付理論》，《會計雜誌》4 卷 1 期，1934 年 7 月 15 日，第 10 頁。

〔註 22〕 陸善熾：《論借貸學說與收付理論》，《會計雜誌》4 卷 1 期，1934 年 7 月 15 日，第 51 頁。

態學說和動態學說割裂開來，用錯誤的邏輯推導出錯誤的結論。

而對於中式簿記，陸氏則認為可以作為記錄資本動態過程並表示資本靜態現象的溝通工具。而且他指出：「在現代資本主義的社會制度之下，對於資本現實性之表現，或較借貸平衡法更覺忠實而自然。」〔註 23〕資本的最初形態是現金，最終形態也是現金，只是在量上增減，增為利益，減為損失，但都以現金運用為終始，這正是簿記可以用現金為記賬標準的根據。這裏也體現了陸氏思想的局限性，他只認識到現金對於經濟生活的重要性，忽視了正在日益發展的信用制度、轉賬交易、金融創新等現實問題。況且，會計的主旨應在於反映交易的真實性，而不是反映的事物是否最為重要。

為描述資本靜態表現，陸氏將收付項目區分為資產、負債、損失、利益和資本五大類。從現金收付角度來看，這五大類項目中，有一部分表示現金收入來源，一部分表示現金付出用途，顯然又可以分為收款和付款兩個系統。所以陸氏認為既可以依照現金收付記賬，又可以根據各項目性質而製表，而收付法可以溝通動態記錄與靜態表示的關鍵也就在這裏。從而使經營者可以明瞭過去的經營業績，並推測未來趨勢，訂立合理的經營方針。

現金收付除了表示現金來源和用途以外，還可以表示數量金額。表示收入來源的記入現金收方，表示現金用途的記入現金付方，收方總和表示現金收入總數，付方總和表示現金付出總數，收付兩方相抵則表示現金的庫存數。如果賬簿上現金結餘數與現金庫存數不符，即表示賬目收付方向或金額記載錯誤，可以起到驗算的作用。所以收付簿記可以自己證明記賬手續是否正確，而使得簿記在實踐過程中具有操作性。

經過全面論證對比，陸氏得出結論：「收付理論，實為現代最能切於現實合於科學之理論。」〔註 24〕所以，他支持徐永祚的會計改良方案，認為收付簿記法更適合中國的現實情況。總的來說，陸氏改良中式簿記的思想是較為保守的，論證思想的過程中也存在明顯的前後矛盾的地方，如闡述對於西式借貸簿記的看法，他一方面認為其是一種可以與現金收付法並稱為簿記法上的兩大派別的科學方法，另一方面卻認為其混淆了記錄資本循環的動態過程和某一特定

〔註 23〕 陸善熾：《論借貸學說與收付理論》，《會計雜誌》4 卷 1 期，1934 年 7 月 15 日，第 53 頁。

〔註 24〕 陸善熾：《論借貸學說與收付理論》，《會計雜誌》4 卷 1 期，1934 年 7 月 15 日，第 58 頁。

時期中活動成績的靜止狀態，理論與事實偏離，矛盾百出，不得要領。可見，陸氏的論證是緊緊圍繞應該採用現金收付法的目的而進行的，而不是歸納推理得出結論，所以存在一定的邏輯上的混亂，表現出其保守的一面。

三、潘士浩的中西式簿記相較思想

潘士浩，1934 年曾受聘於徐永祚與會計師顧淩雲一起主辦的「改良中式簿記」函授班，籌設標準賬表製售所。

潘氏比較研究了西式借貸簿記法和中式收付簿記法，系統的總結了兩種方法的優劣。他認為西式借貸簿記法是一種客觀的記賬方法，貸金業者處於中間地位，從顧客的立場判斷債權債務關係。這種簿記方法的科學性在於賬戶分類及賬簿組織續密有條理，記賬過賬結帳手續簡便，不足之處在於從客觀的角度分別借貸以及借貸用語既不符合賬理又不便於實用。而近代中國的收入簿記法是主觀的記賬方法，按照收付記賬符合賬理，便於實用，不足之處在於賬戶分類和賬簿組織顛倒紊亂，記賬過賬結賬手續沒有一定的規律。於是，潘氏得出結論：「吾人以為改良簿記，中式之主觀的記帳法與收付記帳法，實有保存之價值。而對於帳戶分類、賬簿組織及記帳、過帳、結帳等手續，則應取法西式之科學精神，而確定其規律。此蓋為世界簿記言，不僅為中國言也。」〔註25〕

潘氏進一步細緻的比較了中西式簿記的異同，指出中西式簿記在記賬的程序、技術方面有類似之處，都反映出了會計思想的發展歷程，但是中式收付簿記法在有些方面確實遜色於西式借貸記賬法。可以將潘氏提出的遜色之處歸納為以下五個方面：

（一）記賬範圍狹窄、不完全。西式簿記記賬是以整理財產增減變化為對象，所以凡屬於資產負債損失利益增減變化的都在記錄計算之中。而中式簿記往往重存該而不重損益，重對人賬目而不重對物賬目，重收支賬目而不重成本賬目，所以記賬範圍自然較為狹窄，不能全面體現經營情況。由此帶來的後果也是非常嚴重的，例如：計算盈虧時只能根據存該差額而無法編製獨立的損益計算書；可以列舉軋準收款付款的事由和金額，卻無法明瞭成本組成；各種不動產及機械工具等物品在賬上經常沒有記載等等。

〔註25〕潘士浩：《借貸簿記法與收付簿記法》，《會計雜誌》3 卷 1 期，1934 年 1 月 1 日，第 45 頁。

　　（二）賬簿組織較為混亂。潘氏推崇西式簿記中賬簿組織分化集合的功能，認為近世西式簿記的進步大半源於此。他說：「蓋惟賬簿分化，帳務乃可分掌，記帳乃可迅速。又惟賬簿能集合，帳目乃可統轄，手續乃可節省也。」〔註26〕但由於中式賬簿採用直式書寫，賬幅過長，不適於採用多欄式的賬欄分化，也不便於統轄，所以分化集合沒有西式簿記便利。儘管如此，潘氏仍然認為中式簿記採用賬簿分割法，用多個賬簿進行分化，用摘賬、匯總等記賬法統轄，其最後可以達到與西式簿記同樣的分化集合的效果。他認為中式賬簿組織主要的不足在於賬簿較多，記賬手續繁瑣，且名稱不統一，方法各異，所以造成賬簿組織混亂，重複殘缺，詳略不均等問題在所難免，不像西式賬簿組織那樣整齊明確。

　　（三）賬簿格式沒有標準。西式簿記的各種賬簿都有特殊的格式，年月日、事由、金額等都有固定格式、位置記載，且每一賬頁都編訂頁數，看上去一目了然，記賬過賬查賬都很便利。但是中式賬簿僅有上收下付之分，並沒有一定的標準格式，也不編訂頁數，使得記賬過賬沒有一定的標準，查賬對賬也沒有正當的依據。

　　（四）賬戶分類紊亂。西式簿記首先確立賬戶，然後按照一定的準則入賬，所以秩序井然。但是中式賬戶的名稱最為紊亂，有的前後不同，有的不知道歸屬哪個項目之下，有的別名奇字，有的根本就沒有賬戶。不僅如此，記載方法和勾稽方法更是雜亂無章。

　　（五）記賬根據薄弱。西式簿記以憑證作為記賬根據，憑證書類的注明和整理都有一定的辦法。但是中式簿記崇尚信義通商，記賬時既不重視憑證，記賬後也不重視憑證書類的保存。查賬時幾乎沒有辦法證實賬目是否正確，而遇到手續糾紛，也不易舉出相應的證據。

　　可見，潘氏改良中式簿記的思想和陸善熾的比較起來更為進步，他的論證相對來說較為公允，同時看到了事物的兩個方面，不誇大優點，也不隱藏缺點。儘管他也沒能真正理解複式簿記法的記賬原理和運用，仍然局限於舊式中式簿記的思路裏，但是他能夠客觀的認識到中式簿記的不足之處，為中式簿記向科學系統的簿記理論過渡提供了有價值的參考。

〔註26〕潘士浩：《中式簿記與西式簿記之比較》，《會計雜誌》3卷1期，1934年1月1日，第98頁。

四、謝允莊的收付簿記思想和賬戶分類思想

謝允莊，曾編著《消費合作簿記》（1937）、《農業合作簿記》（1945）、《簡易合作簿記》（1935）、《合作會計問題》（1945）、《合作簿記》（1945）、《工業合作簿記》（1948）、《簿記基礎知識》（1946）等著作。

（一）收付簿記思想

在徐永祚改良中式簿記觀點的基礎上，謝氏進一步探討了收付簿記法，既進行了橫向的比較，又做出了縱深方面的研究，肯定了收付簿記法大有可取之處。

在《收付複式單式三種簿記的比較》（1935）一文中，謝允莊按照記賬原理將簿記分爲收付簿記、複式簿記和單式簿記，系統比較了這三種簿記的原理和記賬格式，總結了各自的優點劣點。他認爲收付簿記是以貨幣的收付爲記賬標準，原理最爲簡單；複式簿記是以相等價值的交換爲記賬標準，原理最爲複雜；單式簿記以債權的收付爲記賬標準，是一種不完備的記賬法。謝氏還以例題方式比較總結了三種簿記方法的格式，如表 4-1 所示〔註27〕

表 4-1 三種簿記方法的格式

交易	收付簿記的記法		複式簿記的記法		單式簿記的記法	
記帳例題	收方	付方	借方	貸方	借方	貸方
收甲某股本	甲某股本		現金	甲某股本		甲某股本
現買商品			商品	現金		
現賣商品			現金	商品		
賒買甲店商品	甲店		商品	甲店		甲店
賒賣乙店商品		乙店	乙店	商品	乙店	
付甲店貨款		甲店	甲店	現金	甲店	
收乙店貨款	乙店		現金	乙店		乙店
代客辦貨收到回傭	回傭		現金	回傭		
付營業費		營業費	營業費	現金		
收丙銀行借入款	丙銀行		現金	丙銀行		丙銀行
付丁銀行存出款		丁銀行	丁銀行	現金	丁銀行	
乙店代還甲店貨款	乙店	甲店	甲店	乙店	甲店	乙店

〔註27〕謝允莊：《收付複式單式三種簿記的比較》，《會計雜誌》3 卷 1 期，1934 年 1 月 1 日，第 59～60 頁。

謝氏認為最完善的記賬制度應該有六個優點：原理簡單、方法容易、記錄完全、組織嚴密、格式明瞭、推行便利。經過比較他認為收付簿記的優點在於：原理最為簡單，方法最為容易，推行最為便利。缺點則在於：記錄並不完全，偏重存該各項，不重損益各項；組織並不嚴密，現金簿、進貨簿和銷貨簿都不是純粹的主要賬簿；格式最不明了，採用直式賬簿記明收付和金額位數。複式賬簿和收付賬簿的優缺點幾乎是互補的，而單式簿記缺點最多。

在改良問題上，謝氏說：「對於原理是否簡單，方法是否容易，關係於各種簿記的根本，尤其應該注意。因為原理的繁簡，有固定的性質，不能設法改良，而且方法的難易，又同原理的繁簡，有極密切的關係。所以複式和單式簿記，已經沒有改成最完備記帳制度的可能。至於組織和格式，都是可以改良，記錄可以增加，習慣也可改良或者沿用。複式和單式簿記，既然不能改成完善的記帳制度，所以改良收付簿記，實在是有必要的。」〔註28〕他同時提出了改良收付簿記的方法：第一，賬簿要有一定的組織。在記賬之前應設立完備的賬簿體系，同時制定相應的記賬規則，說明記賬程序，使各種賬簿形成一個完整的系統。第二，記賬要有一定的賬戶。在記賬之前應先開立統一賬戶，之後不應輕易增減分併賬戶，務求在一個會計年度內前後記賬賬戶一致。第三，查錯要有一定的方法。每月月底必須編製一次試算表，將負債和利益各項列入試算表收付，資產和損失列入付方，如果收付相等則可證明過賬和算賬大致沒有錯誤。第四，記賬要用橫式賬簿。學習複式簿記方法中的橫式賬簿和多欄記載可以大大簡化記賬人員的工作。第五，分欄分格記載數目。將收付數目分欄記載就不再寫明收付字樣，書寫比較便捷；將金額位數分格記載不必記明萬千百十元角分等字，又可以省去很多書寫的勞力和時間。

謝氏還論證了收付簿記的根本觀念，認為其是一種主觀記錄和計算的會計方法。他進一步討論了收付簿記的記賬標準、賬戶系統、結餘的性質以及記賬原理，並於 1947 年再版發行《簿記基礎知識》一書作為教材，全面推廣收付簿記理論。

總的看來，謝氏是堅決支持中式收付簿記理論的。他所做的各種簿記的分析比較為人們理解中西簿記方法提供了參考和思路，具有一定的進步意義。在支持徐永祚的中式會計改良方案的同時，謝氏也保留了自己的一些觀

〔註28〕謝允莊：《收付複式單式三種簿記的比較》，《會計雜誌》3 卷 1 期，1934 年 1 月 1 日，第 64～65 頁。

點，如提倡橫式賬簿、分欄記載等對於推動會計改良的進一步發展有著積極的啓示作用。但是不可否認的是，謝氏對於簿記思想的理解仍然帶有一定的局限性，他僅注重簿記原理和方法是否簡單易行，而沒有注意到簿記原理是否科學系統，是否適應當時經濟的發展。

（二）賬戶分類思想

對於徐永祚改良中式簿記的賬戶分類，謝氏在《改良帳戶分類方法的商榷》（1934）一文中也提出了兩點不同意見。第一，他指出資產負債分類方法存在錯誤，認爲股本不是對內負債。因爲股本在清算時，可能發生或多或缺，不可能恰好等於原繳股額，不像清償債務時必須相等。將股本當作負債的結果，是把純益當作股東的存款，損失當作股東的借款，是把借貸對照表當作資產負債表了。第二，他指出損益分類方法存在錯誤，認爲將銷貨當作利益、進貨當作損失是牽強附會。因爲同樣性質的收付，收大於付才是利益，付大於收才是損失。銷貨必須減去銷貨成本，才能表現爲利益或損失，進貨必須加期初存貨減去期末存貨才是銷貨成本，屬於抵減銷貨的損失。

這兩點意見都是正確的，是會計理論中最淺顯的道理。歸納起來就是「資產＝負債＋所有者權益」，而不是「資產＝負債」；「銷貨收入－銷貨成本＝銷貨毛利」，而不是「銷貨收入－進貨支出＝利益」。但是，在當時中國的舊式商人大多數只以財產和負債（包括股本）相平衡，由於不採取永續盤存制，平時銷貨、進貨就直接作爲收益、損失處理，到年終商品盤存時，再從進銷金額中軋抵而求得淨利益或淨損失。這兩個錯誤不應該是徐氏不懂會計原理造成的，而應該是改良中式簿記照顧商人舊習的直接結果，反映出了改良會計的不徹底性，同時也折射出改良會計所遭遇的巨大阻力。

由此，謝氏提出新的賬戶分類方法，將徐氏的存該項目（資產負債科目）由原來的資產、負債兩項擴展爲資產、負債和所有權三項，將徐氏的損益項目（損失利益科目）由原來的損失、利益兩項改爲營業收入、營業付出兩項。這裏，營業收入類賬戶是指營業進行上的一切將來不要付還別人的收入，如銷貨、收入回傭等；營業付出類賬戶是指營業進行上的一切將來不能向別人收回的付出，如進貨、總務費用等。同時，謝氏指出「照前述方法分類，就要將損益計算書改做營業收付表，將資產負債表改做資產負債所有權表。」〔註29〕

〔註29〕謝允莊：《改良帳戶分類方法的商榷》，《會計雜誌》3 卷 1 期，1934 年 1 月 1 日，第 120 頁。

謝氏提出意見的思路是完全正確的，是促進改良中式簿記走向科學化、系統化的有力引導。他對於資產負債所有權的分類是準確的，這點值得肯定。但他對於損益的分類比較粗糙，按照他的方法，沒有辦法及時系統的反映營業過程中所有交易活動，如賒買、賒賣等情況就無從表示。所以，謝氏的賬戶分類思想也是有局限性的。

第三節　中式會計改革派的會計思想

以潘序倫爲代表的改革派認爲，借貸簿記法是近代科學中完善而合理的一種記賬方法，它的基本原理通行於世界各國，而借貸複式簿記理論則是最完備的簿記理論。據此他們提出應該通過全面引進借貸簿記理論及方法建立我國的新式會計，以改革中國傳統的舊式會計，而改良中式簿記只能是改良簿記運動中的一種過渡辦法，是中式簿記走向完善合理的會計制度的一個過程或階梯。

改革派早在 1924 年潘序倫歸國之初，便著手進行簿記、會計書籍的編譯工作，當時所編譯的書籍由商務印書館作爲《大學叢書》出版，適應了傳播新式簿記的需要。1928 年，立信會計學校開辦之後，由於深感對會計理論有加以探討的必要，而國內會計書刊極其缺乏，有關外文書籍不僅文字隔閡，在法律習慣上也多與當時國情不合，所以編著一套適合中國讀者學習的會計叢書便成爲當時改革中國會計工作中的一項迫切任務。於是立信事務所內設置了編輯科專門編著《立信會計叢書》。截至 1936 年底，編輯出版了初級商業簿記教科書、高級商業簿記教科書、會計學、銀行會計、審計學等書，翻譯了成本會計（勞氏）和成本會計原理及實務（陀氏等）等會計書刊，共計50 餘種。這些切合中國需要的會計著作，指導了當時的改革會計工作，並推動了會計理論研究工作的發展。

同樣，立信會計季刊也是圍繞改革會計和服務會計教學兩項基本任務而創辦起來的。《會計季刊》創辦於 1931 年，由立信補校同學會主辦，1933 年改由立信會計師事務所主編，並更名爲《立信會計季刊》。季刊除登載中外會計專著，傳播新式簿記之外，還特約各業會計專家編寫專業會計制度，供各行業改革舊式會計、採用新式會計制度參考。因此，《立信會計季刊》自然而然的與徐永祚創辦的《會計雜誌》分庭抗禮，成爲改革派論爭的直接陣地。

一、潘序倫的中式會計改革思想

潘序倫（1893～1985）

　　潘序倫（1893～1985），字秩四，江蘇宜興縣丁蜀鎮人，我國近代著名的會計學家及會計職業教育家，是 20 世紀 30 年代改革中式會計運動的發起人之一。1921 年畢業於上海聖約翰大學，同年赴美國留學，1923 年獲哈佛大學企業管理碩士學位，1924 年獲哥倫比亞大學政治經濟學院經濟學博士學位。1924 年，潘序倫學成歸國途中，曾繞道歐洲，周遊 13 國，實地考察了歐洲諸國的經濟狀況，從而加深了他對西方經濟世界的認識，也爲他歸國後引進和傳播借貸複式簿記奠定了思想基礎。潘氏回國後曾先後在東南大學、暨南大學任教，取得了從事財經教育事業的基本經驗。

　　1927 年起潘氏專事會計師業務，設立潘序倫會計事務所，後借用《論語》中「民無信不立」之意，將其更名爲立信會計師事務所，以公正服務、建立信用爲宗旨。他還在會計師事務所內設編譯機構，組織會計專家學者編寫和翻譯新式會計書籍，成立立信會計圖書用品社，出版「立信會計叢書」；創辦《立信會計季刊》；設立教育機構，並從普及到提高，首先創辦立信會計補習學習、立信會計函授學校、立信高級會計職業學校，其後發展到立信會計專科學校。這樣就形成了潘氏的「事務所、會計學校、出版社」三位一體的模

式，體現和擴展了他引進西方會計理論、改良中國會計的思想。在立信會計師事務所對工商業會計的指導和在立信會計學校學生在工作崗位所作的貢獻下，工商業者逐步的改變了習慣，越來越多的工商業採用新式會計。潘氏爲中國的會計事業奮鬥了一生，做出了傑出的貢獻，會計界的後輩尊他爲「中國會計之父」。他一生著作極豐，專著（包括譯著）40 多部，學術論文百餘篇，至今仍有深遠的影響。

對於徐永祚的《改良中式簿記概說》一書和《會計雜誌》改良中式簿記專號，潘序倫特撰文《爲討論「改良中式簿記」致徐永祚君書》，刊於《立信會計季刊》1934 年 2 卷 4 期，針對改良大綱十條的前四條逐一進行評論、商討。主要觀點如下：

（一）討論「中式簿記」與「西式簿記」對峙的觀點

潘氏指出以「中式簿記」與「西式簿記」相對峙，只是採用了一般通俗意義，而不是由科學眼光得到的結論。他說：「至於簿記一科，若以書寫有橫直之分，字體紙張有中西之別，而謂之曰若者爲中式，若者爲西式，若者爲舊式，若者爲新式，則仍係從風俗習慣上立論，而非從科學之原理原則立論也。」〔註 30〕而從科學角度來看，簿記只有可以結算損益的簿記與無從結算損益的簿記，以人名賬爲主的簿記與不以人名賬爲主的簿記，以現金爲主的簿記與以財產爲主的簿記，單式簿記與複式簿記等區別，而沒有所謂中式簿記與西式簿記、新式簿記與舊式簿記之分。也就是說，所有的簿記都應該遵從科學的原理原則，彼此固無二致，何來中外新舊之分？

所以，潘氏說：「年來我國各界對於簿記之技術，逐漸進步，中外一致，轉瞬可期，而吾兄於改良簿記進行順利之時，特別提出所謂『中式簿記』者，加以改良，以求其與所謂『西式簿記』者永成對抗並立之勢，是則與『科學統一』之原則，似有不符也。」〔註 31〕

（二）討論簿記書寫之法及其影響

潘氏主張簿記橫寫，雖說橫寫直寫在理論上都可以成立，但是從科學的立場來看，取捨標準應該以何者便利爲依據，而不必拘泥於習俗。他認爲大

〔註 30〕潘序倫：《爲討論「改良中式簿記」致徐永祚君書》，《立信會計季刊》2 卷 4 期，1934 年 4 月 1 日，第 204 頁。

〔註 31〕潘序倫：《爲討論「改良中式簿記」致徐永祚君書》，《立信會計季刊》2 卷 4 期，1934 年 4 月 1 日，第 205 頁。

規模的企業機構，賬簿記錄甚繁，必須應用種種專欄，以便計算金額總數，節省過賬手續，這是簿記上的一大進步，是發展趨勢。對於徐永祚主張賬簿直寫，不設專欄，而用統馭賬戶將各項日記簿細加分割，另設日記簿的做法，潘序倫表示不贊同。他認為，日記簿的主要作用在於將一企業的各項交易，按照其發生時間先後總記於一簿，且將一項交易總記載於一處，以便按時可以查閱交易發生的先後及關係。所以通常情況下，日記簿只有三、四本，這才能運用方便，如果分割過細，就無法發揮日記簿的重要作用了。他提出不要為了「保存國粹」的虛名而堅持直寫，因為記賬過賬過程中，橫寫更加簡便易行是顯而易見的。

最後，潘氏的結論是：「吾人對於記帳方法之設計，自亦應嚴守經濟學之原則，以最小勞力獲得最大效果為主旨。今有良好簡潔之方法而不採用，而另立其他較為繁複之方法，實為弟所不敢贊同也。」〔註32〕

（三）討論現金收付記賬法

現金收付記賬法是改良方案的最主要特色，也是潘氏最難以附同的焦點。潘氏認為以現金收付為記賬基礎在確定現金交易收付上固然簡便容易，但在非現金或轉賬交易上卻比複式簿記更為複雜困難，且不符合「會計應表現事實」的會計原則。他舉了一個例子：機器折舊 1000 元，用現金收付法分錄為：收機器 1000 元，付折舊 1000 元。機器已經耗損，怎麼能說是收？機器的服務已經取得，怎麼能說是付？所以潘氏認為在以前商業不發達、財產仍以現金為主時可以適用現金收付法，但在商業經濟日益發達、交易日益複雜趨勢下現金收付法則不再適用。這也是以現金為主的簿記法在其他國家逐漸被淘汰的原因，越來越多的國家記賬改以科目為主。

潘氏還否定了徐氏所謂現金最可寶貴、所以仍可以作為記賬基礎的觀點，他說：「鄙意總以為所貴忽有會計者，在能表示交易之真相而已，對於事物之可寶貴與否，不應過問。倘所收者實非現金，而記之為收，所付者實非現金，而記之為付，此種簿記方法，無論如何，終非科學的簿記方法也。」〔註33〕

〔註32〕潘序倫：《為討論「改良中式簿記」致徐永祚君書》，《立信會計季刊》2 卷 4 期，1934 年 4 月 1 日，第 207 頁。

〔註33〕潘序倫：《為討論「改良中式簿記」致徐永祚君書》，《立信會計季刊》2 卷 4 期，1934 年 4 月 1 日，第 208 頁。

況且，改良派主張的收付簿記，並非以現金收付爲主體，而是以現金的價值收付爲主體，仍然是以科目爲主，與借貸原理相同，只是方向相反而已。不但熟悉我國傳統賬理的商人不能理解現金本身總數爲什麼要反其方向過入總賬，連通曉複式簿記原理的記賬員也不知道緣由。既然收付簿記法在理論上沒有較優越的根據，在實施時也沒有改良派所認爲的通俗易曉，就應該全面推行複式簿記，與世界商業習慣趨同，以求得彼此業務上的便利。

（四）討論四柱結算法與複式簿記之平衡試算法

潘序倫也不贊同徐氏「四柱結算法功用之大無與倫比」的觀點，認爲四柱結算法不同於四柱清冊的做法，除以現金爲記賬基礎外，其原理與通用的試算表倒沒有什麼區別，可以看作是試算表的一種變形，或者稱它爲六欄式試算表。試算表可以分爲二欄、四欄、六欄、八欄，不能說四柱式結算表（六欄）的功效大於二欄試算表。那麼，八欄式試算表不但可以反映收付或借貸情況，而且可以表示資產負債和損益數額，它的功效豈不大於四柱結算表？而且，普通試算表的主要作用只是檢查過賬工作有無錯誤，並不賴以表示企業財務情形和營業過程。所以不能將四柱結算法和試算表相提並論，並認爲其功用更大。

除對改良大綱前 4 條有異議以外，潘氏也坦陳對其他改良要求的看法。他說：「除上述四項以外，尊定改良大綱第六條，主張仿照複式簿記，將各賬簿訂定格式，編定頁數，並每本賬簿均附詳細登記法；第八條主張依照覆式簿記，確定帳戶名稱，並明定適當之分類；第九條主張參用複式簿記，嚴密規定賬簿之組織系統；第十條主張根據複式簿記，訂定記帳規則。凡此數項，均爲對於我國原有簿記之種種缺點，一一採納複式簿記之原理原則，加以改良，弟當十分同意。至於第七條主張改用戳記，於學理上無多大關係，弟亦不必異議。惟賬簿格式，依據上述第二項理由，弟主應以橫寫及採用世界一致通行之亞拉伯字爲原則，如遇可適用直寫而無妨礙時，或亦不妨例外採用，要不能以直寫爲主體。又賬簿組織系統，依據第二項理由，鄙意以爲應以採用統馭帳戶制度爲適當也。」〔註34〕

綜上，潘氏總結了對於改良中式簿記的看法，他說：「總之我兄服務社會，改良會計之熱忱，深足欽佩，惟弟總以爲『改良中式簿記』似只能認爲改良

〔註34〕潘序倫：《爲討論「改良中式簿記」致徐永祚君書》，《立信會計季刊》2 卷 4 期，1934 年 4 月 1 日，第 210 頁。

簿記運動中之一種過渡辦法，而不可視爲有學術上之價值，僅能視爲小商號不得已之補救辦法，而不可作爲普遍之宣傳。若宣傳逾分，則恐將使眞正科學之簿記方法，反有妨礙推行之慮矣。」〔註35〕總的看來，潘氏的觀點具有歷史的遠見性，他在理論上堅持科學精神，不隨波逐流，同時也審時度勢，肯定改良中式簿記的重大作用。他以發展的眼光看待這場論爭，提出改良中式簿記是中國簿記理論走向完善合理的過渡，採用借貸簿記法是必然的趨勢這一觀點是非常恰當的，適應中國實際情況，也符合理論發展演變的客觀規律。

同徐永祚做法一樣，1935 年潘序倫也收集改革派各位專家論文，彙編成《「改良中式簿記」之討論》，由立信會計師事務所發行，該書同樣也成爲中國現代會計學術發展史的重要印證，下文中其他改革派人物原載於《立信會計季刊》的論文均被收錄於此書。

二、顧準的中國會計改革思想

顧準（1915～1974），上海人，13 歲入立信會計師事務所當練習生，在潘序倫直接指導下工作。他從學徒做起，邊學邊做，後來成爲銀行會計的專家，著有《銀行會計》（1934）、《中華銀行會計制度》（1939）等著作，是我國自學成長的會計學家的典範。1950 年曾任上海市財政局局長兼稅務局局長，後調北京，從事會計研究工作，陸續寫出《會計原理》等不少著作。

顧準認爲改良中式簿記是當時中國簿記法走向完善合理的一個過渡時期，較改良之前的會計理論已經完善很多，所以不應排斥。但是，他也認爲從科學的角度看，借貸理論是現實社會制度下最爲完備合理的簿記理論。所以，他說：「在過渡時期固然可以採用舊時收付理論，但決不能以爲這可以永久適用。我們必須期待借貸理論之普及，使收付簿記完全廢除而代以借貸簿記。否則會計理論不能昌明，會計學術之進步難期了。」〔註36〕

由此，顧準一面肯定改良中式簿記在過渡時期的重要作用，一面從收付簿記理論和賬簿組織兩個方面考察其必然被借貸賬簿所替代的趨勢。

改良派認爲交易的記載固然根據現金收付或假定作爲現金收付這一事

〔註35〕潘序倫：《爲討論「改良中式簿記」致徐永祚君書》，《立信會計季刊》2 卷 4 期，1934 年 4 月 1 日，第 211 頁。

〔註36〕顧準：《評徐永祚氏改良中式簿記》，《立信會計季刊》2 卷 4 期，1934 年 4 月 1 日，第 217 頁。

實，而每一個科目之所以要過賬，則是爲了表明現金收付的原因及去路。這種主張是與借貸理論中認爲每一交易的記載都是爲了要表明資產負債資本的增減及現狀不合的。改良派極力排斥借貸理論而企圖樹立收付理論，不承認借貸理論是合理的，反而認爲收付理論是合理的，這是不客觀的。顧氏說：「事實上每一交易，恰巧全部是資產負債的變動，因此決定如何記載交易，決不能與資產負債表分離的。」〔註37〕

顧氏總結了收付理論的兩個中心點，並一一進行批駁。中心點一是把一切交易都看作以現金爲中心，所有資產負債資本的增減都認爲是現金價值的增減。但事實上交易並不是以現金爲中心，因爲隨著信用制度的發達，現金使用已經大大減少。而企業運行時，一切資產負債資本的賬面價值是進行價值，而非現金價值。現金價值是指即刻變爲現金的價值，但這種價值卻是清算價值。所以一切交易所影響於資產負債資本的價值，都不是現金價值。

中心點二是認爲一切交易的記載是記載現金收付的來源及去路。這不能不說是抹殺了客觀事實。實際上，僅有消費機關的交易是這樣的，而工商機關則決不是這樣的。記載企業交易是爲了記載企業的資產負債資本的變化，因此每一記載都與企業的資產負債表相關聯。改良派對於簿記記載的出發點應該是企業的資產負債資本這一點根本沒有注意到。

顧準認爲改良中式簿記中的賬簿問題包括了互相聯繫的三個方面，即原始賬簿的無限分割、普通總賬的廢止及利用四柱結算表去代替普通總賬統馭各輔助總賬。原始賬簿的分割是因爲中式賬簿不能多設特殊欄，所以依各種分類方法使每一類交易設立一冊原始簿；普通總賬的廢除是爲了迎合中式簿記向來不用統馭賬戶及普通總賬的習慣；利用四柱結算表做月結表、日記表及總日記簿以後，便可以用四柱結算表代用爲普通總賬。這是改良派賬簿組織上最重要的幾點。顧氏個人認爲，這種組織方法是成功的，但並不僅僅是所謂中式簿記的方法，在普通借貸簿記中也可以應用，而且已經應用的很多了。

對於四柱結算表，顧氏仍有疑義。首先他否認四柱結算表是根據我國舊時官廳的四柱清冊演變而來。因爲舊式的四柱清冊是消費機關的現金收支報

〔註37〕顧準：《評徐永祚氏改良中式簿記》，《立信會計季刊》2 卷 4 期，1934 年 4 月 1 日，第 220 頁。

告，而徐永祚的四柱結算表也就是當時中國銀行所用的新式總賬，是日記簿總賬合併的產物，形式上採取了分期的合計差額試算表的形式，表現企業各賬戶的變化及現狀，與四柱清冊完全無關。其次，考察當時中國銀行所應用的新式總賬，並沒有列出「上期差額」一欄。因爲上期差額可以根據上期的月計表日記表查出，事實上沒有必要經過一次重複抄寫的手續。若不計「上期差額」一欄，四柱結算表需要重新定義命名。

總的看來，顧準的觀點與潘序倫的觀點大致相同，都具有歷史的前瞻性。相比較而言，顧氏更加強調改良中式簿記作爲過渡階段的重要作用，同時也明確提出採用借貸簿記法是必然的趨勢這一觀點。這是在理論分析比較基礎上，醍醐建翎的進行總結概括，是思想上的進一步昇華。

三、張心澂的中國會計改革思想

張心澂（1887～1973），宇仲清，號冷然，廣西臨桂（今屬桂林）人，交通會計專家。他長期供職於郵傳部（清政府）和交通部（北洋及民國政府），歷任交通部路政局會計科副科長、科長，鐵路會計司總務科科長，郵政司通阜科科長，總務廳綜覈科科長，交通部僉事等。先後出版《交通會計》（1934年）與《鐵道會計》（1936年）兩本專著，對近代中國交通、鐵道會計事業的形成與發展，具有開創性的意義。

在徐永祚推行中式簿記改良初期，張心澂曾撰文《未改良的中式簿記備具已進化的西式簿記的優點》一文，刊於《會計雜誌》，對於原來中式簿記的組織頗加讚美。後又撰文表示「前所讚美者只其組織，今研究之結果，以爲其組織雖善，而其根本法則尚有改革之必要。」「我國簿記宜根本改革以應世界潮流。」〔註38〕張氏坦陳自己不是改良中式簿記的信徒，但也不反對改良，而且很多地方給予肯定。

他總結了徐永祚改良中式會計的特點，他說：「大都係採西式之長，以補中式之短，可謂與西式同一趨向；所不同者，即徐君所謂不過直式與橫寫，華文與西文，收付與借貸而已。……研究徹底改革者，亦即在此三點也。」〔註39〕

〔註38〕張心澂：《對於改良中式簿記之管見》，《立信會計季刊》2 卷 5 期，1934 年 4 月 1 日，第 40～41 頁。

〔註39〕張心澂：《對於改良中式簿記之管見》，《立信會計季刊》2 卷 5 期，1934 年 4 月 1 日，第 43～44 頁。

張心澂詳盡的研究了直式與橫寫、華文與西文的不同之處。從實際出發，再三比較，指出用阿拉伯數字最為便利，但應用於直式中始終覺得不倫不類，實在不如痛快改用橫式書寫阿拉伯字，既方便快捷又整齊明晰。而且，我國可以仿造西式筆墨紙張文具等，正可以大加鼓勵生產。新式簿記用阿拉伯字橫寫，仍然可以用本國仿造的紙筆文具。

對於收付與借貸的研究，張心澂從記賬思想為主觀還是客觀的角度出發，認為客觀的更合於科學精神，容易得到真理。他指出：中式簿記並不是純粹主觀的，但文字上理論上不一貫；改良的中式簿記是純粹主觀的，但理論上欠圓滿；西式簿記並非純粹客觀的，可由客觀主觀組成。一個交易的發生必須有兩方面，否則不能成立，即有主必有客，有客必有主，亦即有借必有貸，有貸必有借，這就是西式複式簿記法。以此來支持借貸理論。

因為張氏是交通會計的專家，他另外撰文專門討論四柱結算表與鐵路總原簿的異同。他反對徐永祚對四柱結算法的如下評價：「改良中式簿記所用之四柱結算法，理論自然，方法簡便，效用之大，罕與倫比。西式簿記中尚未見有此種結算法，不僅中式簿記有採用之必要，即在西式簿記，亦有仿行之價值也。」〔註40〕張氏指出我國鐵路很早就採用西式簿記，其中總原簿與四柱結算表極其相似，而且經過考察他得出結論：「此簿亦非民四時始創造，其應用在民四以前，距徐君發表四柱表之甚早矣。」〔註41〕只不過因為鐵路會計屬於專門會計，所以其中理論被會計界所忽視而已。

張氏舉實例比較了四柱結算表和總原簿。如下表 4-2 是張氏例舉的徐永祚設計的四柱結算表〔註42〕，表 4-3 是鐵路部門的總原簿〔註43〕。

〔註40〕　徐永祚：《四柱結算之方法及其理論與效用》，《會計雜誌》3 卷 1 期，1934 年 1 月 1 日，第 21 頁。

〔註41〕　張心澂：《四柱結算表與鐵路總原簿之異同》，《「改良中式簿記」之討論》論文集，潘序倫編，立信會計師事務所發行，1935 年 1 月初版，第 66 頁。

〔註42〕　張心澂：《四柱結算表與鐵路總原簿之異同》，《「改良中式簿記」之討論》論文集，潘序倫編，立信會計師事務所發行，1935 年 1 月初版，第 67 頁，經過改編，表格中帳戶欄空白格代表省略了一些科目。

〔註43〕　張心澂：《四柱結算表與鐵路總原簿之異同》，《「改良中式簿記」之討論》論文集，潘序倫編，立信會計師事務所發行，1935 年 1 月初版，第 68～72 頁，經過改編，表格中波浪線代表省略了一些科目。

表 4-2 徐永祚設計的四柱結算表

結餘	總計				附業股款	器具用品	裝修設備	開辦費	出票	應付帳款	存入定銀	盈餘滾存	各項準備	公積金	資本	帳戶		月記表
																收項	上月結餘	中華民國
																付項		
																本月共收		年
																本月共付		月
																收項	本月結餘	日
																付項		

表 4-3 鐵路部門的總原簿

中　華　國　有　鐵　路　線
民國　　年　　月份總原簿

則例項目	類別	開帳結餘		本月份借方各數	本月份貸方各數	截帳結餘	
		借方	貸方			借方	貸方
1	2	3	4	5	6	7	8
		元　角分	元　角分	元　角分	元　角分	元　角分	元　角分
平－6	資金資產 路線及設備品 原價 第一款建築 帳						
資－1	總務費						
資－2	籌辦費						
資－3	購地						
資－4	路基築造						
平－6－1	路線及設備品 原價						
平－6－2	其他有形產業 之原價						
進－1及進－2	旅客業務						
進－3及進－4	貨運業務						
進～5	渡船業務						
用－1	總務費						
用－2	車務費						
	總計						

分析張氏所列的四柱結算表和國有鐵路總原簿可以發現二者的異同。從形式來看，二者一為橫式，一為直式，但四柱結算表的「帳戶」一欄就是總原簿的「類別」一欄，「上月結餘」即「開帳結餘」，「本月共收」即「本月份貸方各數」，「本月共付」即「本月份借方各數」，「本月結餘」即「截帳結餘」，不過所用名稱稍有差異。而總原簿多列了一項「則例項目」，用來表示各類項目的次序，所以看起來更加有條理一些。

從實質來看，四柱結算表編製方法有兩種：第一種是將銀錢日記簿中每天所結出的共收共付數反其收付記入四柱結算表現款下本日共收共付欄內；第二種是將銀錢日記簿的結數根本不記入四柱結算表，僅根據四柱表軋算出結餘。因為會計人員難以理解反其收付過賬編表的理由，所以徐永祚已經修正第一種而改用第二種方法。而總原簿的編製方法與第一種方法更為相似，現金科目也包含在內，可以囊括全賬統轄全賬，而現金無需反其收付入賬。四柱結算表依據謄清賬編製，而總原簿採用的是從分錄賬轉入總賬的做法，有普通總賬的性質，可以作為統轄賬、試算表、報告等，作用更加顯著。而且，總原簿的採用使得謄清賬失去價值，可以節省手續和費用。

張氏的這一比較與會計實務聯繫緊密，豐富了會計理論，為會計學者的進一步研究提供了思路。同時，他也強調「發明家彼此在異時異地不相謀而有同種之發明，誠為事實上之可能，固不能謂後出者即係脫胎於先出者。」〔註44〕所以，張氏是很客觀的看待四柱結算表與總原簿的異同問題，只是藉此反駁徐永祚認為四柱結算表無與倫比，西式簿記也應仿行的觀點。這一比較也為中西簿記法的溝通和聯絡做出了重大貢獻。

經過研究，張心澂還具有創見性的明確提出了改良中式簿記應用的範圍和時期，觀點非常新穎，是用發展的眼光看待問題。他認為應儘量將用舊式簿記者全部改為使用改良中式簿記；已經採用西式簿記的自然沒有必要捨棄西式簿記而使用改良中式簿記，而願意改用西式簿記的，也不應強加於改良的中式簿記。此時徐永祚正致力於改良中式簿記的推行，如果同時將西式簿記廣泛推行，會使人不知所措，迷惑不解。所以，此時只能將改用西式簿記方法提出研究，並不能立即實行。待改良中式簿記已經推廣，為人接受後，一切手續與西式類似，就可以廣為推行西式簿記法，與世界通行。

〔註44〕 張心澂：《四柱結算表與鐵路總原簿之異同》，《「改良中式簿記」之討論》，潘序倫編，立信會計師事務所發行，1935 年 1 月初版，第 67 頁。

四、錢迺澂的中國會計改革思想

錢迺澂，同顧詢合作著有《查帳報告書及工作底稿》（1936），編寫《審計問題》（1947）和《審計問題答解》（1947），爲我國審計理論的發展做出了一定的貢獻。

對於徐永祚改良中式簿記的運動錢氏表示欽佩，但對於其改良中式簿記的理論和手續，認爲還有充分討論的餘地。他針對徐氏總結的改良四大特點，即收付簿記法、賬簿分割法、統轄記賬法和四柱結算法分別加以評論，以資會計學者商榷。

對於收付簿記法，錢氏認爲主要問題在於理論不一貫，收付形式矛盾，收付事實相反。收入款項登入日記簿收項，卻過入謄清簿付項，編入結算表付項；付出款項登入日記簿付項，卻過入謄清簿收項，編入結算表收項。依照貨品日記簿登記法，凡每日買進的貨品應分別記入該簿上方收項，逐一過入謄清簿各該進貨客戶的收項，只是每日必須將進貨總數過入謄清簿進貨賬戶的付項。同一筆交易，在謄清簿上既表示收項，又表示付項，收付二字雖然只是記賬符號，但形式矛盾，收付事實相反，難以解釋。

對於賬簿分割法，錢氏認爲「於事務分掌上，固自有其長處，而較諸利用多欄式賬簿，其短處實過於長處。」〔註45〕首先，記賬手續繁瑣，賬簿分割越細，登賬手續就越繁瑣。如一筆交易有多種收付目的物，就必須同時記入多種賬簿，記賬與過賬手續重複，時間與勞力都不經濟。其次，一筆交易按不同收付目的物記入數種日記簿，於是每種日記簿上均不能表示整個交易，即使在謄清簿上也不能明顯表示整個交易。再次，賬簿分割法分割越細功效越大，但所需賬簿越多，費用也就越大。錢氏指出近世企業家都應先儘量利用多欄式賬簿記賬，在實務分掌上必要時才開始利用賬簿分割法登賬，因爲不但可以大大節約賬簿印刷費用，還可以減少雇用簿記員的費用。

對於統轄記賬法，錢氏說：「徐君之統轄記帳法，不能盡統轄之能事，且編表手續繁難，較諸近世簿記中之通行統轄記帳法，實有多方面不及之處。」〔註46〕由於徐永祚規定的賬簿組織中，自第一組織至第三組織，都沒有必須編製日

〔註45〕 錢迺澂：《對於徐永祚君「改良中式簿記」之批評》，《立信會計季刊》2 卷 4 期，1934 年 4 月 1 日，第 231 頁。
〔註46〕 錢迺澂：《對於徐永祚君「改良中式簿記」之批評》，《立信會計季刊》2 卷 4 期，1934 年 4 月 1 日，第 232 頁。

記表的規定，只在每月底編製月計表和賬戶結算表時，才能表示出餘額。而多欄式日記簿或總清賬中的統馭賬戶，其可以隨時在賬戶上反映。且編製日記表和月計表計算困難，手續重複，查對困難。由於分割賬戶，採用各賬戶結算表，則各賬戶所屬的各客戶或細目繁多，分別項目結算，多有不便。為方便計算，非將日記簿中同一項目分別逐筆抄錄於一處，手續重複。如有錯誤，也沒有簡便的方法可以查對，只能將全部賬目重行覆算查對。

對於四柱結算法，錢氏認為四柱還不能起到全面比較會計經過的作用。四柱中「本期共收」、「本期共付」表示本期會計經過情形，但事實存在轉賬，共收共付就不能正確表示會計經過情形，更不能與其他期間的共收共付作正確的比較。而四柱結算法不能反映現金，只反映現款的共收共付數，與提倡的現金收付記賬法原理不符。

總的來說，錢氏主張借貸記賬法以科目為主。他說：「惟記帳方法，須應用借貸原理，以科目為主耳。蓋以科目為主之記帳法，理論一貫，運用自如，可謂已為全世一致採用，我國自宜提倡一致之方法，以求彼此業務上之便利也。」〔註47〕錢氏在理論分析上與其他改革派大致相同，並沒有什麼特別標新立異之處。但是他撰文名為《對於徐永祚君「改良中式簿記」之批評》，這體現出他主觀上是反對改良的，並沒有意識到改良運動可以作為全面完善我國會計理論的過渡。他積極支持採用西方複式借貸方法全面改革中國簿記，這也代表了一部分改良派較為偏激的想法。

五、李雲良的中西會計溝通思想

李雲良，其《中西會計溝通問題》一文刊登於《立信會計季刊》2 卷 6 期，後被潘序倫收錄於《「改良中式簿記」之討論》一書。

可以看出，李氏對於西方會計和中國會計都是很有研究的。他說：「會計的使命是在明確記載每一事業或實體（Business Entity）的財務狀況，及其增減變化的經過，以為管理業務的根據。所以它是一種實用的科學，也可說是一種測度經濟學（Mathematical Economics）。依照美國學者的說法，會計可分為三類，第一是設計會計（Constructive accounting），即普通所稱的會計學；第二是記錄會計（Operative or recording accounting），即簿記術；第三是檢查會計（Inspective

---

〔註47〕 錢迺澂：《對於徐永祚君「改良中式簿記」之批評》，《立信會計季刊》2 卷 4 期，1934 年 4 月 1 日，第 236 頁。

or analytical accounting），即審計學。目前西洋各國對於會計學識的探討，一天一天進步，分門別類，燦然大備。反顧我國，則固有的簿記法還不甚完全，什麼設計、檢查，簡直無從談起。這是因為物質文化落後，經濟關係簡單所致。」〔註48〕李氏吸收了西方對於會計的理解，將會計、簿記、審計做了大致的分類，較其他學者單純就改良中式簿記談簿記而言，範圍得到了有效的擴大，對會計理論的研究更加有層次性，更加深入一步。他還分析了中西會計發展情況，找到我國會計落後於西方的本質原因，這些觀點都是正確的，有啓發性的。

他認為西洋賬式的理論是以方程序說（Equation theory）為理論依據的，即兩方價值相等的學說，這是西洋簿記的中心思想。中國會計的原則是站在主觀的立場，以現金收支為主，而中式簿記的缺點就因為徹頭徹尾只記現金，無法概括各種交易。他說：「我以為中國會計的缺點，在精神而不在形式。所以要謀改革中國會計，不在於直線橫線或中紙洋紙的爭辯，而在於精神上獲得一徹底之解決」。〔註49〕李氏的態度是明確的，他認為西洋會計是先進的、值得學習的，中國會計是較為落後的、存在種種缺點，而重要的是把握會計理論的本質。

為了解決問題，李氏從簿記、會計和審計三個方面分析了我國會計的缺點。從簿記方面看，缺點主要是賬簿組織不整齊、賬目分類不妥當、記賬單位不統一、結賬不能雙方自平衡、賬目單據不受重視；從會計方面看，缺點主要是偏重現金基礎、忽略損益計算、忽視物品會計、不重財務行政、缺乏適當的結算辦法；從審計方面看，缺點主要是沒有內部稽核制度、公款公物隨意流用、不用會計師查賬。

針對這些缺點，李氏也論及了自己對於溝通中西會計的一些意見。他認為會計是一種實用科學，只應有優劣之分，而不應該有中西的鴻溝。只要具備精密準確、明顯清楚、辦理迅速、手續經濟、嚴防舞弊等特點的會計都可以稱為優良的會計。他認為採用複式簿記來達到自相平衡的目的是必要的，同時還要做到賬目合理分類、賬簿組織規範、採用賬目憑證制度、確立應收應付基礎和損益計算標準、改革財務管理制度、統一記賬單位等。同時，他也認為四柱清冊和直式賬簿也都有可取可用之處。

〔註48〕 李雲良：《中西會計溝通問題》，《「改良中式簿記」之討論》論文集，潘序倫編，立信會計師事務所發行，1935 年 1 月初版，第 81 頁。

〔註49〕 李雲良：《中西會計溝通問題》，《「改良中式簿記」之討論》論文集，潘序倫編，立信會計師事務所發行，1935 年 1 月初版，第 82 頁。

李氏溝通中西會計的宗旨是：「我們不可不急起直追，來肩挑溝通中西會計、普化會計法則的責任。一方面儘量地採取西洋會計的長處，一方面再參酌我國會計固有的優點，在不妨害統一的科學原理與經濟的治事效能兩大前提之下，融會出一種適用的會計方式來，藉以維新管理的方法，並促進社會的健全。這實在是一個當務之急！」〔註50〕

鄭州航空工業管理學院劉常青教授將李氏思想劃分在改良派和改革派之外，認爲其主張會計不應有中西之分，所以屬於力量微弱的調和派。〔註51〕筆者不同意劉教授對於李氏思想作用的評價，認爲這種對中西簿記同等對待，並從二者中吸收精華來改變我國會計落後狀態的思想對我國會計思想的發展起了很大作用。潘序倫也曾指出同爲會計理論，「中式」、「西式」的提法不妥當，二者不應是對峙的關係，這裏也兼有中西會計溝通的思想。而李氏的主旨在於找到中國會計的缺點，學習西方先進的會計理論。在他的論文中僅提到中國會計中四柱清冊和直式賬簿有可取可用之處，其他他均向西方會計理論看齊。所以，筆者認爲將李氏會計思想歸入中國會計改革派也是有道理的。

第四節　會計改良與會計改革之爭的影響及啓示

會計改良派與改革派的爭論影響深遠。最直接的影響是在會計方法上形成了西式簿記和改良中式簿記並存的局面。西式簿記多爲大、中型新式企業所採用，改良中式簿記則爲中、小企業所偏愛。據有關資料顯示，到 1947 年還有 80%以上的工商業採用收付簿記法，充分顯示了改良中式簿記的生命力，但比起改良中式簿記思想以及引進改革會計思想提出之初的 90%以上比例還是下降不少，這種下降也顯示了借貸簿記正逐漸被人們所接受。

對於中國會計改良和改革之爭，國民政府的財計部門處於一種兩可的狀態之中，他們一方面在《統一會計制度》中確定採用借貸複式簿記，另一方面又承認商家和其他企業可以採用改良中式簿記，並在高級商業職業學校第三年的課程安排中明確規定開設「改良中式會計」課程。顯而易見，國民政府財計部門所持的這種態度正是改良中國會計之爭在其內部的反映。直到抗日戰爭爆

〔註50〕 李雲良：《中西會計溝通問題》，《「改良中式簿記」之討論》論文集，潘序倫編，立信會計師事務所發行，1935 年 1 月初版，第 96 頁。

〔註51〕 劉常青：《中國會計思想發展史》，西南財經大學出版社 2005 年 5 月第 1 版，第 160～161 頁。

發，上海淪陷，不少企業內遷，會計師事務所處於停業狀態，各類雜誌隨即停辦，這場改革中國簿記運動方告段落，兩派的爭論也逐漸告一段落。

爭論雖然被戰爭打斷，但中國會計思想仍在緩慢的發展著。改良中式簿記爲克服先天帶來的不便，正逐漸向借貸複式簿記靠攏。在形式上，逐漸改變了使用國產紙、以毛筆爲書寫工具、寫中國數字或廣式數碼、由右向左書寫的習慣，而代以使用洋紙、鋼筆、寫阿拉伯數字、自左向右橫行書寫。在內容上，逐漸改變了以四柱及其相互關係對企業全部經濟活動進行總括反映的傳統，而代以按資產負債、損失收益的關係進行賬務處理和賬目平衡的做法。在實務中，改良中式簿記逐漸演變成了兩種收付記賬法：一是現金收付記賬法，以借爲收，以貸爲付，收方列左，付方列右，其法與借貸記賬法相同。這種記賬方法最初應用於銀行業，解放後被人民銀行沿用。另一種是反收付記賬法，以貸爲收，以借爲付，其法也與借貸記賬法相同，只是記賬方向相反，解放後財政部頒佈的預算會計制度曾使用該法。

改良和改革兩大學派的爭論，既有成功經驗傳諸後世，又有許多精闢的論述影響未來，他們對於中國會計的改良都作出了巨大貢獻。由於兩派在理論辯爭的同時，都積極付諸實踐，帶來了這個時期中國會計的繁榮與發展。西式複式簿記的引進、新式會計制度及方法在大中型企業的推行，使我國工商企業的會計面貌煥然一新，加上改良中式簿記在各中小型企業的運用，從根本上改變了我國的會計習慣和方式。這場爭論推動了會計法制化的進程，同時促進了會計師事業的發展、會計教育事業以及會計出版事業的發展。從實質上講，這次論爭對活躍中國的會計學術思想，推動會計科學的發展，改善會計核算的技術水平，加強工商企業的經濟管理，提高會計信息的質量和發展會計教育等方面所起到的積極作用，遠遠地超過了這場爭論內容的本身，從而也爲中國會計科學的發展注入了一股新的活力。

所以，儘管這次會計學術之爭以雙方各執一詞而告終，但這次爭論對截至70年代末期中國會計科學發展所起的作用卻是非同尋常的：一是它將會計學正式作爲一門學科納入了學術爭論的範疇，從而使會計科學的學術地位得以初步確立；二是它向會計學術界直接地提出了一個中國會計科學發展道路的選擇問題，即對國外先進會計科學是排斥還是引進、借鑒和吸收。應該說兩派的觀點各有偏頗，但對會計學術界卻起到了重要的昭示作用，它促使會計理論工作者開始跳出「閉關鎖國」的思維框框，去正確地面對現實會計問題；三是從科學

發展的規律上看，缺乏比較、爭論和競爭的科學，是既沒有生命力，也不能使人心悅誠服的。因此，會計科學要發展，就需要有一個寬鬆的環境。

當然，由於歷史的局限性，兩派在討論改良會計問題中都在一定的程度上存在著片面性，所以也應該加以總結以吸取歷史的經驗和教訓。

首先，改良派對中式簿記所作的改革是不徹底的。他們思想過於守舊，主張發揚「國粹」，不願接受甚至排斥西方先進思想。他們過高估計了中式簿記的長處，過多強調繼承中式簿記的長處，講究形式上的改良，而忽視從根本問題入手，致使改良大綱中確實存在自相矛盾的地方，將一些中式簿記的短處也保留下來，沒有進行全面有效的改革。因為習慣改變或舶來品成本過高等困難，不惜主張複雜的手續進行改良，難免顧此失彼。

其次，改革派以借貸複式簿記的理論與方法為前提，通過全面的引進達到改革中國會計的目的，出發點是值得肯定的。因為借貸複式簿記是近代社會經濟發展的產物，在本質上要優越於中式簿記。但中式簿記經過幾千年的發展，不僅形成了自己的方法體系，而且具有自己的特點。改革派應該認真總結其優缺點，肯定其可取之處，而不應完全持否定態度，斷言完全廢除，這種認識過於偏激，應該看到改良中式簿記所產生的影響也是深遠的。

再次，縱觀整個社會經濟發展，改革派所產生的影響和影響範圍確實遠遠超過改良派。而中國會計發展的歷程也充分證明改良派對於引進新式簿記理論和方法確實做出了重要貢獻。所以，改革派把「改良中式簿記」看作整個改良中國簿記運動中的一種過渡性辦法，認為未來絕大多數企業將會採用借貸複式簿記，這無疑是一種具有遠見卓識的看法，是改良中式簿記探索過程中的一種實用方法。

第五節　會計思想的西學東漸研究：以《會計雜誌》為中心的考察 [註52]

資本主義社會的規模化生產方式，決定了其對會計的依賴和重視程度。

〔註52〕參見宋麗智：《近代會計思想的西學東漸研究——以〈會計雜誌〉為中心的考察》，《中國經濟史研究》2010年第4期。近代會計思想的西學東漸是一個龐大的課題，本節以《會計雜誌》為中心進行考察，這是一個嶄新的研究視角，通過梳理《會計雜誌》中對西方會計思想的翻譯與評介、學習與運用等內容，以期管窺近代會計思想西學東漸的脈絡。

相較於還以手工業和農民分散生產爲主的中國，近代西方資本主義國家的會計發展明顯具有超前性，自然而然地成爲近代中國會計發展可資借鑒的對象。馬克思在《資本論》中說，生產「過程越是按社會的規模進行，越是失去純粹私人的性質，作爲對過程的監督和觀念上的總括的簿記就越是必要」。〔註53〕近代西方資本主義生產的規模化特徵，決定了西方會計制度和思想相較於農耕文明下的中國會計制度和思想具有先進性。

封建社會時期，由於社會經濟長期處於自然經濟的封閉狀態，中國會計一直以隱形的方式存在，會計思想具有一定的保守性和放任性。進入近代以後，隨著中國經濟市場化的推進和現代公司制度的引進，特別是股份有限公司的興起，資本來源和經濟契約日益社會化，中國傳統會計制度無法提供經濟發展所必須的支撐，全面改革勢在必行。於是，中國在「歐風美雨」中開始逐漸接觸、學習西方會計理論，中國會計思想在內憂外患中開始了歷史性的嬗變。

一、近代會計思想西學東漸概觀

清末會計思想的西學東漸最初是通過實務傳播實現的，按照時間順序分爲三個層次。首先是西方人對其本國會計理論的應用。如帝國主義直接開辦的工廠、商行及銀行以及其控制的中國海關、鐵路與郵政等行業，都採用歐美會計理論和方法，這在客觀上在中國經濟體系和中國社會中移植了西方先進的會計制度，爲中國人學習西方會計制度打開了一扇窗戶。其次是中國人主導、西方人實施的會計改革。1897 年 5 月盛宣懷在他創辦的中國通商銀行中，委託經理美德倫（原滙豐銀行大班）和總會計師馬歇爾推行西式賬簿。再次是眞正意義上由中國人自己通過學習西方會計思想推行的改革，這種改革首推 1908 年的大清銀行會計改良嘗試，由歸國的赴日留學生引進了日本的會計制度。

清末西方會計理論在中國的傳播在時間上晚於其實務的傳播，這種超前的會計實踐所提供的經驗教訓成爲後來會計理論傳播的重要基礎條件。1905 年蔡錫勇的著作《連環帳譜》出版，是我國第一部介紹西方複式記賬法的著作。清末的會計學著作還有謝霖的《銀行簿記學》（1907）、孫德全的《理財考鏡》（1910）、《銀行釋義初稿》（1910）以及留學日本東京鐵道學堂學生主

〔註53〕馬克思：《資本論》2 卷，北京人民出版社 2004 年版，第 152 頁。

編的《鐵道全編》（1907）等。這些著作數量非常有限，但在引進西方簿記思想方面起到了開拓性作用，對中國會計思想的近代化也有著極其重要的意義。

北洋政府時期，加強中央集權、緩和財政危機的客觀要求和「依法治計」思潮的興起促成了中國第一部會計法——《民三會計法》。「『民三』會計法是以日本會計法作為藍本擬定而成的，除少數參酌中國實際外，其章節條文分列，與日本相差無幾，其內容之安排，更是大同小異，『不啻日本會計法之譯文』。」〔註54〕可見，會計思想西學東漸與中國近代早期其他人文社會科學一樣遵循著「導源西籍，取徑東瀛」的軌跡。從政府立法的高度對西方會計思想進行傳播可謂一劑猛藥，表達了學習西方會計思想的堅定信念，同時也顯示出其「移植性變遷」的特色。

據《民國時期總書目·經濟卷（上、下）》的不完全統計，北洋政府時期出版的會計、審計書籍有近 40 餘種。譯著主要來自日本，如吉田良三的《會計學》（1917）、守田藤之助的《銀行簿記》（1915）、佐野善作的《商業簿記教科書》（1913）、東奭五郎的《近世簿記法大綱》（1924）等。國人自撰的會計學著作主要有謝霖的《實用銀行簿記》（1916），楊汝梅（予戒）的《最新商業簿記》（1913）、《新式銀行簿記及實務》（1921）、《新式官廳簿記及會計》（1924），徐永祚的《會計師制度之調查及研究》（1923）、《英美會計師事業》（1925）等。當時的會計學家中以留學日本的謝霖資格最老，他在鐵道會計和政府會計方面也有著述，並是我國第一任會計師。

與會計理論傳播相適應，會計實務傳播也有了一定的發展。一批留學歸來的學者，如謝霖、徐永祚、楊汝梅、潘序倫等身體力行，制定了會計師法規，創辦了按西方模式運作的會計師事務所和會計師公會，向社會公眾執行註冊會計師審計、咨詢以及其他鑒證業務。另外，以西方會計為範本的政府會計改革、銀行會計改革、鐵路會計改革等也有了一定的起色。

近代會計思想西學東漸在南京國民政府時期達到了頂峰，傳播方式更加多樣化，傳播內容漸次豐富，傳播範圍也逐漸加深變廣。

首先，1935 年國民政府公佈的《會計法》吸取了美國 1921 年《預算與會計法案》的基本精神，帶有濃厚的美國味道。近代中國會計思想開始了由日本模式向歐美模式的轉變。

其次，會計教育成為會計思想西學東漸的重要途徑。儘管現代會計學教

〔註54〕郭道揚：《中國會計史稿（下）》，中國財政經濟出版社 1988 年版，第 387 頁。

育最早可以追溯到晚清官辦的商科教育，但直到南京國民政府成立以後大學的會計學教育才得到迅速發展。到 1948 年時，設置會計系的綜合性高校超過20 所，在獨立學院中設置會計系科的也有 21 所。這些高校中會計系科的設置基本參照了歐美國家的方式，大多以商學院作為培養會計專門人才的基地。同時，潘序倫的立信會計專科學校、徐永祚會計補習學校，徐忠勤的精英會計專科學校等都以培訓形式積極傳播西方會計思想。

再次，會計理論傳播更加深入，並終於開始大範圍引領會計實務操作。除了譯著、著作以外，會計叢書的出版、會計期刊雜誌的創辦以及會計學會的興起都成為傳播西方會計思想的前沿陣地。據《民國時期總書目‧經濟卷（上、下）》不完全統計列舉，國民政府時期翻譯的會計著作約 34 部。在眾多譯著中，最為著名的是凱斯脫著《會計學原理及實務》（1935）、佩頓著《會計學原理》（1945）、斐南著《會計學原理》（1948）、勞倫斯著《勞氏成本會計》（1948）、陀爾著《陀氏成本會計》（1938）、吉曼著《決算表之分析觀察法》（1930）、吉田良二著《會計學》（1931）等，這些譯著給中國帶來了原汁原味的西方會計理論，為我國會計理論的發展提供了範本。

中國自撰著作、叢書大致分為兩大體系：一類是以潘序倫為代表的全面引進西方會計理論的著作，如潘氏的《會計學》（1938）；另一類是以徐永祚為代表的借鑒西方會計思想來改良中國固有會計理論的著作，如徐氏的《改良中式簿記概說》（1933）。二者都以教材居多，這反映出人們已經意識到學習西方會計理論的重要性以及教育對於發展我國會計的巨大作用。但同時也暴露出一個問題，就是眾多著作內容大致相同，計學專家大多仍處於學習借鑒狀態，缺乏自己獨到的學術觀點。這一時期最有名的會計學家是留學美國的潘序倫。

此外，民國時期也有一些留學海外的博士，博士學位論文選做會計方面的題目。這些論文成為當時學術水平很高的會計學學術成果。如楊汝梅（眾先）1926 年在美國密歇根大學獲得博士學位的博士論文題目為《商譽及其它無形資產》；李焯林 1937 年在美國華盛頓大學獲得博士學位的博士論文題目為《會計視角下的規範與監管：華盛頓地區的建築與貸款關係》；周貽困 1943年在美國伊利諾伊大學獲得博士學位的博士論文題目為《收益費用的會計理論》。以上論文有的達到國際先進水平，如在無形資產研究方面，西方會計學界對於商譽一項在 20 世紀 20 年代是極難處理的問題，一向無定論，在會計

學教科書中也甚少提及。而楊氏的《商譽及其它無形資產》「對無形資產問題提出自己的獨立見解，經美國 Paton 教授在著作中多次提及，遂成為現代會計學中的定論。如此情況在其他經濟學科中是罕見的」。〔註55〕

會計期刊雜誌也成為傳播西方會計思想的重要載體。其中最為著名的是《會計雜誌》、《立信會計季刊》、《公信會計月刊》等，為會計學術爭鳴提供了理想的平臺。

二、《會計雜誌》與會計思想的西學東漸

本書選擇以《會計雜誌》為中心進行中國近代會計思想西學東漸的考察，是一個嶄新的研究視角，這有助於在近代會計思想西學東漸的整體框架下把握住這一新興的傳播方式，更加細膩地梳理會計思想西學東漸的脈絡，並進一步總結其規律與啟示。《會計雜誌》是國民政府時期最為盛行的會計刊物之一，於 1933 年 1 月 1 日由徐永祚會計師事務所創刊發行，每月 1 期，6 期為 1 卷，每卷 50 萬餘字。徐永祚會計師事務所發行 5 卷，後改由中國會計學社

〔註55〕 胡寄窗：《中國近代經濟思想史大綱》，中國社會科學出版社 1984 年版，第 470 頁。

接辦。截止 1937 年因抗日戰爭爆發停刊，共計 8 卷 48 期，刊登論文 600 餘篇。

　　之所以選擇《會計雜誌》作爲研究中心有以下五個理由：一是期刊較之著作具有及時性的優勢，能從時間的概念上準確把握西學東漸的進程；二是該刊以「改良中國固有會計制度，介紹各國最新會計學說」〔註56〕爲其願望，明確了學習西方會計的思路，與研究選題吻合；三是該刊辦刊時期爲 1933 年初至 1936 年底，正值會計思想西學東漸最爲繁盛時期，是該選題研究的重點時期；四是其創刊人徐永祚先生是改良中式簿記的代表人物，該雜誌中體現出來的會計改良思想與全盤西化思想的爭辯最爲突出，線索最爲明晰；五是該研究選題涉及範圍較大，沒有基礎文獻的支持很難立論，而近代會計史料紛繁複雜且良莠不齊，很難在初步研究時就能很好把握，所以縮小範圍，以點代面應該是個比較切合實際的選擇。這種選擇也爲後續研究提供了思路，如以著作爲中心考察、以會計實務爲中心考察、以歸國留學生爲中心考察等。諸多考察的整合必將會還原歷史的眞實面貌，證明中國會計在過去與現在之間，在曾是什麼、現在是什麼、將會是什麼之間是存在相似之處的，從而尋找到會計發展的正確方向。

（一）《會計雜誌》中對西方會計思想的翻譯與評介

　　《會計雜誌》對西方會計思想的傳播包括對西方會計著作、論文的翻譯以及書評、期刊目錄索引介紹等。總的看來，《會計雜誌》上的譯作、書評等並不能全面反映出的西方會計思想的精髓和主流，顯得較爲零散而缺乏系統性。

　　由於篇幅有限，《會計雜誌》中對於西方會計著作翻譯不算太多，主要關注了托利多（F.W. Thornton）著《財政報表檢查》、佩頓（W.A. Paton）著《會計學理論》、凱羅易蒙（D. Carroll Ellmore）著《查帳程序及例證》、斐南（H.A. Finney）著《會計學原理》中「合夥會計」部分、凱斯特（R.B. Kester）著《會計學》和盧卡・帕喬利（Luca Pacioli）著《數學大全》中的《計算與記錄要論》等。〔註57〕

〔註56〕徐永祚：發刊詞，《會計雜誌》1 卷 1 期，1933 年 1 月 1 日，第 3 頁。

〔註57〕參見出版社譯《決算表之審查手續》，《會計雜誌》1 卷 1、2、3、5、6 各期；孫仲明的《派登會計學說之中心思想》，《會計雜誌》2 卷 3 期；徐永祚會計師事務所譯《查帳程序及例證》，《會計雜誌》4 卷 3、4、5 期，5 卷 1、2、3 期；

　　《會計雜誌》作為期刊無法負荷太多篇幅的著作翻譯，但卻是書評的絕佳陣地。南開大學丁佶教授在介紹西方會計著作方面作出了傑出的貢獻，他的書評涉及到湯普遜（W.R Thompson.）的《會計系統》、舍伍德（J.F. Sherwood）的《會計制度》、班尼特（G.E. Bennett）的《會計制度》、吉格（G.J. Geger）的《會計系統說明》、威拉德（R.D. Willard）的《系統設立和會計制度》、戈登（W.D. Gordon）的《當代會計系統》、凱斯特（R.B. Kester.）的《會計原理與實踐》、紐洛夫（G.H. Newlove）的《特別會計》、利特爾頓（A.C. Littleton）的《1900 年以前的會計發展》、托利多（F.W. Thornton）的《財政報表檢查》等。〔註 58〕另外丁佶教授還介紹了三種會計實用手冊，包括佩頓（W.A. Paton）的《會計手冊》、愛爾福（L.P. Alfoad）的《成本和生產手冊》、蒙哥馬利（Robert H. Montgomery）的《理財手冊》，以便國內會計學者隨時參考。〔註 59〕

　　其他書評如黃閣的《評史屈萊托夫高等會計學》，在介紹這本著作的同時也簡略比較介紹了斐南（H.A. Finney）的《會計學原理》和歇米爾布（Savid Himmelblaw）的《會計學大全》。黃閣對於潘序倫《會計學》的書評也同時論及凱斯特（R.B. Kester）的《高等會計學》、史屈萊托夫（F. H. Streightoff）的《高等會計學》、斐南（H.A. Finney）的《會計學原理》和泰勒米勒（Taylor-Miller）的《中級會計學》。〔註 60〕潘士浩還介紹了日本下野直太郎的著作《收支簿記會計法》，並與西方借貸複式簿記比較，藉以推論改良中式簿記的方法。〔註 61〕

　　除了譯著、書評之外，西方會計期刊目錄索引也使中國會計學者大開眼界，順藤摸瓜，汲取到西方會計思想的精華。如丁佶的《介紹集中美國會計

　　　　　王澹如的《合夥會計》五篇，《會計雜誌》4 卷 4、5 期，5 卷 1、2、3 期；康來文的《合作信託儲蓄銀行之會計制度》，《會計雜誌》5 卷 1 期；陸善熾的《巴舒里「計算與記錄要論」漢譯》，《會計雜誌》6 卷 4 至 6 期。

〔註 58〕參見丁佶的《基本關於會計制度的書籍》，《會計雜誌》3 卷 3 期，1934 年 3 月 1 日；《介紹幾種外國會計名著》，《會計雜誌》3 卷 6 期，1934 年 6 月 1 日。

〔註 59〕參見丁佶的《書評——三種實用的手冊》，《會計雜誌》4 卷 3 期，1934 年 9 月 1 日。

〔註 60〕參見黃閣的《評史屈萊托夫高等會計學》，《會計雜誌》2 卷 6 期，1933 年 12 月 1 日；《讀立信會計叢書「會計學」後》，《會計雜誌》6 卷 2 期，1935 年 8 月 1 日。

〔註 61〕參見潘士浩的《介紹「收支簿記會計法」並推論改良中式簿記》，《會計雜誌》6 卷 6 期，1935 年 12 月 1 日。

刊物》（2 卷 2 期）〔註62〕，徐會計師出版部整理的《一九三五年來（中日美三國）之會計文獻》（6 卷 6 期）等。由此，美國的《會計期刊》、《會計評論》、《美國會計》、《會計索引》等知名刊物進入了中國人的視野，爲及時跟蹤西方會計進步提供了可能性。而對於 1935 年來中日美會計文獻的整理則是目的性更強、更爲集中的爲國人介紹了西方會計理論的研究前沿。

　　《會計雜誌》對於當時西方會計論文的翻譯類文獻不是很多，且不成系統。據粗略統計，譯自歐美的文獻占絕大多數，其中美國的《會計期刊》（The Journal of Accountancy）所刊論文翻譯最多。代表性的譯作如虞祐棠譯自佩頓的《現代決算表之缺陷》（4 卷 2 期）、菲爾德的《論詳細審查》（4 卷 4 期），張鍾輝譯自海瑞克的《論流動資產與流動負債》（4 卷 2 期）等均譯自《會計期刊》。所以，《會計雜誌》同樣反映出近代中國會計思想由日本模式向歐美模式的轉變。

　　但是，日本會計思想仍然是中國學習的對象之一，日本會計學會出版的《會計》雜誌在中國也較爲盛行。依據此雜誌，陸善熾翻譯了黑澤清的《複式簿記源流考》（3 卷 1 期），陸雨蒼翻譯了《商業賬簿法規之發展經過考》（3 卷 6 期）等。鍾愷翻譯了下野直太郎的著作《單式複式收支簿記會計法》後的附錄，名爲《論收支簿記法》刊於《會計雜誌》4 卷 5 期。同時，澳大利亞、印度等其他國家的會計文獻也受到了一定的關注。

　　通過對《會計雜誌》上相關文獻的整理和分析我們可以看到：第一，從理論高度上看，翻譯過來的著作和論文中所體現的會計思想，在一定程度上達到了當時國際上的前沿水平；第二，從內容上看，國人最爲關注的是會計學基本原理，最希望學習的是會計制度如何建立、規範；第三，從國別來看，美國會計思想已經成爲國人公認的主流，而日本會計思想仍然是學習的對象；第四，從譯作的選擇上看，對會計體系的認識還較爲缺乏，對於業主權益理論、企業實體理論等專題研究的關注就更少了。

（二）《會計雜誌》中對西方會計思想的學習與運用

　　從總體上看，20 世紀 30 年代還是中國傳統會計思想向現代會計思想轉型的過渡時期，體現出濃厚的過渡色彩，不僅會計思想良莠不齊，即使是會計學術語的表達也五花八門。從一定意義上說，《會計雜誌》上討論的絕大多數

〔註62〕爲行文簡潔，本書正文中引自《會計雜誌》的文獻僅在其後用小括號標注卷號期號，不再標注雜誌名稱。

會計術語、概念都是從西方舶來的。沈宗範描述當時會計情況時說：「我國會計書籍，大多譯自外國，因缺乏統一會計名詞譯名之組織，以至於一個英文名詞，常用種種不同之譯名，若不將原文附注於譯名之後，每使讀者有莫名其義之苦。」〔註 63〕《會計雜誌》中文獻很大的特點就是大多數會計術語後都有英文附注，更有甚者在論文題目中即有英文附注來解釋會計術語。

《會計雜誌》所涉及的專題較多也較爲分散，筆者有選擇性地提取其中四個專題加以介紹，以管窺當時會計思想西學東漸的大致情形。

1、西方複式簿記思想

儘管人們對於複式簿記思想的具體誕生時間和地點仍有爭議，但是帕喬利的《數學大全》中關於簿記的篇章《計算及記錄要論》的偉大成就早被世人公認，它反映了到 15 世紀末期爲止威尼斯式簿記的先進思想和方法。經過幾個世紀的發展與世界性的傳播，西方複式簿記思想出現在中國時已經逐步趨於完善，表現爲賬簿組織已經形成「日記賬、分錄賬和總賬」三賬爲主的體系、賬戶設置初成體系、賬戶記錄按照「有借必有貸，借貸必相等」的複式記錄形式進行、要求賬戶體系全面平衡並要求編製資產負債表和損益表。這些思想作爲基本的會計循環思想，在中國的傳播最爲盛行。由此還引發了 20 世紀 30 年代改革和改良中國會計的大論爭，被郭道揚教授譽爲「我國會計發展史上影響最大的一次會計學術討論與交流」。〔註 64〕其中，改良派代表徐永祚出版專著《改良中式簿記概說》（1933 年 12 月）後，《會計雜誌》便作爲改良派的陣地，於 3 卷 1 期（1934 年 1 月）刊發了「改良中式簿記專號」。

在「改良中式簿記專號」中，會計學者首先對於中西簿記思想進行了比較研究，如潘士浩的《借貸簿記法與收付簿記法》、《中式簿記與西式簿記之比較》、陸善熾的《現金式分錄法與現金收付法之異同》、謝允莊的《收付單式複式三種簿記的比較》、徐永祚的《東西洋簿記之源流及其分野》等。這種比較研究加深了國人對於西方複式簿記思想的認識，也認識到中西簿記思想的差距。他們認爲中國傳統簿記缺乏賬戶分類、賬簿沒有一定的組織和格式、記賬方法不嚴密，已經無法適應新的經濟環境，確實需要改良。但中國傳統簿記的基本原理卻可以和西方複式簿記思想相媲美，甚至更爲優越，如以現

〔註 63〕 沈宗範：《公司會計中之「盈餘」》，《會計雜誌》6 卷 4 期，1935 年 9 月 1 日，第 105 頁。

〔註 64〕 郭道揚：《中國會計史稿（下）》，中國財政經濟出版社 1988 年版，第 518 頁。

金收付爲標準通俗易懂、方法簡便，四柱結算法同樣可以驗算平衡、賬簿分割統轄經過改良也非常適用。而且，賬簿採用國貨、用毛筆直書符合中國習慣、更加節約成本。

在比較研究了中西簿記思想之後，會計學者進一步研究如何改良中國傳統會計，如徐永祚的《改良中式簿記問題》、《四柱結算之方法及其理論與效用》、馮柳堂的《中國賬簿之由來及其改革之成功》、謝允莊的《收付簿記概要》、《改良帳戶分類方法之商榷》、陸善熾的《中式簿記改良後之觀察》等。改良後的中國簿記要求採用複式記賬法，但以現金爲主體、以「收付」爲記賬符號、採用四柱結算法試算平衡、明確賬簿組織的分割與統轄。〔註65〕

改良派的思想通過著書、雜誌討論、各大報紙媒體報導、公開演講、設補習學校等多種渠道得到了社會各界的大力支持，一時好評如潮。陳立夫題詞曰：「不知人之長，則易失於自高自大；不知己之長，則易失於自暴自棄。二者雖有過與不及之分，其障礙進步則一。徐永祚先生於簿記一學，能融會貫通中西之所長，自稱一家，洵可也。」〔註66〕可見，改良中式簿記雖然提倡維持中國傳統記賬方法，但仍然是會計思想西學東漸的產物，差別在於程度不同而已，即是部分改革還是全盤西化的問題。改革派與改良派的論爭活躍了中國的會計思想，並且雙方都積極付諸實踐，共同帶來了這個時期中國會計的繁榮與發展。

從科學發展的規律上看，缺乏比較、爭論和競爭的科學是沒有生命力的，也是無法讓人心悅誠服的。經過歷史的積澱，我們回顧這場中國會計改良運動，可以非常清晰的認識到：第一，改良派的思想具有歷史必然性。一種新思想被接受是要有一個過程的，更何況西方會計思想這樣一個龐雜的系統？日本明治維新時期學習西方會計思想也是捨「借貸」取「收付」，創立了「現金式分錄法」；而近代中國會計大多取自日、英、美，這就更堅定了「收付簿記」的信念。新中國成立後很長時間也存在著借貸記賬法、收付記賬法和增減記賬法之爭。第二，改良派的思想具有實踐性。針對於中國當時的會計狀況，全面推行西方會計方法是步履維艱的。改革派也承認改良派思想是整個改良中國簿記運動中的一種過渡性辦法，符合中國習慣，便於實施。第三，

〔註65〕以上兩段相關內容參見「改良中式簿記專號」，《會計雜誌》3 卷 1 期，1934 年 1 月 1 日。
〔註66〕「改良中式簿記題詞」：《會計雜誌》3 卷 1 期，1934 年 1 月 1 日，第 139 頁。

改良派的思想具有歷史局限性。他們沒有認識到借貸複式簿記是近代社會經濟發展的產物，具有先進的理論和科學的方法，在本質上是優越於中式簿記的。他們主張發揚「國粹」，根本立足點在於「現金」，顯然局限於現狀，不能適應經濟的進一步發展。

2、西方會計報表及其分析思想

從《會計雜誌》1 卷開始，西方的會計報表及其分析思想就已經為國人所重視了，陸善熾是主要的推動者。他的三聯篇《標準資產負債表之建議》（1 卷 1 期）、《標準損益計算書之建議》（1 卷 3 期）和《標準財產目錄之建議》（1 卷 5 期），均參照日本「臨時產業合理局財務管理委員會」所擬定的各項標準草案，並酌量參考我國具體情況加以修改增刪而成。這順應了歐美對於規定標準科目及書表格式的倡議，是對西方表式會計報告思想的進一步推廣。

隨後，丁佶在 2 卷 1 期發表論文《標準損益計算書之商榷》，支持陸氏會計報表標準化的觀點，同時也委婉的表達了將損益計算書的標準由日本的「帳戶式」轉為美國的「順序式」的要求。這一思想是具有前瞻性的，與目前會計適用的「損益表」標準是一致的。「帳戶式」主要是將損益計算書分為左右兩方：左方登載一切與損益有關而具有借方餘額的科目及其金額，代表損失；右方登載一切與損益有關而具有貸方餘額的科目及金額，代表收益。這一方法顯然較為繁雜，且不能將銷售淨額、銷售成本等重要數據明確表現出來，因此理應被取代。〔註67〕

在此基礎上，虞祐棠的論文《損益計算書之分析》（3 卷 2、3、4、5 期）更進一步研究如何通過損益計算書分析企業收益、損失情況。這篇論文參考了大量的國內外會計著作，分析目的直指淨利潤，這是會計理論界和實業界共同關心的問題，但同時也是很難明瞭的研究課題。虞氏論文中論述了營業淨利潤與營業額、成本、費用等的簡單關係，可以稱為一篇基礎性文獻。而王士企的《利益論》（2 卷 4 期）、朱銘的《資本減損原因之研究》（2 卷 6 期）、唐休武的《損益計算書中之買賣折扣應為何種損益論》（3 卷 2 期）、王澹如的《淨利潤增減之分析》（5 卷 4、5 期）、楊汝梅（眾先）的《商譽與額外收益能力之關係》（7 卷 5 期）等都是研究淨利潤的後續作品。總的看來，對於淨利潤的分析基本上已經關注了營業額變動、售價變動、單位成本變動、費用

〔註67〕 參見丁佶的《標準損益計算書之商榷》，《會計雜誌》2 卷 1 期，1933 年 7 月 1 日，第 29～40 頁。

與收益變動等環節，但仍然是以西方會計思想為藍本，如史屈萊托夫（F. H. Streightoff）的《高級會計學》等。

對於資產負債表的研究成果也很豐富，如黃組方的《資金來源及運用表述要》（3卷2期）、張鍾輝的《論流動資產與流動負債》（4卷2期）、陸善熾的《資產負債表本質論》（4卷5期）、《資產負債表能力問題之檢討》（7卷3、4期）、黃組方的《資產負債表與損益表之關係》（7卷3期）等。至此，對於資產負債表的研究已經具體到流動資產、流動負債、遞延賬項、呆賬準備等概念與處理方法。相關的文獻還涉及到資產估價、存貨估價、無形資產、折舊等專題研究作為補充，在此不再贅述。

3、西方銀行會計思想

銀行會計的改良對於近代中國會計的發展起到了先驅的作用。謝霖的《銀行簿記學》（1907）參考日本學者研究成果，結合銀行業務，將西方複式記賬法原原本本引入中國。中國最早所見新式銀行賬簿組織及專用「傳票」、借貸記賬符號與賬項處理方法、西式會計報表以及融合中西式簿記為一體且具有日本銀行簿記特色的「現金式借貸分錄法」均由此書介紹而來，並且採用橫寫的方式，運用阿拉伯數字記賬。

《會計雜誌》對於銀行會計的研究也是非常重視的，2卷5期即為「銀行會計專號」。這時的銀行會計研究面臨的主要問題仍然是全國銀行會計各自為政、無法統一。1914年7月全國銀行公會第五屆聯合會議定的「銀行會計科目名詞」基本流於形式，而1931年3月國民政府公佈的銀行法直至1933年11月「銀行會計專號」刊行仍然尚未施行。這一方面體現了經濟進步、銀行業務日益複雜對銀行會計產生了新的要求，另一方面也體現了政府法律、公會約束缺乏效力對銀行會計發展的桎梏。

「銀行會計專號」首先針對銀行業務日益複雜的現實提出了改良主張，主要集中在傳票、科目、日記賬、賬簿體系等，如顧準的《近來吾國銀行關於傳票及賬簿之改革》、鄒君斐的《銀行日記帳改革的嬗進及其實施研究》、蔡受百的《改良銀行會計之商榷》、潘恒勤的《匯款科目研究》等。其次圍繞銀行會計報表展開研究，如陸善熾的《銀行決算表分析觀察法之研究》、劉文廷的《從銀行法以觀察銀行公告之營業報告》、鄒君斐的《活期存款帳目表單之處理與鉤稽》等。再次引進了西方新的關於銀行會計的觀點，如章乃器的《銀行之檢查工作》、王逢辛的《銀行成本會計發凡》、莊晨耀的《銀行預算

統制論》等。其中銀行預算統制論的應用在美國銀行中也僅有四家，未曾普及，實爲大大超出國人的銀行會計研究框架。〔註68〕

　　隨後，銀行會計的研究與中國現實聯繫日益緊密，標誌著會計學者對於西方銀行會計思想的學習已經趨於成熟。如顧準的《新貨幣政策與銀行會計》（7卷4期）、《我國銀行主要賬簿制度之研究》（8卷3期）、曹撰安的《銀行會計報告之分析》（7卷5期）、徐永祚的《銀行公告資產負債表應有標準格式之建議》（7卷6期）等。

4、西方成本會計思想

　　會計思想中「淨利潤」這一概念是備受關注和頗費考量的。西方對於淨利潤的研究也是步履維艱，他們說：「導致利潤表如此晚被人們接收的一個重要原因可能是由於淨利潤太難界定了」〔註69〕，這裏的「太難界定」中就包含了成本核算難以確定這一問題。此時中國學者已經認識到了成本會計的重要性，他們大力提倡在中國企業中推行成本會計制度，認爲「成本會計目的在於計算每一貨物或產品之各種構成原素之詳細費用，以計算眞實之成本」。〔註70〕

　　利特爾頓曾指出：「實際上，可以不過分地說，成本核算程序的形成，有著偉大的功績，它可以與創造按複式記錄原則進行的簿記相媲美。」〔註71〕工業革命的衝擊給會計學界提出一個新難題，就是如何核算成本。郭道揚教授在論述工業會計誕生時說：「工業會計則在機器工業的喧囂聲中成長起來」。〔註72〕儘管中國當時的工業較爲落後，但是並不妨礙西方成本會計思想隨著其他會計思想一起滲透進來，並且成爲一個重要的研究專題。

　　關於成本會計的譯著非常豐富，代表作有渡部寅二、渡部義雄合著的《成本會計綱要》、勞倫斯（W. B. Lawrence）著《勞氏成本會計》、陀爾（James L. Dohr）著《陀氏成本會計》等。可能是由於當時中國工業經濟環境明顯不濟，《會計雜誌》中文獻對於成本會計的研究多局限於實務研究，如紗廠成本會計（1卷1期、4卷5期、6卷2、3期）、出版社簡易成本會計（4卷3期）

〔註68〕 參見《會計雜誌》2卷5期的「銀行改良專號」，1933年11月1日。
〔註69〕 〔美〕加里‧約翰‧普雷維茨、巴巴拉‧達比斯‧莫里諾著，杜興強等譯：《美國會計史——會計的文化意義》，中國人們大學出版社2006年版，第93頁。
〔註70〕 王撫洲：《工業組織與管理》，商務印書館1934年版，第182頁。
〔註71〕 〔美〕A. C. 利特而頓：《1900年以前的會計發展》，轉引自文碩的《西方會計史（上）》，中國商業出版社1987年版，第307頁。
〔註72〕 郭道揚：《會計發展史綱》，中央廣播電視大學出版社1984年版，第478頁。

等。對於成本會計理論上的研究僅限於基礎性研究，如《成本會計之重要及
其設置問題》（3 卷 3 期）、《成本會計鳥瞰》（3 卷 5 期）、《估計成本制度述要》
（6 卷 4、5 期）、《分步與分批成本會計制度之比較》（7 卷 4 期）、《各業工資
制度之成本會計觀》（7 卷 5 期）等。

三、近代會計思想西學東漸評析

　　凡是經濟發達的國家，會計沒有不發達的；凡是會計不發達的國家，也
沒有一個是經濟發達的，這是一條客觀規律。因為經濟越發達，經濟運行關
係就越複雜，對於會計工作的要求也就越高，從而使得會計理論的科學性越
強。由於中國經濟長期處於落後的自然經濟狀態，傳統的中式簿記難以適應
近代中國社會由傳統農耕文明向現代工商文明轉型的需要。

　　中國自清末以來開始的會計思想的西學東漸既是西方文明向東方滲透的
結果，更是中國為適應時代的需要主動積極吸納異域管理思想文明的結果。
歷經半個世紀的西學東漸，中國對於西方眾多具體會計概念、專題的討論使
得中國會計學界改變了過去會計思想無通約語言的狀態，逐漸接受了國際通
用的會計範式，使得會計學的傳播、教學和應用都更加便捷和規範。中國還
在對西方會計思想文明的比較、篩選中，完成了會計思想由日本模式向歐美
模式的轉變。這一切，推動了中國會計學科理論的發展，初步建立起中國現
代會計學理論體系。

　　正是在現代會計思想的影響下，中國政府和民間進行了傳統會計制度向
近代會計制度轉型的會計實務改革。在政府會計方面，從北洋政府開始，中
國就逐漸擺脫以往封建財計官制的束縛，積極引入日本等資本主義國家在財
政、會計組織機構建制方面的基本做法。為了使政府會計制度建設納入法制
化的軌道，1914 年北洋政府還公佈了中國歷史上第一部會計法——《民三會
計法》。南京國民政府時期繼承並深化了北洋政府時期開始的現代政府會計改
革，並開始了會計制度模式向歐美模式的轉變。在民間會計方面，許多近代
工商企業聘請會計師事務所設計會計制度，進行會計改革。它們通過會計改
革，完善了會計核算的方法體系，顯著改善了經營管理工作，同時起到了良
好的社會示範作用。1929 年至 1934 年間，徐永祚會計師事務所為各大公司、
商號及團體設計新式會計制度，推行改良中式簿記有成效的就多達 50 餘家，
其中著名的商號如五洲大藥房、中華書局、商務印書館、南洋煙公司、華安

保險公司等。更多的企業是先在試用改良中式簿記中體驗到改進會計的必要，進而才下定決心將改革會計工作進行到底，最後成爲全面推行西方會計思想的主力軍。以蘇州蘇倫紡織廠爲例，它創辦之初採用的是單式簿記。1934年，聘徐永祚會計師事務所爲其設計會計制度，採用改良中式簿記，使企業的管理工作得到明顯的改善。抗戰勝利以後，隨著成本核算日益複雜，改良中式簿記逐漸暴露出它的弱點。於是 1946 年，蘇倫廠又重新聘請專家設計新式會計制度，改用西式複式簿記，實現了全面的核算。

中國近代雖然積極引進西方的現代會計制度，但並不是盲目照搬西方理論，而是將其與中國實際有機結合。如穆藕初創辦企業後十分重視財務管理制度的建設，主張引入西方複式記賬方法以糾正中國傳統單式記賬方法的弊端。但考慮到當時中國社會現狀及傳統勢力的影響，他決定仍保留單式記賬方法作爲複式記賬方法的補充，以期通過漸進式改良逐漸向完全的複式記賬方法過渡。再如榮氏企業再財務管理方面也施行新舊並存的財務管理制度，榮宗敬也常對人說：「從來舊學爲體，新學爲用，最合時宜。我不採用銀行的純新式，我們是舊帳新表，中外咸宜。」〔註 73〕這種會計制度改良主義的取向具有合理性。現代簿記會計制度雖然比較精確和科學，但內容遠較中式簿記複雜，推行成本比較高；中式簿記在中國已經流行了一千多年，自成系統，手續比較簡單，便於中小企業採用。在政府會計制度方面，南京國民政府創造性地提出了聯綜組織建設，實行超然主計制度，這種做法既學習了西方的分工牽制理論，又符合中國的具體國情。

但是，由於帝國主義強權的控制、國民政府官僚體制以及戰爭的影響和傳統思想的禁錮等種種原因，會計思想的西學東漸並沒有得以順利進行。抗日戰爭爆發導致《會計雜誌》及其他期刊、叢書停刊，會計研究工作也基本暫停；同時大批企業倒閉、內遷也阻礙了西方會計思想的實踐。解放戰爭期間，史無前例的惡性通貨膨脹破壞了企業正常的經營環境，投機盛行，「暗帳」林立，會計思想的西學東漸遭遇挫折。

〔註 73〕 上海社會科學院經濟研究所編：《榮家企業史料》（上冊），上海人民出版社 1980年版，第 291 頁。

第五章 國民政府時期會計思想實踐及代表人物會計思想

第一節 國民政府時期會計思想的進一步發展及實踐

一、改進政府會計核算方法的思想

　　1927 年，國民政府在沿用北洋政府「收支簿記」制度的基礎上著手改善政府的會計工作。此時政府的會計工作已經隨著西式簿記理論與方法的引進而發生了深刻的變化，它的內容和含義逐漸豐富，是以往官廳會計所難以比及的，所以近代學者用「政府會計」一名詞取代了原「官廳會計」。1927 年 6月設立了統一會計委員會，擬定適合財政部系統所屬機構運用的簿記。9 月，訂立「國民政府財政部會計則例三十八條」。11 月，再次訂立統一會計制度辦法六條。1928 年，再次修訂原頒會計則例。

　　1931 年春，主計處成立後施行所謂超然主計制度，圍繞財政體制建設進行政府會計制度的修訂工作。1932 年，主計處正式頒佈「中央各機關及所屬統一會計制度」，可以說是我國政府會計制度建設的第一個文件。這一會計制度以英、美會計制度為模板，從制度建設角度把複式記賬原理確定下來，統一了政府會計的記賬規則和憑證、賬簿、報表的基本格式。但由於該制度存在種種缺陷，拖延到 1933 年 7 月才得到貫徹執行，而且執行也不順暢。

　　1937 年至 1938 年間，主計處依照 1935 年頒佈的「會計法」設計出「中央各機關及所屬普通公務單位會計制度之一致規定」，目的在於消除各單位機

關會計制度發生的歧義情況，以便總會計的綜合彙編。「一致規定」比起「統一會計制度」有明顯的進步，在會計科目的設置、賬簿設置、記賬方法及會計報告編製等方面適應性更強。它爲政府會計建立起一個以西式簿記爲模式的會計方法體系，這個體系以會計憑證作爲控制的起點，以賬簿組織建設爲核心，以複式記賬爲反映手段，以會計報告編製爲總結，以此對照檢查財政預算的執行情況。儘管這個方法體系還不夠完善，有些方面過於簡陋，有些方面又過於繁雜，但是它卻標誌著我國政府會計由運用舊式會計方法體系向運用新式會計方法體系的轉變。「一致規定」的頒行是當時政府會計改良中的重要事件，它把政府的會計工作推進到一個新的歷史時期，其影響是較爲深遠的。

國民政府時期政府會計的突出進步首先表現在對於記賬憑證的重視和運用上。我國對記賬憑證的最初譯名爲「傳票」，這是由於這類憑證在會計的各責任環節輾轉傳遞使用而得名。會計法以立法的形式明確劃分會計憑證爲原始憑證和記賬憑證兩種，確定了傳票的重要地位，還規定了傳票的種類和傳遞方法。「一致規定」中把會計憑證的設計作爲會計制度設計中的一項重要內容，分設收入、支出、現金轉賬和分錄轉賬傳票。那時候，在記賬憑證的運用中已經較爲普遍的採用了按顏色分類的辦法，對於憑證的編號、裝訂、保管和銷毀都有具體規定，從而使會計核算的水平得到提高。

其次，複式記賬法的運用完成了由日本模式向英美模式的轉變，這是一種進步的發展趨勢。1932 年的「統一會計制度」採用的是「現金收支分錄法」，是日本人對銀行簿記改良時創立的複式記賬法，以「收付」作爲記賬符號，收入現金記入收方，支出現金記入付方，每一科目金額反其收付過入總賬。這是國民政府第一階段運用的基本記賬方法，在記賬符號、傳票設計、記賬原理等方面都較爲貼近中國傳統做法，所以比較容易接受。但是隨著歐美會計對中國影響的加深，留美學者對其記賬原理進行質疑，認爲「反其收付過入總賬」沒有理論根據，且「現金收支分錄法」認爲只有現金最爲重要，無疑具有很大的局限性。1938 年的「一致規定」即採用了美國的「普通借貸分錄法」，以「資產～負債＝資本」爲理論根據，以「借貸」作爲記賬符號。資產科目的正數記入借方，負數記入貸方；負債和資本科目的正數記入貸方，負數記入借方。具體而言，預算收入記入借方，預算支出記入貸方；當預算收支實現後即轉變爲名符其實的資產與負債，這時除在預算賬目中反映以

外，在財務賬目上也加以反映。這是國民政府第二階段運用的基本記賬方法，是較爲徹底的會計方法體系改革。

第三，記賬基礎從收付實現制向權責發生制轉變。歷代的官廳簿記都是以實際收付的現金作爲記賬基礎。北洋政府的「普通官廳用簿記」中雖然規定支出按所屬月份登記支出計算簿，但在未支出前不作應付未付款處理，仍然是收付實現制性質。國民政府 1935 年的會計法第 44 條規定各種會計科目之訂定，應兼用收付實現事項及權責發生事項爲編定之對象；第 90 條規定年度終了各賬目所有預收、預付、到期未收、到期未付以及其他權責已發生而賬簿未登記之事項，均應於結賬前先爲整理記錄。1948 年修訂會計法的第 15 條規定政府會計基礎，除公庫出納會計外，應採用權責發生制。這表明國民政府時期會計理論研究已經較爲深入，不再單純以現金收付作爲記賬基礎，成功的引入了權利義務的概念，學習和發展了西方會計理論。

二、初步應用與發展成本會計的思想

公有營業單位建立成本計算制度始於國民政府時期，在此以前的官營企業只有一些不規則的個別的成本計算方法，基本上是期末盤存，倒軋成本，不能算是成本計算的制度化。1943 年，主計處擬定的「暫行公有營業會計制度之一致規定」裏制定了「公有營業成本會計事務處理通則」，共 70 條，從原理上規範了很多成本的含義以及劃分標準和構成內容，如生產成本與業務成本、直接成本與間接成本、直接材料與間接材料，直接人工與間接人工、直接生產費用與間接生產費用、管理成本與推銷成本、主產品成本與副產品成本等。該通則作爲公有營業機關設計成本會計制度的參考，只是作了些原則上的規定，具體的成本計算程序、方法、憑證的格式和使用等技術性問題由各營業機關按實際生產情況去設計。儘管如此，有了這些原則作範本，就解決了成本計算中的關鍵問題，對促進成本會計制度化具有重要的作用。這是中國第一個成本會計制度，至今在設計成本計算制度方面也還有一定的參考價值。

在通則規定以前，公有營業單位就已經初步應用成本會計核算了。如路政會計在成本核算上借鑒了西方的成功經驗，已經有一定起色。在國民政府時期，鐵路工廠在會計核算方面有三種不同類型：一是實行獨立的會計制度，有比較完整的賬簿設置和比較正規的成本核算制度，並能獨立計算盈虧；二

是施行附屬會計制度，沒有獨立的成本核算，把一切費用開支直接列入有關營業支出賬內；三是採用介於以上二者之間的一種會計制度，按這種制度規定，一部分費用直接列入營業支出賬內，而另一部分費用則分配到產品或勞務成本中去。這種成本核算法是將分批製成本法和分步製成本法聯合加以運用，將費用劃分爲直接費用與間接費用兩類，進行歸口計算。經過實踐，這種方法在運用中還比較順手。

從對不同類型的工廠考察可見，當時一般採用分批成本制，僅有鎔鑄、鋸木兩廠採用分步成本制。當時，對構成成品成本的各個要素已作出明確的劃分，如把工作成本要素劃分爲工值、材料原值與間接費三種。在間接費用中，又把普通間接費、動力費、監理費等區別開來。前兩種一般按定率分配到產品成本或勞務成本中，後者則直接列入營業用款賬。這種情形表明，當時鐵道工廠的成本核算已經在正常的軌道上運行了。

而輪船招商局雖然也把業務成本核算作爲會計的一項重要內容，但明顯處於低級粗糙的階段。總局在總清賬中僅有損益分類賬的設置，還沒有成本專賬的設置，即只是把成本的專門核算放在補助賬中的營業損益類反映。如核算輪船運輸業務的成本與盈虧是通過設置三種賬簿進行的：一是設置「輪船營業收入分戶帳」，專門反映各種收入；二是設置「輪船航行成本分戶帳」，用以彙集各種費用支出；三是設置「輪船營業盈虧精算帳」，用以彙集各類收入和支出，最後作出總的對比，求計出盈虧。輪船業務的盈虧是每航行一次求計一次，除能夠直接認定的費用直接進行記錄之外，對於不能直接認定的費用則採取平均分攤的辦法。所以，總的看來，輪船招商局所作的僅僅是對於成本的匡算。

民間會計中對於成本會計的核算也有一個漸進的發展過程，以大型企業蘇綸紡織廠爲例。蘇州蘇綸紡織廠創辦於光緒二十三年（1897 年），創辦之初由於資本較少，生產活動過程也比較簡單，採用的是單式簿記法。從生產到銷售，勉強可以算出盈虧數額，而對於產品成本尚未進行單獨核算，所以會計上無法提供產品成本方面的資料和數據，單式簿記的缺陷暴露無遺。1934年蘇倫廠特聘徐永祚會計師事務所設計會計制度，廢棄單式簿記，採用改良中式簿記。爲了解決成本計算方面的問題，蘇倫廠主要添設了四本日記賬，即「棉紗日記」、「棉花日記」、「棉布日記」和「物料日記」，同時添設了「原料」、「物料水腳」幾種謄清賬，加上原設「開支謄清」等賬，用以彙集產品

製造所發生的各項費用及所消耗的原料、物料。自此，對於棉紗、棉布的成本總算有了一個初步的核算，比起 1934 年以前那種大包大攬的核算方法無疑是一個明顯的進步。但是，這種核算方法還是相當簡陋的，還有許多問題無法得到解決，如缺乏比較科學的成本核算科目的設置、缺乏科學方法彙集和分配上期結轉與本期發生的各項費用、缺乏比較科學的成本計算與結轉方法、缺乏明確劃分產品生產環節與銷售環節的核算等等。改良中式簿記表現在成本核算方面的這些弱點突出的反映了它在改良會計方面的局限性。1946年，蘇倫廠重新聘請專家設計新式會計制度，改用西式複式簿記，成本核算也取得了飛躍式的進步。蘇倫廠將整個賬簿組織劃分爲主要簿和補助簿兩部分。其中主要簿中的總賬分類完全服務於產品成本核算的基本要求，派生出的各種統馭賬戶對於控制產品成本形成過程有著特別的功效，可以確保成本核算範圍及成本核算的正確。如在總賬和分錄賬中分設各種材料統馭賬戶，前者登記各種材料的總數，後者登記其細數，一次達到控制材料消耗的目的。對於其他生產費用的控制也是採用這種做法。而補助簿的設置也完全服務於成本核算，凡涉及到成本計算問題的環節都有相應的補助簿設置。如按標準型號進行分戶記錄的棉紗賬系統的提供了棉紗收入與消耗方面的資料，預付物料賬達到合理了分攤所投入產品的物料消耗的目的，成紗估計成本賬和銷售成本賬把產銷兩個環節分別開來等等。這樣做的好處是既使其不相互混淆而又可以明確反映產品轉銷及成本調整情況。這種分環節進行的成本控制的思想是飛躍式的進步，前所未有。

三、積極發展會計師事業的思想

　　1927 年，南京國民政府財政部開始主管會計師事務所。8 月 22 日，財政部頒發了《會計師註冊章程》，同時頒佈的還有《會計師復驗章程》。其後，會計師移歸工商部管轄。1929 年工商部頒佈《會計師註冊章程》。這些章程都屬於行政法規性質。次年，由立法院制定《會計師條例》25 條，由國民政府於 1930 年 1 月 25 日頒行，這是中國第一部會計師法。工商部還於 2 月 19 日和 9 月 11 日分別公佈了《會計師審查規則》、《會計師條例施行細則》。後來，會計師事務移由實業部經管，實業部先後對《會計師條例》、《會計師條例施行細則》修訂重頒。1933 年 10 月，由經濟部主管會計師事務。1945 年 6 月30 日公佈《會計師法》，對會計師資格的取得、業務範圍、執業要求、會計師

公會的組織與管理以及罰則等均作了規定。由上看來，國民政府時期會計師事務幾易其主，管理上是較爲混亂的。但是，畢竟有了行政法規和立法的支撐，會計師事業在坎坎坷坷中蓬勃發展起來。據不完全統計，到 1947 年止，持有會計師證書的已達 2619 人〔註 1〕。會計師人數的增多，促進了會計師事務所和會計師組織的發展。但是，客觀的講，在中國這樣一個大國，千餘個會計師也只是滄海一粟，直接反映出當時中國經濟落後、不重視科學管理的現實情況。

由於經濟發展不平衡，民國時期會計師事務所集中在上海、天津、武漢、南京、重慶、廣東等地。上海不但是當時中國商品經濟最發達的城市，而且是遠東地區金融貿易的樞紐，市場經濟的繁榮與發展客觀上要求有會計師爲其服務，所以也是會計師和會計師事務所最多的城市。在上海眾多的會計師事務所中，著名的有四大會計師事務所，即徐永祚、正則、立信和公信會計師事務所。會計師事務所成立之後，主要從事會計的組織、設計、咨詢、管理、審查稽核、綜合調查、破產清算、證明、鑒定等事宜。他們接受當地公司、商號、錢莊或個人的委託，承擔會計顧問工作，幫助處理賬務，審核一些疑難賬案，辦理經濟訴訟以及決算報告的審定簽證等事宜。特別是潘序倫創辦的立信會計師事務所除辦理會計師業務外，還在所內設編輯科，組織會計專家編譯出版大量的會計書籍，並印製新式會計應用的簿冊、報表，爲推廣新式會計創造物質條件。同時還設學校部，舉辦各類學校、培訓班等，爲推廣新式會計培養了大量的初級、中級、高級會計人才。這些學生分佈於公私企業機關，特別是在資本主義工商業中，成了改革舊式簿記的主要力量，使工商業的會計管理逐步走上科學化正規化的道路。以一個會計師事務所的力量改變中國工商業中相沿成習的會計核算方法並取得了成功，這在中外會計發展史上是空前的，也展示了會計師事業推動會計理論和會計思想發展的無與倫比的輻射作用。

除了會計師事務所，會計師公會也日益發展，成爲今天會計師協會的雛形。會計師公會是會計師聯合組成的社會團體，它的任務是聯絡同業、溝通情況、交流業務經驗和開展學術活動。南京國民政府採用歐美會計師執業慣例，規定會計師或特許會計師必須事先加入所在地會計師團體，方許開業辦

〔註 1〕李金華主編：《中國審計史》第二卷，中國時代經濟出版社，2004 年 1 月第 1 版，第 205 頁。

理會計師事務，否則一律不許擅自開業。同時還規定會計師公會的設立必須在該管轄區域內有 9 名或以上的開業會計師，不足 9 人，可以參加臨近的省、市會計師公會或聯合會。截止 1946 年底，已成立會計師公會的省市有上海、北平、天津、重慶、江蘇、浙江、安徽、陝西、廣東、雲南、貴州等 11 個。各地會計師公會的成立和活動的開展爲成立全國性的會計師協會創造了條件。1933 年中國會計師協會在上海宣告成立並積極開展活動，在全國各地會計師公會中起到了組織和領導作用。正是依託這些會計師團體，我國的會計師事業才得以更快的發展起來。

四、積極發展會計學術組織，加強會計刊物出版發行的思想

　　隨著會計事業的發展，我國會計學術團體開始出現並得到發展，而且會計學術刊物也在不斷增加。在 20 世紀 20 年代初，我國早期的會計學術團體就誕生了，如暨南大學商科、東南大學上海商科、蘇皖聯立技藝專科學校等紛紛成立會計學會，開展會計理論研究，並編輯出版了學術刊物。進入 20 世紀 30 年代，全國的會計學術團體不斷增加，包括全國性的、地區性的、院校性的和其他等。其中較有影響力的是中國計政學會和中國會計學社，以規模大、人員眾、活動多而著稱。中國計政學會 1933 年 5 月成立於南京，以研究計政學術爲基本宗旨；中國會計學社 1934 年 11 月成立於南京，創辦《會計雜誌》、《會計季刊》等會計刊物，興辦會計學校等。這些會計學術組織的發展爲當時會計學術研究和交流提供了平臺，在培訓會計人才方面也發揮了一定的作用。

　　與北洋政府時期相比，國民政府時期是會計出版事業極大繁榮時期，表現爲書刊的內容科學系統，且出版種類增多，發行數量增大。其中，譯著是最直接傳播西方會計理論的途徑，展示了西方會計理論發展的眞實情況。據《民國時期總書目·經濟卷（上、下）》不完全統計列舉，國民政府時期翻譯的會計著作約 34 部，而據郭道揚教授統計大約爲 41 部，〔註2〕主要集中於會計核算理論和會計簿記方法兩方面，下面僅例舉影響較大的著作如表 5-1 所示。〔註3〕

〔註2〕郭道揚：《中國會計史稿》下冊，中國財政經濟出版社 1988 年 6 月版，第 633 頁。

〔註3〕根據《民國時期總書目·經濟卷（上、下）》內容整理所得，書目文獻出版社，1993 年版，第 293～322 頁，第 362～364 頁，第 643 頁，第 728～729 頁，第

表 5-1 民國時期重要譯著一覽表

書名	原著	國家	譯者	年份
《決算表之分析觀察法》	吉曼	美	徐永祚	1930
《會計學原理與實務》	斯特累脫夫	美	張宗亮、李鴻壽	1931
《會計學》	吉田良三	日	吳應圖	1929
《會計學原理及實務》	凱斯脫	美	薛迪符	1935
《無形資產論》	楊汝梅	中國	施仁夫	1934
《會計學原理與實務》	海密佈朗	美	徐謙	1943
《會計學原理》	斐南	美	盧懷道、王哲鏡	1948
《會計學原理》	派登	美	陳俊	1945
《實用簿記》	柯爾	美	鄒祖煊	1929
《收支簿記會計法》	下野直太郎	日	蕭學海、鍾愷	1935
《成本會計綱要》	渡部寅二、渡部義雄合著	日	陸善熾	1933
《陀氏成本會計》	陀耳	美	施仁夫	1938
《勞氏成本會計》	勞倫斯	美	潘序倫	1935
《成本會計》	歧雷斯彼	美	陳文麟	1941
《會計制度》	本涅特	美	王雨生	1936
《決算表之分析觀察法》	吉曼	美	徐永祚	1930
《審計學原理》	蒙特哥美利、斯陶伯合著	美	張蕙生、錢素君	1934

889～892 頁，第 1013～1015 頁，第 1110～1120 頁。

書名	原著	國家	譯者	年份
《間接成本之研究》	吉田良三	日	安子介	1937
《會計報告分析》	吉曼	美	沈立人	1939

在眾多譯著中，最爲著名的是凱斯脫著《會計學原理及實務》（1935）、派登著《會計學原理》（1945）、斐南著《會計學原理》（1948）、勞倫斯著《勞氏成本會計》（1948）、陀爾著《陀氏成本會計》（1938）、吉曼著《決算表之分析觀察法》（1930）、吉田良三著《會計學》（1931）、楊汝梅著《無形資產論》（1936）等，這些譯著給中國帶來了原汁原味的西方會計理論，爲我國會計理論的發展提供了範本。

在學習西方會計理論的過程中，我國會計工作者一方面從中汲取精髓，另一方面結合中國的實際，紛紛出版了自撰書籍，一時間中國會計界呈現出一片繁盛景象，僅僅在會計學原理和簿記領域就有數十本書籍，如表 5-2 和表 5-3 所示。〔註4〕

表 5-2 會計學原理領域著作統計

書名	作者	年份
《會計學綱要》	張徐谷編	1928
《會計學 ABC》	竺家饒著	1929
《初級會計學》	嵇儲英、程雲橋編	1931
《會計學》	虞中望著	1932
《實用會計學》	錢祖齡、袁際唐編	1932
《會計學》（上、下冊）	潘序倫著	1933
《會計學》	李鴻壽著	1934
《會計學原理》	蘇寧著	1934
《會計學綱要》	瞿荊州著	1934
《會計學教科書》	潘序倫、王澹如編著	1934

〔註4〕表 5-2 和表 5-3 均由《民國時期總書目·經濟卷（上、下）》內容整理所得，書目文獻出版社，1993 年版，第 294～304 頁。

《高級會計學》（上、下冊）	潘序倫、王澹如著	1934
《高級會計學》	沈立人、沈克念編著	1936
《會計學》1～4冊	潘序倫著	1938
《實用會計學》	袁際唐、謝霖、陳德榮編	1938
《會計學講義》	鄒曾侯、王逢辛編	1938
《會計學原理》	何士芳編著	1938
《會計學》	錢素君、夏治濬著	1941
《會計學》	楊祐之著	1942
《會計學》	王文林、朱承俊編	1942
《會計學精義》	秦慶鈞編述	1942
《會計學原理》（1、2冊）	沈維經著	1943
《高等會計學》（上編）	張永言、黃其傑著	1944
《普通會計學》	石毓符編著	1945
《應用會計學》	王文鈞著	1947
《初級會計學綱要》	吳世瑞編	1947
《新中華會計及審計》	楊汝梅編	1932
《會計及審計》	錢祖齡編著	1934
《近世應用會計》	潘上元著	1940
《基本會計》	許本怡著	1944
《會計簡說》	程公達著	1947
《現代會計學》	楊端六著	1943

表 5-3 簿記領域著作統計

書名	作者	年份
《簿記學》	嵇儲英、程雲橋編	1931
《簿記學》	趙富華編	1931
《簿記與會計》（上、下冊）	國立暨南商科大學會計學會編	1930
《簿記與稅律》	蔡大訓編著	1932

《改良中式簿記概說》	徐永祚著	1935
《改良中式簿記實例》	徐永祚著	1935
《改良中式簿記論集》	徐永祚著	1935
《改良中式簿記講義》	徐永祚著	1935
《改良中式簿記講義》（1～4冊）	徐永祚會計師事務所服務部編	1938
《「改良中式簿記」之討論》	潘序倫編	1935
《簿記百日通》	顧宗騫編	1935
《簿記淺說》	高伯時編	1936
《普通簿記》	蔣汝堂編	1936
《高級簿記學》	何士芳著	1944
《理論簿記學》	黃逸峰等著	1948
《實用簿記學》	張心雄編著	1949
《簿記初階》	李文傑編著	1937
《簿記及會計》	王雨生編著	1938
《簿記易知》	佟燦章著	1940
《實用簿記常識》	劉金塘著	1941
《簿記淺說》	郭文正編	1943
《現代簿記》	趙克明著	1944
《簿記基礎知識》	謝允莊編著	1945
《現代簿記》	汪育春著	1948
《實用改良中式賬簿》	謝霖編著	1937
《中式簿記學》	孫樂先著	1945
《新中式簿記論》	孫樂先著	1949
《改良中式簿記》	焦超然、李景和編	不詳
《改良中帳法例》	高生大賬簿服務部編訂	不詳

　　總的看來，中國自撰著作大致分為兩個體系：一個是以潘序倫為代表的全面引進西方會計理論的著作，以教材居多；另一個是以徐永祚為代表的學習西方會計理論以改良中國固有會計理論的著作，也以教材居多。這反映出

人們已經意識到學習西方會計理論的重要性以及教育對於發展我國會計的巨大作用，但同時也暴露出一個問題，就是眾多著作內容大致相同，計學專家大多仍處於學習借鑒狀態，缺乏自己獨到的學術觀點

從叢書方面考察，據不完全統計，在民國時期出版發行的叢書叢刊中有40多種包含有會計、審計方面的著作。其中，會計專門叢書有潘序倫主編的《立信會計叢書》、徐永祚主編的《會計叢書》、楊汝梅（予戒）主編的《中國計政學會叢書》，以及重慶中國會計學社主編的《會計叢書》等。立信會計叢書是當時最完備最權威的會計叢書，它由立信會計編譯所、立信會計圖書用品社自1927年以後組織編著、編譯，是包括會計、審計、簿記內容在內的專業叢書。選編叢書的原則爲內容切合實際、文字通俗易懂、兼顧讀者層次。據不完全的統計，收入該叢書的書目累計達150餘種。

當時會計刊物大致有100餘種，以大專院校、會計學會、學社和民辦刊物影響最大。其中，私人刊物以徐永祚會計師事務所主辦的《會計雜誌》、潘序倫所在立信會計師事務所主辦的《立信會計季刊》和奚玉書所在上海公信會計師事務所主辦的《公信會計月刊》最爲著名。除《會計雜誌》偏重於中式簿記的研究改進外，其他刊物一般都主要介紹西方會計的理論和一些特殊會計的處理方法。

五、積極發展會計教育的思想

1939年，在國民政府教育部公佈的《大學及獨立學院學系名稱》中第六條規定商學院設銀行、會計、統計、國際貿易、工商管理、商學及其他各系。自此，會計系科設置走向正規化。據不完全統計，截止1948年，在綜合大學中設置會計系的共有20餘所學校，在獨立學院中設置會計系科的有21所。在中央政治大學財政系也設有會計組，並有中國唯一的計政學院設置，培養了不少高級會計人才。各院校都把課程設置的重點放在主幹課方面，這些主幹課大體是成本會計學、高級會計學、商業會計學、官廳會計學、審計學、銀行會計學，以及會計學理論與研究等。在教學中，主幹課穿插其間，由淺入深，循序漸進地加以分配。

在各類大學和獨立學院中，會計教育體系進一步完善，對於會計系科的設置和會計課程的開設又各不相同，歸納起來大體有四種類型：（1）獨立設置會計系、科，系統開設會計課程。（2）在法學院或法商學院中設置經濟系，

在經濟系中比較系統開設會計課程。（3）在文學院或文法學院或文理學院中設置經濟系、商學系、商學經濟系、工商管理系，在這些系中比較系統地開設會計課程。（4）在理工科院校中設置管理學院，在管理學院中分設財務管理系、工業管理系、實業管理系，並在這些系科中開設會計課程。

　　在會計系科設置辦法研究方面，圍繞如何培養經濟管理人才的問題，一些愛國教育學家曾提出「理論及事實兼重」的方針，此後這種思想便逐步體現在會計教學的實踐過程中。如會計系的全部課程一般分爲四個部分：一是大學必修課設置，目的在於奠定學員的一般理論基礎；二是商科必修課設置，目的在於解決學員的專業理論基礎問題；三是會計專業必修課設置，這部分是會計專業的核心課程，要求學員既掌握專業理論知識，又必須熟練地把握其專業技能；四是選修課設置，其目的在於擴大學員知識面，加強專業訓練。這四個部分既有重點，又有一般；既有理論，又有實際操作訓練，基本上形成了會計專業的課程設置體系。

　　另一方面，社會上各類會計培訓學校詳細介紹西方會計實務上的運用，同時輔以理論。這類培訓學校多是由會計師事務所創辦，如謝霖創辦的正則會計師事務所以執行會計師事務爲支柱，同時創辦了各種形式的會計教學組織機構，培訓會計人員，傳播西方會計思想，爲金融、工商界培訓了許多新式會計人才。再如潘序倫及其同事創辦的立信會計專科學校，它是當時最具影響力的會計培訓機構，由私人集資舉辦並在教育部備案。其特點是教學領導力量強，師資力量強，校長爲潘序倫，校董大都是我國著名的會計學教授和會計師，如李文傑、徐永祚、奚玉書、李鴻壽、王逢辛、葉朝鈞、錢迺澂等，都是當時在會計學術界富有聲望者。當時由李鴻壽教授主講高等會計學、錢素均教授主講公司會計學及審計學等課程、陳文麟教授主講所得稅會計、張蕙生教授主講政府會計、龔懋德教授主講成本會計等。可見，這些課程的設置都參照了西方會計理論，是系統培養熟練掌握西方會計理論人才的重要方法。

　　總而言之，中國經歷了兩千多年才從簡單的計數教育發展到以培養財政、會計人才爲目標的算學教育，從綜合性的教育形式發展到會計的專業教育。尤其是在封建制時代，由於儒學正統教育思想的壓抑和因抑商政策而產生的輕視會計思想的影響，造成中國會計教育事業長期處於落後狀態。到了民國時期，由於愛國教育學家和愛國學者的努力，中國會計教育事業已有了

一個初步的基礎。當時所湧現出來的一批會計學者、專家、教授，以及在大專院校裏培養出來的一批會計人才，他們中的大多數後來成爲中國教育隊伍的基本力量，在中國會計教育事業發展中發揮著重要作用。中國會計教育事業雖然取得了一定的進展，但由於起步很晚，進步緩慢，已遠遠落後於歐美的一些工業發達的資本主義國家。

第二節　潘序倫的會計思想

潘序倫（1893～1985）

　　潘序倫（1893～1985），字秩四，江蘇宜興縣丁蜀鎮人，我國近代著名的會計學家及會計職業教育家，是 20 世紀 30 年代全面引進傳播西方會計思想、改革中式會計運動的發起人之一，會計界的後輩尊他爲「中國會計之父」。潘氏生平以及其「事務所、會計學校、出版社」三位一體的思想模式已於第四章做過介紹，不再贅述，在此僅補充介紹其學術成果，包括專著（含譯著）40 多部，學術論文百餘篇，至今仍有深遠的影響。

　　專著類有《簿記與會計》（英文版 1925）、《高級商業簿記教科書》（1930）、《各業會計制度》（1～2 冊）（1934）、《會計學》（1～4 冊）（1935）、《政府會計》（1935）、《審計學教科書》（1935）、《公司會計》（1935）、《審計學》（上、下冊）（1936）、《股份有限公司會計》（上、下冊）（1939）、《所得稅原理及實務》（1941）等。譯著類有《勞氏成本會計》（1930）、《成本會計教科書》（1934）、

《會計名詞彙譯》（1935）、《公司會計準則緒論》（1949）、《斐氏高等會計學》（1949）等。可見，潘氏在傳播西方會計思想方面做出了大量積極的工作，推廣西方複式會計的同時不斷引進西方的會計理論，以供中國學者打開視野，深入進行學習研究。

其中，潘氏編著的《高級商業簿記教科書》結合當時中國的法規和工商慣例，通俗的論述了商業簿記的基本原理。該書各章節的編排由淺入深、由簡入繁、循序漸進，並附有教學進度表，每隔幾章就設一章總復習，書末還有一整套模擬業務題，使學員在學習中不斷提高能力，一旦從事會計工作就能得心應手。該書出版後大受歡迎，再版幾十次。《會計學》一書內容更爲精湛，共 4 冊，全書 10 編 70 章，是中國近代會計學巨著。與之相配套的還有《會計問題》2 冊作爲補充教材、《習題詳解》1 冊供教師批改作業參考。它結構龐大、內容豐富，集各門會計之大成，除闡述普通會計學原理之外，還涉及公司會計、成本會計、解散及破產會計、遺產及信託會計等，對預算控制、財產估價、決算報表分析、統計報表運用等內容也做了深入的研究。這部著作兼具理論性和實用性，極受歡迎，與楊汝梅的《無形資產論》一起被列入周谷城主編的《中國學術名著提要·經濟卷》。

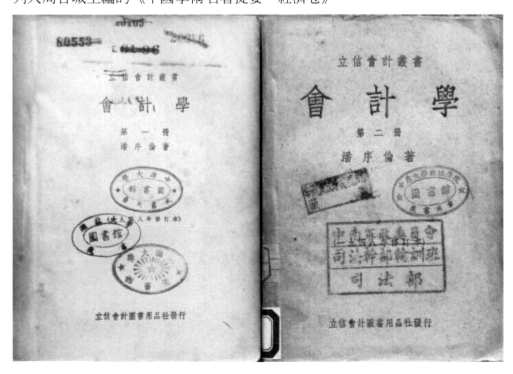

　　潘氏的思想和學術成就在民國時期會計名詞的統一運動中也起到重要的
作用。他和立信同仁編修的《會計名詞彙譯》一書契合中國會計名詞統一運
動的節奏，共收錄會計名詞 2400 餘條，每條先把國內會計書刊原有翻譯名詞
開列出來，從中挑出適當的譯名或暫時擬定一個統一的名詞。名詞選擇有三
個標準：含義確切，習用普遍、用字簡賅。該書曾兩次再版，對統一我國的
會計名詞起到了積極的作用。他將派登、勞倫斯、斐氏等舉世公認的美國會
計學家的著作譯成中文，確定了一系列的會計概念，並在這些概念之間建立
起邏輯關係，從而跳出了以往簿記方法論的圈子，為我國學者正確理解會計
概念、順利進行會計實務操作提供了方向。

　　總的看來，潘序倫會計思想的核心在於全面學習和運用西方新式會計制
度，從而在全國早日統一會計學科目、甚至達到會計運用水平統一的目的，
以促進中國科學管理水平的提高。他認為改良中式簿記只不過是權宜之計，
不能徹底解決問題，因為中式簿記是不科學的、落後的，只有西式借貸複式
記賬法才是科學的、進步的，從發展趨勢看，中式簿記必然被西式簿記所取
代。這一部分在上一章也已經論述，不再贅述，本章嘗試歸納總結潘氏的其
他會計思想。

一、嚴守會計職業道德思想

潘氏一生極其重視會計人員的職業道德，他認為會計人員的工作一定要真實可信，他說：「從事會計工作的人，必須首先在立志、守身、處事、待人這些方面，確立起信用來，堅定不移地守信重諾，嚴禁弄虛作假。」〔註5〕因此，他選擇了「立信」兩字作為會計師事務所的名稱，後來創辦學校和書社也用這兩個字命名。並且，把「立信」兩個字定為校訓，提出「信以立志，信以守身，信以處事，信以待人，毋忘立信，當必有成」的口號，不僅經常對學生宣傳，而且還在同事中互勉互察。

關於會計職業道德，結合會計師職業的討論最為突出。潘氏將會計師的基本素質歸納為三大要素：學識、經驗和道德。而在三者之間，他認為「道德」最為重要，他說：「學識經驗及才能，在會計師執行事務之時，固無一項可缺，然根本上究不若道德之重要」〔註6〕。因為失去了職業道德，會計工作就失去了存在的理由。而道德的具體內容又是什麼呢？潘氏分別歸納了會計師「積極方面之職業道德」和「消極方面之職業道德」。

在積極方面，他說：「一曰公正，二曰誠信，三曰廉潔，四曰勤奮」〔註7〕。這是一個合格會計師的基本品格，只有做到這幾點，方能俯仰無愧，立信於天地之間。潘氏認為公正是會計師首先應具備的公德，即具有不屈於任何誘惑或威脅的勇氣，依其常識經驗才能，觀察會計的正確與謬誤，毫不徇私。會計師職業的作用，小而言之，則是各國企業信用的憑藉，大而言之，則是整個社會信用的保障。會計師執業時應公平處理，不得稍存偏私，從而導致失去社會公正的地位。誠信則為會計師職業成敗的關鍵，所謂「人而無信，不知其可也」。廉潔則為會計師職業之本，如果會計師心存貪念，則將時時以收益報酬為重，而辦事的結果難免偏私或欺偽。勤奮則是會計師的美德，會計賬目事項繁重，會計師必須勤學苦練技術，具有勤奮刻苦負責的工作精神。

後來，潘氏又將會計師職業道德歸納為六個字：公、信、廉、密、勤、敏。他認為：公，以「公」為第一義，大公無私，公正嚴明；信，以保持信

〔註5〕潘序倫：《立信會計學校的傳辦和發展》，收編於《立信史話》，龍一圓主編，立信會計出版社出版發行，1933年11月第1版，1994年1月第2次印刷，第2頁。

〔註6〕潘序倫：《會計師業概況》，上海中華職業教育社1928年版，第16～17頁。

〔註7〕潘序倫：《中國之會計師職業》，《立信會計季刊》2卷1期，1933年7月1日，第32頁。

譽，建立信用，會計師的使命原在建立社會的信用，必須於「信」字上多下功夫；廉，應操守嚴謹，廉潔自重，若歇廉則失信；密，會計師對於查核賬目事項，非經委託者的許可不得宣佈；勤，會計師授辦案件，事繁責重，必須朝斯夕斯，彈精竭慮；敏，會計師承辦業務，必須按程序限期完成，不能停滯拖延，漫無期限。

潘序倫總結了會計師「消極方面之職業道德」共十二戒律，包括會計師不得兼任他職、不得兼營工商業、未得公務機關或委託人許可不得宣佈職務上所得之秘密、不得於合法約定報酬及實際費用外額外索取報酬、不得與委託人訂立成功報酬的契約、不得收買職務上所管理的動產或不動產等。其中關於會計師不得兼職的觀點目的就是為了使會計師超脫於個人利害關係之外，以「超然的地位」求得「自由之精神」。這些思想在政府制定《會計師條例》時多被採納，成為政府管理會計師的主要依據。在近代幾部《會計師條例》中，關于禁止會計師兼職以確保其獨立地位的規定也佔有相當重要的地位。

當然，消極職業道德僅是會計師職業的最低限度，低於此限即為違法。實際上會計師應有的職業道德應該高出很多，應以積極職業道德為標準。

潘氏嚴守會計職業道德的思想對於近代會計職業道德維護制度的形成有著重要的影響。就會計活動的歷史而言，其倫理道德要求早已有之，只不過是自發的和純粹內在的，依賴於傳統和習慣力量承襲演進。近代職業會計師產生後，以潘氏為首的會計學者進一步提煉總結會計職業道德規範並逐步形成文化，使會計行為得到監督與規範，誠信能夠真正落到實處，並在會計師公會與政府的雙重努力下，建立起一套完整的職業道德維護體系、促進了近代會計師制度的完善與發展。此外，潘氏的會計職業道德思想對於近代會計師業務的擴展有著重要的推動作用，使社會公眾逐漸增強了對會計師行業的理解與信任，從而使新興的會計師職業擺脫了傳統的管賬人員的形象，建立起自由職業者的信譽與聲望，有利於會計師業務的擴展。在潘氏嚴守會計職業道德思想的帶動下，講求會計職業道德絕不僅僅是一種口號，而是成為一种競爭手段。眾多會計師事務所改變了在成立之初以開辦者名字命名的習慣，轉而改成以能彰顯執業者職業道德水準的「誠」、「信」等字眼作為招牌。據統計，1947 年前在上海開設的會計師事務所（不包括以個人名義掛牌執行會計師業務者）的名稱中以包含「誠」或「信」者最為普遍，其餘也多以「公」、

「正」昭示天下，如立信、公信、大信、民信、國信、誠信、永信、昭信、同信、公誠、立誠、友誠、誠德、誠正、誠平、公一、大公、公和、公明、公益、正則、正明、正誼、正中、正言、正直、正宜、正繩、正大等，無不以標榜誠信公平爲旗幟。因爲中國舊式賬簿記賬易而查賬難，會計師們爲了堅守誠信，大力提倡改革中式簿記法，倡導立足於西方會計學的新式簿記法，也同時促進了會計學術的發展。

二、會計理論思想

　　潘氏對許多會計問題都有自己獨到的見解，有些理論到現在仍具有參考價值和指導意義。他在明確了簿記、會計、會計學等相關概念後，將會計學的內容分爲會計記錄研究、財產估價研究、會計決算表分析研究和會計檢查研究。會計記錄研究是會計學的初步目標，規劃適當的會計制度及記賬程序，使其省時省力且記錄完備明瞭，並編製正確的決算表。財產估價研究是會計學進一步的工作，以期所編會計表冊不僅賬面無誤，而且反映的實際價值準確，可以代表個人或團體最正確的財產狀況與事業情形。會計學更進一步研究會計表冊的分析與解釋，藉以明瞭歷年事業進展或退步的原因，財產增減變化的實際情況，以期改善財務與管理、確定目標方針。會計檢查研究即爲審計學，檢驗經濟活動是否合法有效，會計記錄是否完備無誤，財產估價是否正確可靠，屬於廣義的會計學範疇。

（一）簿記、會計、會計學等相關概念辨析

　　簿記與會計兩個概念的區別及聯繫，即使現代會計學者也有不同的看法。潘氏說：「簿記（Bookkeeping）者，用有系統有組織之方法，以記載整理一切交易，使各交易所影響於財產上之增減變化，得以正確明瞭，因而計算其財產狀況與營業成績之學術也。…… 倘更進而研究記帳原理之分析，會計科目之分類，賬簿格式之規劃，以期記載整理之結果，各交易所影響於財產上之增減變化，即營業之成績與財政之狀態，有最正確最明瞭最適當之表示者。則謂之會計（Accounting）。」〔註8〕可見，他認爲簿記是一種記錄整理財產增減變化的技術方法，因此研究簿記的重點在實務方面；而會計是簿記的進一步研究，重點在學術原理方法。所以，簿記爲術，會計爲學，會計可稱

〔註8〕潘序倫：《高級商業簿記教科書》，商務印書館，1930年8月初版，1938年10月國難後第14版，第1頁。

爲簿記的研究，而簿記則可稱爲會計的應用。

由此，潘氏還指出簿記員（Bookkeeper）的工作僅須依照規定方法，在會計員指導監督之下，記載整理一切交易事項，具體要求是記錄迅速準確，計算無誤，是一種機械工作。而會計員（Accountant）的工作要求要高很多，應當能夠分析記賬原理，規定處理會計事務的方法，採取的會計措施既合原理又切實際，特別重要的是要用最簡單最切實的方法獲得最正確最明瞭的結果。這些要求非有較高深的會計學識、較豐富的會計經驗的人是無法勝任的。這一觀點區分了簿記工作與會計工作的重點和努力方向，在當時會計分工較爲混亂的情況下，這一區分從理論上和實務上講都是必要的。

隨著研究的進一步深入，潘氏思想有所轉換，他逐漸弱化了會計與簿記之間的區別，轉而提出對比更加鮮明的概念「會計學」。在他 1948 年修訂的《會計學》一書中，以「會計學」一詞替代了原來意義上的「會計」一詞，認爲「會計爲應用技術之一種，而會計學則爲實用科學之一種也。」〔註9〕這一概念的引進使得概念區別更加明顯，理解更加方便。在他主編的「立信會計叢書」中只有會計學、商業簿記，而沒有簿記學的名稱，至於包括會計簿記內容的專業或專門會計，如銀行會計、政府會計、成本會計等則都不加「學」字。

（二）會計記錄思想

1、單式簿記與複式簿記辨析

簿記是記錄和整理交易事項，以反映財產增減變化情況的一種方法。潘氏認爲當時工商界所採用的中國舊的單式簿記並不能達到反映財產增減變化的目的。他極力主張廢除單式簿記，採用複式簿記。他批評單式簿記只記錄交易的一方，記賬方法不完全，所以各個賬戶之間缺乏聯繫；不能正確反映資產負債狀況，無從確定損益數額和來源，不能作爲編製資產負債表和損益表的根據；難以發現記賬錯誤和舞弊行爲。所以，他下結論說：「故單式簿記，非特大規模之商業，不能通用，即小規模之營業，亦以不用爲宜。」〔註10〕

〔註 9〕潘序倫：《會計學》第一冊，立信會計圖書用品社發行，1935 年 1 月初版，1948 年修訂本，第 1 頁。

〔註10〕潘序倫：《會計學》第一冊，立信會計圖書用品社發行，1935 年 1 月初版，1948 年修訂本，第 34 頁。

潘氏進一步尋找舊式商家多用單式簿記的原因，指出：「其所以不用複式簿記者，並非複式簿記之記帳手續，如何繁複，如何艱深，實因主持會計者，相沿成習，不知複式簿記爲何物耳。」〔註11〕這裏也體現了潘氏重視從西方引進新的會計理論、重視會計教育的思想。他闡明任何交易必有收授兩方，且收授兩方的主觀價值必然相等，所以同值數額記入收付兩個賬戶，這就是「複式」的概念。由於複式簿記是一種完全的記賬方法，所以可以彌補以上單式簿記的不足，使得記賬更加科學化、系統化。它記載一切資產負債損益的增減變化，使各種賬簿完備且相互聯繫；明瞭全部資產負債狀況，確知損益數額、原因，可以作爲編製資產負債表和損益表的根據；更爲有說服力的是在查賬驗錯方面獨具優勢。

潘氏對比了複式簿記和單式簿記的優劣，否定了某些人認爲單式簿記記賬手續簡單而應繼續採用的觀點，明確指出單式簿記在記賬、結帳、查賬等方面存在的困難，最終達到了他主張在中國逐步推行複式簿記，最終廢除單式簿記的目的。

2、借貸原理研究

借貸原理是現代會計學中極爲淺顯的理論，但在引進西式簿記的當時卻很難爲會計工作者所理解。潘氏結合複式簿記記賬方法，指出對於每一會計事項均應用同等價值記入資產、負債或資本賬戶的左右兩方，而這左右兩方在會計術語上通常以借方（Debit side）和貸方（Credit side）兩個名詞表示。借貸二字本指借主（Debtor）和貸主（Creditor），起初用來表示人與人之間的借貸關係。凡人欠我的，記入其名下左方，表示該人是我的借主或債戶；凡我欠人的，記入其名下右方，表示該人是我的貸主或貸戶。當人歸還我欠款時應記入其右方，表示該借款抵消，不因爲其記在右方而視爲我的借主。同理，我歸還人欠款時應記入其左方，表示該貸款抵消，不因爲其記在左方而視爲我的貸主。爲了避免詞義混亂，借主簡稱爲借，貸主簡稱爲貸，賬戶左方稱爲借方，所記賬項稱爲借項，賬戶右方稱爲貸方，所記賬項稱爲貸項。經過很長時間運用發展，逐漸由人名賬戶推廣應用，從而其他各類賬戶的左右兩方即以借貸二字爲名。

潘氏非常重視借貸這一抽象原理的應用，力圖使其形象化、通俗化和

〔註11〕潘序倫：《高級商業簿記教科書》，商務印書館，1930 年 8 月初版，1938 年 10 月國難後第 14 版，第 6 頁。

普及化。他具體說明了資產、負債、資本的性質，並把它們的增減變化概括爲資產的增加、資產的減少、負債的增加、負債的減少、資本的增加、資本的減少六種情況。他把損失的發生歸入資本的減少，利益的發生歸入資本的增加。對於何種交易事項應記入借方，何種交易事項應記入貸方這一困擾會計工作者的難題，潘氏總結了兩條通則：「凡收入銀錢商品勞務（Services）功用（Utilites）或債權（Claims），應記入各該相當帳戶之借方。」「凡付出銀錢商品勞務功用或債權，應記入各該相當帳戶之貸方。」〔註12〕具體說來，就是增加資產應記入相當資產賬戶的借方，減少資產應記入相當資產賬戶的貸方；增加負債應記入相當負債賬戶的貸方，減少負債應記入相當負債賬戶的借方；發生損失應記入表示減少資本所有權的各相當損失賬戶的借方，發生利益應記入表示增加資本所有權的各相當利益賬戶的貸方；原投資本額的增加或減少，其處理方法與負債相同。然後潘氏用大量的交易事項作實例，從登記分錄簿、過入分類賬、編製試算表等多方面來說明資產、負債、資本的增減變化和損益的發生，如何記入借方和貸方的問題。他的這一做法從感性認識到理性認識，清楚的闡述了人們認爲複雜而不易理解的借貸原理，爲推進西方會計理論在中國的發展做出了基礎性的貢獻。

3、簿記方法研究

爲使我國簿記方法科學化、合理化，潘氏設計引進了五階段的簿記程序，如圖 5-1 所示。

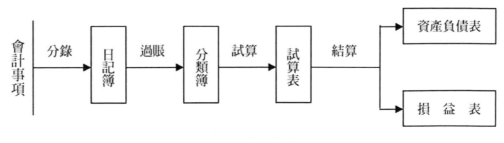

圖 5-1　簿記程序

會計事項是指所有使資產負債資本及損益項目發生增減變化，應該記入

〔註12〕潘序倫：《高級商業簿記教科書》，商務印書館，1930 年 8 月初版，1938 年 10 月國難後第 14 版，第 13 頁。

賬冊的行為。為了減少錯誤遺漏，一切會計事項在記入分類簿之前須先在暫記簿中作初步記載，即按照每一事項發生的日期及分類簿上所用各賬戶的名稱分別借貸，核計金額，摘錄事由，詳細記明，然後再以此為據轉記於分類簿。這一手續在會計學上稱為日記簿，簿內每一會計事項的記載因為有借貸區分，所以稱為分錄。日記簿為序時賬簿，記錄方法不以會計事項的性質分類，而以會計事項發生的日期為順序。會計科目一欄中應先記借方科目，緊靠左線，再於次行記貸方科目，但須向右略偏，約離左線二字。日記簿的通用格式如表 5-4 所示。〔註 13〕

例：23 年 1 月 1 日資本主李君投資現金＄15，000，設立本店，於本日開始營業。

表 5-4

日　　記　　簿

第一頁

| 23 年 | | 會計科目 | 摘要 | 類 | 借方金額 | 貸方金額 |
月	日			頁		
1	1	現金 　資本主李君	資本投資於本 店日開始營業	1 1	$15，000.00	$15，000.00

　　會計事項記入日記簿後的程序是過賬。過賬是按照日記簿每一會計事項借貸兩方的科目分別轉記於分類簿內各該賬戶中。凡在日記簿中為借項的過至分類簿時仍入借方，為貸項的仍入貸方。至於會計事項的日期事由摘要及借貸金額均應依據日記簿記載逐一記入各該賬戶借方或貸方相應欄內。承接上例，分類簿格式如表 5-5 所示。〔註 14〕

〔註 13〕 潘序倫：《會計學》第一冊，立信會計圖書用品社發行，1935 年 1 月初版，1948年修訂本，第 58 頁。

〔註 14〕 潘序倫：《會計學》第一冊，立信會計圖書用品社發行，1935 年 1 月初版，1948年修訂本，第 58 頁。

表 5-5

分　類　簿

借方　　　　　　　　　　　　　　現　金　　　　　　　　（第一頁）貸方

23年月	日	摘要	日頁	金額	年月	日	摘要	日頁	金額
1	1	資本主李君	1	$15,000.00					

借方　　　　　　　　　　　　　　李　君　　　　　　　　（第一頁）貸方

23年月	日	摘要	日頁	金額	年月	日	摘要	日頁	金額
					1	1	現金	1	$15,000.00

　　試算的目的在於檢查分錄與過賬是否正確。試算依據取自複式簿記的根本原理，即分類簿中的記錄自始至終以相等金額分別記入一戶借方和另一戶貸方，所以，將各戶的所有借項和貸項分別相加，其和必定相等。此項測驗方法所列的表格稱為試算表，試算表又可以分為合計試算表、差額試算表和合計差額試算表三種。具體格式如表 5-6 和表 5-7 所示。〔註15〕

<hr/>

〔註15〕潘序倫：《會計學》第一冊，立信會計圖書用品社發行，1935 年 1 月初版，1948 年修訂本，第 62、63 頁。

表 5-6

李 氏 商 店
合 計 試 算 表
民國 23 年 1 月 31 日

類頁	會計科目	借方總數	貸方總數
1	現金	$22,060.00	$7,940.00
2	資本主李君	290.00	15,000.00
3	費用	320.00	
4	商品	10,620.00	10,970.00
5	器具	360.00	
6	上海國貨工廠	160.00	3,000.00
7	永安公司	1,000.00	1,500.00
8	應付票據	1,000.00	1,000.00
9	應收票據	3,060.00	
10	姚君	1,400.00	500.00
11	傭金		360.00
	合計	$40,270.00	$40,270.00

表 5-7

李 氏 商 店
合 計 試 算 表
民國 23 年 1 月 31 日

類頁	會計科目	借方總數	貸方總數
1	現金	$14,120.00	
2	資本主李君		$14,710.00
3	費用	320.00	
4	商品		350.00
5	器具	360.00	
6	上海國貨工廠		2,840.00
7	永安公司		500.00
8	應付票據		
9	應收票據	3,060.00	
10	姚君	900.00	
11	傭金		360.00
	合計	$18,760.00	$18,760.00

以上舉例爲合計試算表和差額試算表，而合計差額試算表爲以上兩表合併，不再列表表示。潘氏指出合計試算表因爲數額較繁，容易出錯，所以應用不多。較爲通行的是差額試算表，極爲簡潔，反映出人們更加關注某項事物的現狀，而不是收付總數。如果資本主或會計員想要知道收入支出總數及具體情況，合計差額試算表也是一個很好的選擇。

同時，潘氏也很客觀的指出試算能發現過賬和總結的錯誤，表現在分類簿借貸兩方之和不等，但卻無法發現例如完全漏錄、漏過或者完全重錄、重過一會計事項、顛倒一會計事項借貸、記入錯誤賬戶等錯誤。雖然上述無法試算檢驗的錯誤比過賬、總結的錯誤發生概率要低很多，試算效用仍然很大，但經常採取其他方法檢驗也是必要的。

結算是指將分類簿各戶加以結束與調整，使營業結果和財產狀況可以用簡潔的數字明白表示在分類簿各戶上，以便會計期末編製資產負債表和損益表。而資產負債各賬戶和損益各賬戶的結算方法不同。於是，潘氏綜合了當時其他會計學者的意見，將資產負債各賬戶歸爲實賬戶（Real Account），表示在結帳之日實際上存在的物品，如現金、器具、應收、應付賬款、票據等。這種賬戶結算實際上是差額計算，結餘轉入下期，並在摘要欄內注明「上月結轉」或「結餘」字樣。而損益各賬戶則歸爲虛賬戶（Nominal Account），表示在結帳之日已不存在該項事物，不過統計經過情形而已，如購貨數量、銷貨數量、費用等。這類賬戶在結算前應先設一匯總各項損益的賬戶，即損益賬戶，將其他各損益賬戶的差額經轉賬手續匯總於此損益賬戶，而不再轉記於次期。

根據結算結果，可以編製資產負債表和損益表，將營業結果和財產現狀匯總列示於一處，便於瀏覽。以下爲資產負債表和損益表的實例，如表5-8 和 5-9 所示。〔註 16〕

〔註16〕潘序倫：《會計學》第一冊，立信會計圖書用品社發行，1935 年 1 月初版，1948 年修訂本，第 80 頁。

表 5-8

李 氏 商 店 資 產 負 債 表
民國 23 年 1 月 31 日

資產		負債	
現金	$14,120.00	上海國貨工廠	$2,840.00
姚君	900.00	永安公司	500.00
應收票據	3,060.00	負債總額	3,340.00
器具	360.00		
		資本	
		資本主投資	$14,710.00
		本期淨利益	390.00
		資本總額	15,100.00
	$18,440.00		$18,440.00

表 5-9

李 氏 商 店 損 益 表
民國 23 年 1 月 1 日

收 益 之 部			
銷貨總額	$10,810.00		
減：銷貨退回	120.00		
銷貨淨額		$10,690|00	
購貨總額	$10,500.00		
減：購貨退回	160.00		
購貨成本		$10,340|00	
買賣利益			$350|00
傭金			360|00
利益總額			$710|00
損 失 之 部			
費用			320|00
淨利益			$390|00

（三）財產估價思想

財產估價是正確反映企業財務狀況的重要手段，涉及會計理論和實務問題。這是潘氏極為重視的會計學研究內容之一，他評價說：「是故估價問題，與資產負債表之編製，有極密切之關係，實爲會計學中一極重要之問題也。」[註17]

根據估價的作用不同具體的估價方法也不同，例如：政府因統制企業的貨價及收益或計算納稅額而進行的估價大致應按照企業各項資產的成本價值爲標準，因要求水火保險賠償而進行的估價大致應按照各項資產的現時價值爲標準，因企業的買賣轉讓增資改組而進行的估價大致應按照其收益力的還原價值並參酌其各項資產的現時價值爲標準，因解散清算或破產償債而進行的估價大致應以各項資產的清算變現價值爲標準等等。而潘氏更爲關注的是爲表示繼續經營中的企業的財務狀況而進行的估價，他認爲應該可以正確表示企業的償債能力和投資財力，所以流動資產應以時價爲估價標準，來表示其短期內償債能力是否充足，而固定資產則應以成本爲估價標準，來表示其長期投資財力是否雄厚。

因爲財產估價因被估的對象而不同，潘氏以正確反映企業財務狀況爲目的對財產估價進行了細分。他指出確定各種財產基本價值的第一步工作是嚴格劃分資本支出與收益支出，這也是財產估價必須掌握的原則。而所謂資本支出是指一企業獲得資產的支出，即以一資產換一他資產，而全部資產的淨值在原則上沒有增減；所謂收益支出是指企業獲得收益所需的費用，即藉此支出獲得更多的收益。資本支出應記入資產類賬戶，而收益支出應記入損益類賬戶。

1、資產估價思想

潘氏指出，現金本身是一切價值的標準，所以基本上沒有再行估價的必要。而應收賬款的估價主要在於確定壞賬損失和銷貨折扣。通用的壞賬估計方法是觀察估計法和經驗百分法，後者又以百分比計算的根據不同分爲銷貨總額百分法、賒銷總額百分法和應收賬款餘額百分法。應收票據估價類似應收賬款，主要在於確定其可以收回的部分，同時還要考慮其利息問題。

存貨估價較以上各項資產估價複雜很多，潘氏說：「資產負債表中所示之

〔註17〕潘序倫：《會計學》第三冊，立信會計圖書用品社發行，1935 年 1 月初版，1950年 10 月第 20 版，第 64 頁。

各種資產，以存貨一項之估價問題，最爲複雜。」〔註18〕概括來說，存貨的估價有如下四種標準：成本、時價、成本與時價孰低和售價。而潘氏對於上述四種標準都不甚滿意，認爲都有缺點。他指出最適當的存貨估價標準應具備下列三個條件：一是須使資產負債表能表示結賬日的正確財務狀況或可靠之償債能力；二是須使損益計算書能表示某會計年度內的營業成績，不使營業上的損益與他種不關營業的損益相混淆；三是須遵守穩健態度，不得預計尚未獲得的利益。

由此，他認爲成本與時價孰低標準是一種穩健的估價標準，但犧牲了會計上的正確原則，所以他評價道：「此項估價標準，雖以穩健之故而受舉世之歡迎者，固難免爲頭腦清明之會計學家所擯斥也。」〔註19〕可謂態度極爲明確。同時，潘氏認爲資產負債表和損益計算書所需用的估價標準不同，資產負債表反映結帳日的財務狀況，所以要求以時價爲標準，而損益計算書要求以成本爲標準，才能正確表示營業成績如何。

爲了符合存貨估價標準的三個條件，潘氏提出了一個適當的估價方法，即設「存貨跌價準備」、「存貨跌價損失」、「存貨漲價」、「存貨漲價準備」四個賬戶，從而在資產負債表和損益計算書中可以同時反映存貨成本和時價。這一方法的提出填補了存貨估價的理論空白，使得會計理論更加系統化和科學化。但潘氏也注意到這一方法在實際運用時會較爲繁瑣，所以他也採納了其他會計學者的主張，指出在實用上可以採取更加簡便的方法，即存貨以成本計算，而將時價注明在資產負債表下方，使得讀表者可以借助表外附加的數字明瞭財務實況。

短期投資的估價按照歐美習慣是以「成本與時價孰低」爲標準，國內會計學家有支持以時價爲標準的也有支持以成本爲標準的。潘氏指出短期投資的估價應以時價爲標準，但類似存貨估價，要分設「投資跌價損失」、「投資跌價準備」、「投資增價」和「投資增加準備」四個賬戶分別反映。而長期投資的估價要區分長期投資是商業上的與理財上的兩種不同目的。商業上的長期投資要考慮被投資單位的財務狀況，理財上的長期投資則在於債券利息和

〔註18〕潘序倫：《會計學》第三冊，立信會計圖書用品社發行，1935年1月初版，1950年10月第20版，第108頁。

〔註19〕潘序倫：《會計學》第三冊，立信會計圖書用品社發行，1935年1月初版，1950年10月第20版，第127頁。

債券溢價與折價的估定。這些理論，在現代也有重要的參考價值。

對於固定資產的估價，潘氏主張以「成本減折舊（或耗竭）」為標準，如果認為這一標準還不能表示某一資產的真實價值則可以用重置成本來估價。但無論是購買的還是自製的固定資產，它的成本或重置成本在估價時都必須分清是資本支出還是收益支出。否則，就會發生虛構固定資產價值（把收益支出故作資本支出），或估價過低（把資本支出故作收益支出），這就不能達到正確反映企業財務狀況的目的。潘氏還解讀了當時所得稅法規關於固定資產原價、使用年限、殘值以及折舊方法等相關規定，指出稅法僅准採用平均法和定率遞減法兩種折舊方法，而這兩種折舊方法的特點在於簡單易懂，和我國當時一般商人會計程度較低相適應。

無形資產的估價有購入和非購入之分，潘氏認為購入無形資產應以購買價列賬，非購入無形資產一般以不估價入賬為宜。這一觀點與楊汝梅相同。另外，無形資產估價還分為企業進行中估價和企業轉讓時估價。潘氏認為企業繼續經營期的無形資產價值逐年不同，應先求得全年的淨利益，再減去資本淨值和資本正常報酬率的乘積，得到額外收益後用其除以正常報酬率即為無形資產的價值。而企業轉讓時無形資產的決定沒有固定標準，須用預計方法推測，推測依據是過去年度的利益。

以上為資產估價原則，因為資產價值因時間、地點、事件等因素而變化，且純粹為一企業內部問題，沒有外部牽制，所以估價須嚴謹精密。

2、負債、資本估價思想

相對於資產估價原則而言，負債的估價要簡單很多，因為凡是負債均與債權人有關，都應如數歸還，不存在折扣或少還的情況。所以，負債估價以賬目價值為準，但要估定有無未入賬的負債。

資本為資產與負債的差額，包括股本、公積、各種準備等，均可按照實際發生情況估價。潘氏在此特別提到的是所謂「秘密盈餘」，即低估資產價值和高故負債數額的差值。潘氏說：「設置秘密盈餘，雖有少計資產，或多計負債二法，但其行之較便者，實為資產價值之低估，而尤以存貨及固定資產二項價值之低估為易。此以固定資產及存貨二項，在企業資產總額中，每占極大比例，略一低估，已足實現設置秘密盈餘之目的故也。至於高估負債之方法，則不常應用。此以對外負債，必有確實之債權人，虛設賬戶，不易掩藏

故也。」〔註20〕這段話在闡明秘密盈餘來源的同時也總結了資產、負債估價的特點。潘氏認爲秘密盈餘常被企業作爲調節利潤的手段，弊多利少，在財產重估時尤其要特別注意。只是在其數額不大的情況下，可以看作是估價穩健政策的自然結果。另外，公積和各種準備直接影響資本淨值，而公積和準備的來源是年度利潤，因此對於收益和費用是否屬於營業年度要按一定標準來決定資本淨值，如現金的收付、交易發生的時間、某些收入和費用是否按比例攤算、價值是否變動等。

（四）決算表分析與解釋思想

會計估計是會計記錄最終得到正確決算表的保證，而對於資產負債表和損益表兩種決算表的分析和解釋是充分運用會計資料的結果，是決定企業財務狀況及經營業績的重要結論，對內供管理當局參考決定經營政策，對外可以取得社會的信任。具體而言，決算表的分析與解釋目的在於審視財產的消長和偵察企業的病症。潘氏總結說：「決算表分析與解釋之功用，在經營者可用爲決定營業成績、測量財政狀況及籌劃預算統制之工具，在銀行可用爲決定放款取捨之根據，在投資者則可用作決定投資途徑之指南，在短期債權人，則得藉之以爲放帳之根據，其範圍至爲廣泛也。」〔註21〕

潘氏認爲決算表的分析與解釋方法有兩種：比率分析法和趨勢分析法。比率分析法適用於單一或多個資產負債表和損益表，而趨勢分析法僅適用於多個資產負債表和損益表。

1、比率分析解釋法

所謂比率分析法就是用數學方法計算決算表內所列各項目的相互關係，進而測定企業財務狀況與營業情形優劣的一種方法。分析決算表時所用的比率種類非常多，有綜合比率和個別比率之分。

綜合比率是以決算表中若干項目的總數與其中個別項目的數額相互比較而算得的比率。計算資產負債表的綜合比率常以資產總數及負債與資本總數爲100%，以此計算個別資產負債項目與總數間的百分數，如流動資產占總資產比率、現金及銀行存款占總資產比率等。計算損益表的綜合比率常以銷貨

〔註20〕潘序倫：《會計學》第三冊，立信會計圖書用品社發行，1935 年 1 月初版，1950 年 10 月第 20 版，第 371 頁。

〔註21〕潘序倫：《會計學》第四冊，立信會計圖書用品社發行，1935 年 1 月初版，1950 年 12 月第 24 版，第 3 頁。

淨額作爲基數（100%），如銷貨成本占銷貨淨額比率、銷售毛利占銷貨淨額比率、淨利占銷貨淨額比率等。

個別比率又可以細分爲靜態比率、動態比率和增補比率。靜態比率即根據資產負債表求得的比率，表示編製日財務狀況，如流動資產與流動負債比率、存貨與應收款項比率、淨值〔註22〕與負債比率、淨值與固定資產比率等。動態比率即根據損益表內各項目或資產負債表及損益表內所列項目求得的比率，表示企業的經營成績，如銷貨與存貨比率、銷貨與應收款項比率、銷貨與淨值比率、銷貨與固定資產比率、淨利益與銷貨比率、營業費用與銷貨比率、銷貨成本與銷貨比率等。增補比率是靜態、動態比率的有益補充，如淨利與淨值比率、淨值及固定負債與固定資產比率、固定負債與固定資產比率、存貨與運轉資本比率、在製品與原料及製成品比率、運轉資本與資產總額比率、淨值與盈餘比率、營業利益與資源〔註23〕比率等。

僅有比率是不夠的，潘氏指出要進行比率比較必須有供比較的標準。內部標準大致是根據過去及現在的資料，並預測以後的情形，而規定一種事業內部經營比率標準。而外部標準則是通盤研究同業中各種比率而規定一種適合與該事業全體的準則。經過內部標準和外部標準的比較，可以發現哪些比率過高、哪些比率過低、哪些比率正常、哪些比率失控，從而找到企業發展的優勢和劣勢。

2、趨勢分析解釋法

趨勢分析解釋法是根據連續數期決算表上的實際金額，比較其增減，進而研究其財務及營業狀況的變化。分析解釋一企業趨勢的最簡單方法就是彙集連續數期的決算表編成比較決算表，使各期同一項目的數字彙列一行，而將各項目數額的增減分別算出，以便觀察雙方的關係，進而得出其增加或減少的趨勢。而另一種方法是編製資金來源運用表，明示企業資金的來源與運用，彌補比較資產負債表雖可表示一企業財務狀況增減變化趨勢但卻無法明示其增減變化原因及結果的不足。資金來源可以歸納爲資產減少和負債增加兩種情況。資產減少可應用於其他資產的購置或債務的償還，負債增加則運用的資金必然增加了。而資金的運用相應也可以歸納爲兩項，即資產增加和

〔註22〕 此處及以下淨值是特指股份有限公司的淨值，包括投入資本、各種公積及一切盈餘準備。

〔註23〕 此處資源是指負債總額與淨值之和。

負債減少。資金來源運用表必須分別資金的來源和運用兩項，將資產負債表內各項資產負債的增減數額列入即可。

趨勢分析法中幾年的同項比率比較也佔有很大份額，如三年來一公司損益項目的比率、流動比率、商品周轉率等各種比率的比較分析，可以參照比率法先求得比率再縱向比較。

3、比較法與趨勢法的比較

潘氏認為兩種方法各有優劣。比率法的優點在於能明白表示事業的財務結構和經營情形，且既可以分析一張決算表又可以分析數張決算表。但其主要缺點在於難以說明各項增減變化的原因及結果。而趨勢法正好可以彌補比較法的缺點，可以明確反映企業經營是進步還是退步、程度如何、對於事業成敗有何影響，這對事業管理上幫助非常大。但其缺點在於手續較為繁瑣，必須先求出各期決算表上的比率，而且因會計制度更改，各期決算表內容有所出入。

所以，潘氏針對這兩種方法提出了自己的觀點，他說：「總之，欲瞭解一事業之現狀，則比率法已能顯示正確之情形，而得供分析現狀者之參考。惟欲瞭解一事業經過之傾向，及預測其將來之情形，則比率法不足顯示其正確之概念，必須賴趨勢法以補其不足。故兩者必須相輔為用，方能使吾人瞭解事業之整個情形，及其過去現在與將來之狀況也。」〔註24〕潘氏的這一思想與當代會計分析思想基本吻合，是正確而實用的。

（五）審計思想

潘氏對於審計給出了明確的定義，他說：「審計（Auditing）云者，對於他人所作成之會計記錄，用有系統有組織之方法，為全部或一部之檢查，以確定其會計記錄之是否適當，是否足以正確表示該企業之財政狀況及經營成績，同時更指正其謬誤，摘發其詐弊，並為出具報告書或證明書，以表示其客觀意見之謂也。」〔註25〕

這一定義開宗明義的指出審計對象是「他人所作成之會計記錄」，所以潘氏認為自己檢查自己所作的會計記錄從嚴格意義上說不能稱為審計。從而潘

〔註24〕潘序倫：《會計學》第四冊，立信會計圖書用品社發行，1935年1月初版，1950年12月第24版，第60頁。

〔註25〕潘序倫、顧詢：《審計學》上冊，立信會計圖書用品社發行，1936年1月初版，1950年9月第14版，第1頁。

氏認為稽核科施行的內部審計不應屬於審計，因為雖然同樣可以檢查企業會計上存在的謬誤和舞弊情況，但從整個企業機關來說也不過是自己檢查自己所作的會計記錄，其對外的效果實屬有限。這說明他對內部審計的意義和作用是持保留態度的。這一觀點和他當時所處的環境有直接聯繫，他評價中國當時狀況是各種產業尚未發達、企業規模尚小、沒有健全的內部牽制組織，會計制度仍然簡陋，會計學術沒有普及，簿記員、會計員知識技能不足。在這種情況下，內部審計確實功用較少，不易取得社會信任。所以，潘氏強調只有第三者做出的審核證明才能取信於社會，而這個第三者指的就是會計師，從而肯定了會計師的社會地位。總的來說，潘氏《審計學》一書中所指的審計實際上就是以會計師的立場執行的審計。

1、審計的界限、目的及審計學與會計學關係區分

潘氏細分了廣義審計和狹義審計。他認為狹義審計僅限於會計的審查，以決定會計手續是否符合要求，賬目記錄是否正確。但隨著社會經濟的發展，會計科學的進步，審計的任務已經不限於消極的糾正錯誤、揭發詐偽，而必須進一步就會計記錄所表現的事實向管理當局提出積極的建議，以促進事業的發展，這就是廣義的審計。

潘氏是非常重視審計的，認為其意義重大，可以證明會計的正確，並作為取信於社會的工具。他否定了沒有查處任何謬誤或詐偽舞弊行為就是審計失敗的觀點，因為在經濟不發達的時代，工商業管理落後，財務不公開，這必然導致審計失效。他認為不能因為外界環境的落後而忽視審計的重大作用。而隨著工商業組織擴大，金融交易頻繁，財務狀況和經營成績有對外公開的必要，經過審計，一方面可以明確企業財務狀況與經營成績以確定業務方針和會計制度的改良，另一方面可以取信於人，信用昭著就能促進企業的發展。

關於會計與審計的關係，潘氏批評了當時的兩種觀點。一種認為廣義的會計學包括審計學，狹義會計學是廣義會計學的建設部分或積極部分，而審計學則是分析部分或消極部分。這一觀點的前一部分潘氏是贊同的，認為審計學屬於廣義的會計學範疇，他反對的主要是審計學為消極部分的觀點。部分會計學家認為審計學以狹義會計學的原理、法則為準繩，以證明會計記錄、記賬方法等的正確而沒有其他積極行為。潘氏指出審計的功用不僅為了證明會計的正確，並且要分析營業所得的結果，據以決定商業政策，改良內部組織管理制度，藉以增加營業利益，在社會經濟建設上也具有較大的積極作用。

另一種觀點是會計爲學，審計爲術。潘氏認爲這一觀點的錯誤在於不懂得科學的理論來源於實踐，把查賬員豐富的經驗看成單純的技術，而不知正是有了這種經驗，才上陞爲審計理論。所以潘氏指出審計積纍了多數查賬員檢查各種會計的經驗，得出一貫的體系而合於科學的原理，它與會計同樣是「學」，是當之無愧的。

2、審計的種類

經過全面考查，潘氏學習各國學者對審計的分類，總結歸納爲三種。一是較多美國學者採用的以審查範圍爲標準的分類，分爲詳細審計、資產負債表審計和特種審計；二是較多英國學者採用的以審查時期及次數爲標準的分類，分爲期末審計和分期繼續審計；三是較多德國學者採用的以審計目的爲標準的分類，分爲創立審計、舞弊審計、資產負債審計、繼續監視審計。潘氏認爲第三種方法不如前兩種明晰適當，因爲以目的爲分類標準很難將所有審計包括在內，且從審計學來講也不夠科學。潘氏主張用前兩種分類方法，因爲第二種方法很容易理解，不易混淆，所以他重點剖析了第一種方法。

詳細審計即全部審計，指對於一會計期間的賬目自發生交易的原始記錄起至最後結束的決算表冊做全部精密的審查。這種審計應先以該會計年度開始時的資產負債狀況爲基礎，然後考查增減變化，逐一審核，同時探究發生各項損益的原因，最後對與期末所編的資產負債表及損益表做詳細審核與肯定的證明。原則上對於被查機構賬目上微細的錯誤或弊端均應發現，經過審查後而結出的決算表應認爲全部正確並做出證明，如果有應該附加的限制或說明必須在證明書或報告書中敘述，以明責任。這種方法費時費力，不太經濟，但效果良好。

資產負債表審計是指對於一企業在一定日期所製成的資產負債表進行審核，以決定其所列各項資產負債與資本都是正確的，都足以適當表示該企業在該日期的財務狀況。這種審計的範圍及手續比詳細審計要簡便很多。潘氏指出美國盛行的是資產負債表審計，因爲美國企業內部牽制組織比較發達，所以不做詳細審計危險不大。又因爲這種審計切於事實要求，所以世界各國逐漸採用。但對於中國較爲落後的情況，潘氏說：「在我國，工商企業，尚屬幼稚，會計學術，更未昌明，沿襲舊式簿記法者，居其多數，故此種審計之適用，機會甚少，普通查帳，均須爲詳細審計。時或因被查機構之管理方法及會計制度，較爲完善，而節省某項審計工作之一部分者，然仍爲減省之詳

細審計，而非資產負債表審計也。」〔註26〕可見，潘氏在引進傳播西方先進會計思想的過程中，備受中國現實環境的困擾，但他能夠審時度勢的進行取捨，而不是全面照搬，這種做法是特別值得稱道的。

特種審計是指專為某項特種目的而對於一企業某一期間內所有賬目做一部分或全部的審核。特種審計多屬臨時發生，通常範圍較資產負債表審計和詳細審計小，但方法沒有什麼差異。

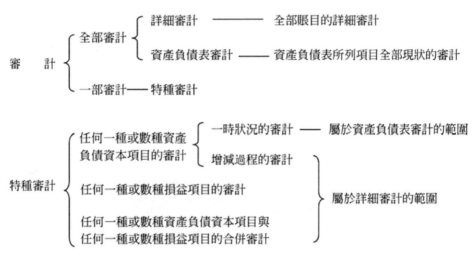

圖 5-2 可以展示這三種審計的相互關係

3、查核賬冊單據的基本法則研究

潘氏對於查賬方法深有體會，他以查賬次序先後為標準將其分為逆查法和順查法，以查核手續精粗為標準分為抽查法和精覈法，並要求查賬員根據被查機構的環境和被查事物的特質隨機應變。

逆查法又稱為分析法，先從決算表冊所列項目查核總賬各賬戶，再根據總賬查核原始賬簿的各項記錄，再檢查傳票及憑證單據。而順查法又稱為核對法，查賬順序與逆查法恰好相反。潘氏認為如果單獨使用順查法，則查賬員工作繁瑣沉悶，雖然步步核對，但「往往反不能高瞻遠矚，查得其重要事實」〔註27〕。如果只使用逆查法查賬，潘氏評價說：「其結果不特易犯不普遍

〔註26〕潘序倫、顧詢：《審計學》上冊，立信會計圖書用品社發行，1936 年 1 月初版，1950 年 9 月第 14 版，第 19 頁。

〔註27〕潘序倫、顧詢：《審計學》下冊，立信會計圖書用品社發行，1936 年 1 月初版，1950 年 9 月第 14 版，第 326 頁。

不徹底之不弊，且有時徒費工作時間與腦力，而一無所得。」〔註28〕所以，潘氏主張兩種方法交互為用，相互輔助。

抽查法即抽取該期間內各項交易記錄的一部分核查。如果沒有發現錯誤舞弊，則推定其無誤；如果發現問題，則應擴充檢查範圍或核對全部記錄。至於抽查賬目範圍的確定則須考慮該賬項的重要程度即發生錯誤舞弊的概率，如賬項的性質、數額的大小、牽制組織是否完善、記賬人員的品性等。抽查法可以節省時間、手續，但加大了疏漏遺誤的風險。與之相互補的方法就是精覈法，所有與該事項有連帶關係的賬據以及直接間接的憑證都需要細緻考覈，務使經過精覈的事項徹底明瞭。潘氏說：「蓋抽查法與精覈法，同時並用，是即求以最少之時間與工作，獲得最大之效果，乃進一步之查帳術也。」〔註29〕

由上可以看到，潘氏關於審計方法的思想已經相當周密和靈活，他的主旨思想是用最少的時間和精力獲得最大的效果。所以，他並不是死板的強調一定使用何種查賬方法，而是主張根據不同情況加以選擇，多種方法互相輔助補充。這一思想解放了拘泥於全面查賬的思想，為查賬員的工作提供了最基本的指導。

4、會計師事業研究

潘氏認為會計師制度是經濟進化後的產物。他考察社會現狀，認為當時人們對於會計師工作有很多錯誤認識，他說：「一般商人缺乏會計根本知識者，不在少數，故其對於會計師查帳工作之性質內容目的及責任，猶多誤會。以致會計師在執行查帳職務時，感受種種困難，而不能盡其所當為。」〔註30〕潘氏還具體指出幾種錯誤認識，如因官署通令需要會計師查核憑證而被動接受的想法、為點綴門面或敷衍人情而聘請會計師的想法、認為查賬極其簡單的想法、過於重視或迷信會計師工作的想法、對會計師發表意見置之不理的想法等等。這些想法嚴重桎梏了會計師工作的開展，使得會計師執行查賬事務時缺少必要的憑證和手續，缺少必要的時間和支持。

〔註28〕　潘序倫、顧詢：《審計學》下冊，立信會計圖書用品社發行，1936 年 1 月初版，1950 年 9 月第 14 版，第 327 頁。

〔註29〕　潘序倫、顧詢：《審計學》下冊，立信會計圖書用品社發行，1936 年 1 月初版，1950 年 9 月第 14 版，第 329 頁。

〔註30〕　潘序倫：《查帳標準程序之擬訂》，《立信會計季刊》2 卷 1 期，1933 年 7 月 1 日，第 43 頁。

　　爲了明確會計師工作的性質內容責任和目的，潘氏總結了會計師的基本定義，他指出：「會計師者，應具有獨立自由之地位，高尚誠信之道德，以及經濟上，財政上，商業上，與夫會計上審計上專門之學識與豐富之經驗，以承各方面之委託，而爲之辦理審計會計財務商事等一切實務，或備各方面之顧問，而爲之解答審計上，會計上，商事上，及財務上之一切問題，藉以建立一般社會之信用，保障其利益，而輔導整個工商業之發達改良及健全爲目的者也。」〔註31〕這一定義已經非常精準，概括了會計師應具備的資格，即超然獨立的地位、高尚誠信的道德、專門的學識和豐富的經驗。同時總結了會計師職務的種類，即分爲事務的辦理和問題的解答。最後闡述了會計師服務的目的，即建立社會財務信用、保障社會各項利益、輔導整個工商業的發達改良及健全。這一基本規範的梳理對於社會各界正確認識會計師的工作和地位起到積極推動的作用。

　　當時學術界對於會計師工作有一個爭論，潘氏也參與其中。爭論的主題是能夠取信於人的會計師自己所作的會計記錄是否也要經他人的審核證明。一種看法認爲獨立執行審計的會計師所作的會計記錄，如果要證明其正確性，則必須要委託另一會計師或其他審計機構重新加以審核。另一種看法認爲會計師經政府認可，專門以代人辦理會計事務爲職業，則其所採取的態度必然公正，而代爲審核證明會計記錄是否正確和代爲辦理會計記錄兩者形式雖然不同，但性質同屬於會計師工作的結果，沒有實質上的區別。既然會計師的審核證明可以取信於人，那麼他所代作的會計記錄也同樣可以取信於人。

　　潘氏認爲以上兩種主張雖然各有相當理由，但都有片面性。他指出應將會計師代編決算表與代辦記賬事務（主要是受託辦理清算所作的會計記錄）兩種情形分別而論。前者在編製決算表時，必先檢查原有的會計記錄而綜合其結果，因此已具有審核他人的會計記錄的意義，當與一般審計具有同樣的效果。後者的會計記錄是否正確，則不能因爲他是會計師所作，而予以絕對的信任，應當經過第三者的審核。從潘氏的觀點可以看出，他既不否定會計師所作工作的正確性，也不肯定會計師工作的絕對可信，而是著眼於社會公正的目的，力爭會計師工作完善周密。他的這一想法試圖告訴世人要相信會計師工作，但不要過於迷信其工作，不要認爲凡是經過會計師查核證明的或

〔註31〕潘序倫、顧詢：《審計學》下冊，立信會計圖書用品社發行，1936 年 1 月初版，1950 年 9 月第 14 版，第 461 頁。

會計師所作的記錄都是絕對可靠的。因為如果以後發現即使非常細微的錯誤，就會認為是會計師失職，而由過分信任變為過分不信任。雖然會計師的宗旨是依靠誠信取信於社會，但由於工作的特殊性，如抽查審計、憑證不全、時間有限等其他干擾因素存在，不能發現舞弊情況也是有可能的。所以，潘氏是運用了辯證法思考當時環境下會計師工作結果的可靠性，對於當代會計師工作結果的認定也具有一定的參考意義。

三、會計教育和出版思想

在立信會計師事務所設立初期，潘氏就深深感到非改良企業會計制度和訓練會計專業人員不可。1927 年潘氏創辦了第一個簿記訓練班，以後發展成立信補習學校，直到立信會計專科學校，而且不僅局限於上海，在廣州、重慶也建立了高級會計職業學校，形成了一套完整的、多層次的會計人才教育體系。與此同時，他自行編譯會計書籍，並開設圖書社，把事務所、學校和圖書社三者融合起來，經過幾十年的不懈奮鬥，逐漸形成享譽全國、影響巨大的「會計師業務、會計教育、會計出版」三位一體的立信會計事業。從 20 年代開始到解放前這 20 幾年間立信培養了數以十萬計的會計專業人才，這在當時的舊中國來講是一個很大的數字。潘氏的周圍也由此彙聚了許多學有專長的知識分子（包括自由職業者），立信成為舊中國會計事業的一塊綠洲。

（一）潘序倫會計教育思想溯源

一種思想的產生總可以追溯其發軔的源頭。那麼，潘氏教育思想的源頭是什麼呢？經過梳理，不難發現它有多種因素所構成的思想淵源：既有來源於「實業救國」的思想；又伴生於「會計改良與改革之爭」運動；更受黃炎培等人提倡的職業教育思潮的啟迪。總之，潘氏會計教育思想是這些思想交融的產物和綜合的結晶，在一定程度上也是潘氏本人自身經歷、個人體驗的結果。

1、「實業救國」思想

「實業救國」與「教育救國」、「科學救國」一樣，是近代中國有識之士在面臨亡國滅種的民族生存危機之時提出來的，是帶有愛國進步性的。民國以來接踵而至的喪權辱國、積弱積窮的亂世局面深深刺激了愛國知識分子和民族工商業者。在民族存亡之際，許多仁人志士都在不懈地探索愛國救國之路，他們從多種途徑積極倡導維護國家主權、挽救民族危機的主張，不少有

識之士從興辦實業、振興實業的角度提出了救國的處方。

顧福祐、王成傑在《潘序倫與立信會計學校》一文中指出：潘序倫「在青年時代受到舊民主主義『實業救國』的思想影響，接著赴美國留學。回國後立志把一生獻給祖國的會計事業，以期實現『實業救國』的思想。創辦立信會計學校，培養會計人才，是他實現這一理想的實際活動。」〔註 32〕這一論述直接闡述了潘氏會計教育思想與「實業救國」思想的關係。

2、「會計改良與改革之爭」運動的影響

20 世紀 30 年代前後，會計界湧動著一股改革與改良的思潮，因而發生了是否以科學的西方會計取代傳統的中式簿記的論爭。這場論爭是我國近代會計發展史上影響最大的一次學術討論與交流，也是會計學術取得初步進展的重要標誌。潘氏認爲西方會計中的先進方法諸如借貸平衡原理、永續盤存制、成本計算和經濟分析，以及超然會計制度等，在中式簿記中即使經過改良也是難以實施的。因此，作爲改革派的領軍人物，潘氏從會計師業務、會計教育、會計學術研究與圖書出版等多個層面，積極投身引進、推廣西方會計的會計革新運動，培養了數以萬計的新式簿記人才。所以我們可以認爲潘序倫教育思想伴生於會計革新運動。

3、黃炎培等人提倡的職業教育思潮

在中國現代教育史上，黃炎培以首倡職業教育而著稱。他數十年來不僅身體力行，堅持實踐，創辦了中華職業教育社，開拓發展了職業教育事業，而且對職業教育理論進行潛心研究，寫下許多論著，形成了頗有體系的職業教育思想。

黃炎培和潘序倫既有師生之誼，又有同道之好。潘氏 1979 年曾寫道：「我從 1927 年起開始執行會計師業務，成立立信會計師事務所，翌年又創設了立信會計學校。我們採取的教育方針與方法，可以說完全照搬了中華職校的教育方針與方法。立信會計學校在 25 年的時間內，訓練了十萬人以上的各級學生，這是以中華職校爲榜樣所取得的成就。」〔註 33〕循著潘序倫本人的這一段自述，再看黃炎培、潘序倫兩人的師承關係和著述實踐，並把立信會計學

〔註 32〕 轉引自《潘序倫回憶錄》附錄，中國財政經濟出版社，1986 年 9 月第 1 版，第 71～72 頁。

〔註 33〕 潘序倫：《中華職業學校是我辦學的榜樣》，見中國職業教育社編：《社史資料選輯》第 1 版，1983 年 11 月再版，第 149 頁。

校和中華職業教育社在實施職業教育方面的許多措施加以比較，我們可以推斷，黃炎培和潘序倫的教育思想存在著前後相通的內在聯繫。

（二）潘序倫的會計教育思想

1、面向社會的教育觀

潘氏以社會的需要作爲自己辦學的出發點，提出了一整套辦學的新思路。

在辦學形式上，潘氏堅持事務所、圖書社、學校三位一體，密切配合，協同辦學。他認爲三者之間存在著密切的不可分割的依存關係：事務所不但可以爲學校提供師資，還可作爲進行實務訓練的場所；用品社可以爲學校提供教材並補充部分辦學經費；學校培養出來的人才可以協助事務所和用品社發展業務。這樣，三者之間互相支持，形成了良性循環。潘氏指出三位一體模式是一個成功的經驗。

在辦學經費籌措和人力、財力、物力的融通上，潘氏提出要取之於社會用之於社會，取之於會計用之於會計，取之於學生用之於學生。從他組織的校董會成員分佈來看，除了會計教育家外，不少是在經濟界、實業界舉足輕重的人物，如中國銀行總經理宋漢章、商務印書館總經理王雲五、民生實業公司總經理盧作孚、中央信託局局長劉攻芸、天原電化廠吳蘊初、申新紗廠經理章劍慧等等。從經費來看，社會集資佔了不小的比重。僅以專科學校爲例，除開辦時籌集建校基金 17 萬元法幣外，在重慶建設校舍時募集 40 多萬元，抗戰結束返滬又集資 10 億 2 千 5 百多萬元法幣，其中申新紡織總公司和榮氏兄弟就捐助了法幣 1 億 8 千萬元。

在辦學層次和規格上，潘氏主張社會需要什麼樣的會計人才，我們就培養什麼樣的會計人才。所以，他辦學具有廣泛的層次性和多規格性，包括大中專學歷教育、成人教育和補習教育等等。從 1927 年起，潘氏開辦過簿記訓練班、立信會計補習夜校（1928 年）、函授學校（1930 年）、晨校（1935 年）、星期日校（1936 年）、日校（又稱「速成科」1937 年）、專科學校（1937 年）、高級會計職業學校（1942 年），採取長期教育和短期培訓相結合，較好地滿足了社會的需要。

在師資構成上，立信的師資隊伍的來源有兩方面：一方面是由立信會計事務所的會計師、歷屆優秀畢業生以及其他高校招聘來的畢業生中挑選出來的，組成了一支穩定、高效的專職師資隊伍；另一方面是從社會上聘請有關

專家、教授、學者來校講授，組成一支兼職教師隊伍。總的看來，兼職教師多於立信會計學校教學人員，而且都是潘氏爲了保證教育質量而聘請來的社會著名學者、專家，如黃炎培、馬寅初、黃逸峰、章乃器等都在立信講過課。這樣，在立信就形成了數量可觀、質量上乘的專兼職師資隊伍，爲學校的教學質量提供了保障。

在辦學地域上，潘氏十分注意地區的廣泛性，根據各地需要設立立信高級會計職業學校和補習分校，分佈於長沙、重慶、廣西、蘭州、南京、天津、北京、廣州等地。僅上海一地就有分校 11 處，散佈於黃浦、盧灣、南市、虹口等區，不僅解決了眾多人員的就學就業問題，而且對在全國範圍內推廣新式會計，發展我國會計事業起到較大的作用。

在教育內容上，潘氏主張社會需要什麼內容，立信就教什麼內容。根據社會需要，立信自編的教材除了一般的簿記科目之外，還陸續添設了英文簿記、會計學、銀行會計、政府會計、公司會計、成本會計、稅務會計和審計等課程，任憑學生選修。

2、重視職業教育中學生職業道德的養成

自上個世紀以來，在我國會計界最早倡導誠信思想，大規模開展誠信教育的當推被譽爲中國現代會計之父的潘序倫先生。潘氏的會計職業道德思想別具一格，以「立信」爲中心，貫徹於他畢生的會計事業和教育事業。1927年潘序倫創立了會計師事務所，開始他的會計事業實踐，不到一年，他就感到會計事業有廣泛的社會性，與社會經濟聯繫甚密，要開展會計業務，一定要取信於社會。翌年他取《論語》中「民無信不立」之意，將他的事務所改名爲「立信會計師事務所」，這是第一次亮出立信的牌子。

1933 年，「立信」已經是潘氏會計職業道德思想的核心內容，他越發感到對會計這個職業來說，誠實守信的品德實在太重要了。他在爲《立信會計季刊》撰稿《中國之會計師職業》一文中特別強調指出：「然會計師之爲職業，實爲工商企業保障信用而設，苟有不道德行爲，而自喪其信用，則此項職業，即失去其根本存在之理由，殊背國家社會期望之願意，可不慎哉。」〔註 34〕此時，潘序倫已將信用視爲會計事業的生命線，將格守信用視爲會計職業道德最基本的準則。1937 年潘序倫以精闢的語言概括了立信會計高等專科學校

〔註 34〕潘序倫：《中國之會計師職業》，《立信會計季刊》2 卷 1 期，1933 年 7 月 1 日版，第 25 頁。

的校訓:「信以立志,信以守身,信以處事,信以待人,毋忘立信,當必有成。」此時「立信」不僅是會計職業道德思想,而且已經被拓展豐富,包含立志、守身、處事、待人等方面的做人準則。

在潘氏的身體力行、率先垂範下,經過幾代立信人的共同努力,立信人造就了自己的立信會計精神,形成了自己的辦學特色,構建了立信會計事業模式;從職業道德角度看,立信人體現了自己的風範,開創了中國會計誠信之先河,立信會計從而成為中國現代會計發展進程中的一條亮麗的風景線。以上這些,使立信會計在我國會計教育領域擁有不可替代的地位和影響。因此宣傳立信會計精神,弘揚立信創始人潘序倫會計職業道德思想不但對發展立信會計事業,而且對建設我國會計職業道德、完善我國會計誠信教育都有一定的積極意義。

3、實踐教學、培養應用型的專業會計人才

潘氏在辦學過程中堅持教育與實踐相結合,除了傳授基礎知識外,還十分重視學員實踐能力的訓練。他認為會計教育是一門實踐性較強的學科,任何一個會計相關專業都會將「重應用」作為專業建設的思路,把培養應用型人才作為人才培養目標之一。而要掌握會計這門科學,如同醫師一樣,必須親自動手實踐,才能真正學到手。因而,他每節課都備有習題,並配備一位輔導助教,負責答疑解惑。他還將會計師事務所作為學校實習進修的基地,在會計師事務所,學生可以經常參加工商機關查賬等活動,事務所還為優秀畢業生介紹職業,使事務所、企業、學校和學生之間的關係日漸密切。此外,潘序倫還組織學生到工礦企業和商店參觀實習,增加感性認識。

立信會計學校歷來有重應用的傳統,潘氏辦學期間就已經形成了立信的畢業生一到工作崗位就能馬上從事實際工作的傳統,而這一點也成為立信高等專科學校的辦學特色之一。

(三)潘序倫的會計出版思想

早在 20 世紀 20 年代,潘氏就開始編譯「立信會計叢書」,並由商務印書館出版,將西方會計教育和學術思想最先引入中國。商務印書館遷到香港後,潘序倫收回了「立信會計叢書」的版權。1941 年 6 月,潘氏與主持生活書店的著名出版家鄒韜奮集資在重慶創辦了立信會計書社,後改名立信會計圖書用品社,潘氏出任社長,除繼續出版發行「立信會計叢書」外,還出版發行

了「立信財經叢書」，涉及財政、金融、保險、貿易及管理等方面。1945 年遷至上海後，又在南京、天津、廣州和香港等地設立了分社。「立信會計叢書」是我國自己編寫的第一套比較系統、完整的會計著作，對提高我國會計學術水平，促進會計教育事業的發展做出了重大的貢獻。當時這套叢書暢銷海內外，發行量很大，各地大中專院校十有八九用它作教材，在全國各地包括解放區以及港澳地區、東南亞地區都流傳很廣。其中有些書直至上世紀 80 年代港、澳、臺地區還在翻印發行。至 1956 年立信會計圖書用品社因為公私合營而處於非獨立發展時期，其所經營的業務完全納入國家計劃的軌道以前，立信會計圖書用品社僅出版發行會計書籍就有 190 種左右，其中，潘氏自己編著的書就有 40 餘種。潘氏在《潘序倫回憶錄》中說：「如果說我對我國會計學術有所貢獻的話，當以編輯出版立信會計叢書為最。」〔註 35〕

潘氏的會計出版思想概括如下：

1、形成以誠信為本的立信出版文化

潘氏把事務所、學校、出版社三者融合起來，形成三位一體的立信會計事業，取《論語》中「民無信不立」之意，以建立信用、爭取社會的信任為第一主旨，把它作為立信會計事業的訓條，也一直構成立信會計出版社出版文化的基礎，並形成了以誠信文化為主，融合創新文化、學習文化、服務文化的具有特色的出版文化。

2、樹立獨具特色的立信會計圖書品牌

潘氏是一位真正的出版家，立信會計出版社自建社以來，就一直致力於發展中國會計理論，引進國外優秀會計著作，推動會計教育和實踐，培養高質量會計人才。

在《潘序倫回憶錄》中，關於編輯出版「立信會計叢書」，潘氏總結了三點。第一、書的內容必須切合實際需要，有關理論和實務的論述，都要從實際出發，以滿足社會需要為原則。對國外先進學術，我們不要照抄照搬，而是結合我國的國情，在現行法規和工商慣例的基礎上適當採用。第二、文字盡可能通俗易懂，舉例做到不厭其詳，使讀者能夠無師自通。第三、（對翻譯作品）譯文力求統一，含義力求確切。潘氏的這一思想，對我們今天的出版人而言，仍然有現實指導意義。他策劃的「立信會計叢書」、「立信財經叢書」

〔註 35〕潘序倫：《潘序倫回憶錄》，中國財政經濟出版社，1986 年版，第 39 頁。

七十多年來一直暢銷不衰，並在此基礎上確立了立信圖書嚴謹、樸實、求新、操作性強的品牌特色。

3、統一會計名詞思想

潘氏對統一我國會計名詞起了非常重要的推動作用。在編譯書籍過程中，他深感我國會計名詞不統一、譯名無標準對編譯工作和廣大讀者都增加了不少困難，於是集合同仁們進行討論，出版《會計名詞彙譯》一書。書中收集會計名詞 2400 餘條，每條先錄我國會計書刊中原用的各不相同的譯名，再列他們選定、擬定或暫擬的譯名，末備附注，加以說明。潘氏在《會計名詞彙譯》一書緒言中指出：「凡譯名之選擇，其第一要件在於涵義切當，第二要件在於習用普遍，第三要件在於用字簡賅。」〔註36〕這概括了潘氏選擇名詞的標準。但他同時也對三者相互牴觸的情形進行了補充，他認為涵義切當最為重要，但如果習用已久則可以勉強從眾，至於譯名太過簡略難以涵蓋其意義的則需要另附簡略說明。潘氏的想法得到了會計學界的普遍支持，但也有如南開大學丁佶先生等認為其過於遷就陋習，具有不徹底性。總之，潘氏統一會計名詞的理念對便利翻譯工作，減少讀者閱讀困難提供了很大的幫助。

更進一步講，潘氏統一會計名詞的思想將會計科目名詞的研究凸現出來，引起了轟轟烈烈的會計名詞統一運動，意義非常重大。會計科目名詞研究發展的基本路線是先由個人研究和提倡會計科目名詞，成為近代會計科目統一問題研究的開端。接著，由名詞研究會開展會計科目名詞研究，成為一個組織力量，是研究會計科目問題的起步，並制定了詳細的會計科目名詞提綱。由此帶動會計科目名詞研究進一步深入的是會計科目名詞統一問題納入銀行公會的主要行規內容，號召銀行公會下屬各銀行積極參與會計科目名詞統一的活動。從研究會擴大到行業公會的組織系統說明社會中間力量對國家會計學科發展及經濟科學事業建設的積極參與態度，說明民間社會組織也是有能力推進學科和社會進步的。而這一運動最終引起國民政府的關注，在 1935 年頒佈、1948 年修改的會計法中，已經把會計科目的問題作為會計法規定的重要內容之一。所以，統一會計名詞運動的重要歷史貢獻在於促進了會計理論發展和會計科目的統一，同時在會計教育方面也起到了普及相關知識的作

〔註36〕潘序倫等編著：《會計名詞彙譯》，商務印書館，1934 年 3 月初版，1934 年 12
　　　　月第 3 版，第 2 頁。

用，特別是在會計教育近代化方面，培養了一大批新型會計專業人才，有利於會計科目知識的傳播和創新。

第三節　雍家源的政府會計思想

雍家源（1898～1975），字海樓，江蘇南京人，會計學家，現代政府會計制度的設計者。早年留學美國芝加哥大學獲碩士學位，回國任國民政府審計院協審，後在大學任教並從事會計師工作。1930 年國民政府財政部成立會計委員會，雍氏被委任爲主任委員，主張改革政府會計制度，與他人合作設計《中央各機關及所屬統一會計制度》。1935 年任審計部審計及總務長，1945年任南京政府會計長兼南京多所高校教授。代表著作爲《中國政府會計論》，其中闡釋的預算會計理論影響很大。

一、政府會計研究意義及範圍界定

雍氏認爲政府會計是會計學中的一種，因爲領域不同，所以與普通會計相比內容有所差異。政府會計研究內容有兩部分：一是研究各級政府及隸屬於政府的各機關關於處理財務行政上預算、現計及決算的秩序，這一內容普通會計很少涉及；二是研究用什麼樣的簿記體系來編製上述秩序所應產生的報表。主要目的在於用預算管理辦法監督財務行政、制定優良的簿記組織系統、便捷正確的做出財政數字報告；同時使政府一切收支數目公示於眾，讓人民瞭解政府管理財務狀況，便於監督。

從廣義來看，政府會計包括一切公共團體的會計方面事項，而不是僅僅指官廳機關會計原理和實務。所以，雍氏指出廣義政府包括普通公務機關和公有營業機關兩類。普通公務機關就是指不含營業性質的國家機關，如各級政府機關及隸屬機關、公益團體及自治團體等，其會計研究包括歲入事務機關的會計、歲出事務機關的會計、經管現金收支機關的會計和會計主管機關的會計等。公有營業機關是指政府爲人民所設置的公營事業團體，如路政機關、電政機關、郵政機關、航業機關、農業機關、礦業機關、工業機關和商業機關，其會計研究多以公營事業會計命名，又可稱爲特別會計。這種會計與普通會計差異不大，在年度終結時也需要編造損益報告書和資產負債表，不同之處在於如有盈餘當繳國庫或留爲擴充改良準備，如有虧損則可以請求國庫補助。

從狹義來看，雍氏認爲政府會計是普通公務機關會計的代表，它不同於普通會計，有如下十分鮮明的特徵：（1）不以盈利爲目的，所以沒有損益科目；（2）所有權屬於公有，所以沒有資本主科目；（3）收支一律受預算限制，所以預算管理制度在會計中地位突出；（4）收支受專款限制，所以又稱專款會計；（5）固定資產不得用來償還債務，且擁有向人民收取租稅的特權，所以更加注重資本負債情形。

二、統一政府會計制度思想

通過調查各機關官廳會計制度，雍氏感覺到現實問題非常多，會計內容多不一致，組織也不完備，報表種類簡單，編製方法也大多沒有以賬冊爲根據。他說：「吾國各機關無論其爲中央或地方設立者，對於會計制度，每多未能採取一貫制度，以資遵循。」〔註37〕爲了使得政府會計人員對於簿記組織、編製方法、編製報表等方面有統一的依據，雍氏與他人合作設計了《中央各機關及所屬統一會計制度》，經主計會計審核通過，於 1932 年 7 月 12 日正式實施。他理想中的統一情形大致包括 8 個標準，即財政報表統一、財政報表所包括範圍統一、編造報表期間統一、會計基礎統一、資產估價方法統一、報表上科目名稱統一、各報表上科目相互關係統一、編製報表過程統一。〔註38〕相對於現今統一會計制度的要求來說，雍氏的理想還處於會計制度設計的初級階段，內容僅集中在會計核算上，對於會計監督、會計機構和會計人員以及會計工作管理上的統一都沒有涉及。但是，在當時會計工作還比較落後、混亂的情況下，有這種比較全面的會計核算統一思想也是非常進步的，爲會計制度的初期統一提供了思路和方向。

總的來說，雍氏設計的統一政府會計制度仍然遵照一定的程序，即先就原始憑證製作傳票，分別登載登記簿和過入分戶賬，登記簿中日結或月結總數應用分錄法分別過入總清賬，總清賬作爲製作正表的依據，分戶賬作爲製作附表的依據。其核心思想在於：（1）採用複式簿記制度；（2）設立會計科目；（3）增設預算賬戶；（4）改革報告表冊。

他說：「雙式簿記之原理係表示每一賬項，至少可以影響於資產負債及淨值之任何兩部。譬如資本主義之投資，在分錄上一方面爲資產之增加，而同

〔註37〕雍家源：《中國政府會計論》，商務印書館 1933 年 11 月初版，第 35 頁。
〔註38〕雍家源：《中國政府會計論》，商務印書館 1933 年 11 月初版，第 452～456 頁。

時又爲淨值之增加。又如借入金之收入，在分錄上，一方面爲資產之增加，同時又爲負債之增加。」〔註 39〕他列舉了會計上對於分錄的基本原理，即：資產增加、負債減少、淨值減少記入各種賬戶收方；資產減少、負債增加、淨值增加記入各種賬戶付方。可見，他已經基本把握了複式簿記制度的精髓，並肯定其優於中國固有的中式記賬法，但仍然主張採用「收付」爲記賬符號。

在科目設計上，雍氏注重總賬科目，細緻的劃分經費類科目和收入類科目各 19 類，且具體劃分了其中表示收方餘額和付方餘額科目，如現金經費存留數、備用金、支付命令、押金、應解庫數、預計解款數等。〔註 40〕如經募中央政府發行的債券，領到債券時，以票面數記入「債券」收方及「經募債券」付方；售出時，以實收數記入「現金」收方及「債券款」付方，同時以售出票面數記入「經募債券」收方及「債券」付方；解庫款時，以解繳數目記入「債券款」收方及「現金」付方。

所謂增設預算賬戶是指在輔助賬簿中增設了支出預算賬，從中可以看出雍氏對於政府預算的重視，這也是他認爲政府會計與普通會計的重要區別之處。支出預算賬格式如表 5-10 所示。〔註 41〕

表 5-10

支 出 預 算 帳

中華民國			年度		月份				第 頁		
記賬傳票	摘要	經手人	單據號數	保留數		收方 (10)	付方 (11)	餘額 (12)	暫付款	
月 種號 日 類數				收方 (8)	付方 (9)				收方 (13)	付方 (14)

關於報表問題，雍氏也有自己的看法，他認爲普通會計中私人或團體企業的報表只限於該項營業所有者，而政府各機關報表則面對三個主體：一是

〔註 39〕 雍家源：《中國政府會計論》，商務印書館 1933 年 11 月初版，第 417 頁。
〔註 40〕 《國民政府抄發中央機關及所屬統一會計制度訓令》：《中國會計史料選編》Ⅰ，第 628～635 頁。
〔註 41〕 《國民政府抄發中央機關及所屬統一會計制度訓令》：《中國會計史料選編》Ⅰ，第 646 頁。

本機關主管長官，二是其它行政及立法或民意機關，三是民眾。他指出這也是政府會計與普通會計的區別之處。用現代會計學觀點看來，雍氏這一想法是不符合實際的，因爲會計信息披露是至關重要的，而普通會計與政府會計在這一方面應該是相同的，都需要面向各方披露眞實會計信息。

因爲雍氏認爲政府會計報告較普通會計報告面對主體範圍更大，所以他提出應提供兩類報表：一類表示財政現狀，即資產負債表和資力負擔表；一類表示財務經過情形，即收支科目分類表和收支程序分類表。其中，資產負債表與普通會計報表大致相同，包括普通資產負債表、國庫資產負債表和固定資產負債表。由於這三種資產負債表都不是以國家歲入歲出預算爲基礎編製的，所以雍氏提出應該另行編製一種資力負擔表作爲補充，分爲徵收機關資力負擔表、支出機關資力負擔表和會計主管機關資力負擔表。資力負擔表應以每種專款爲單位，即在統一專款中，各機關根據其執行收支性質不同分爲各種報表。因爲雍氏認爲政府會計沒有損益科目，所以反映財政經過情形僅需要編製收支科目分類表，類似普通會計中的損益計算書。收支程序分類表則可以反映各程序經過和機關之間的情形。

三、完善國庫制度思想

國庫是總管國家現金收支及存留實務的機關，國庫的現金出納機關稱爲金庫。各國的通例都是將國家現金集中於國庫。

以形式爲分類標準，國庫制度可以分爲合一金庫制、複合金庫制和複雜金庫制。合一金庫制是指國家一切出納都掌管於同一金庫，不許任何官廳獨自設立其它金庫，一般在首都設總庫，各地方設分金庫、支金庫。這一制度是財政有條不紊的重要保障。復合金庫制是指在合一金庫外，爲處理某種官廳公款上收支及留存而另設一獨立金庫。這一制度可以作爲合一金庫制的特例，暫時設置。複雜金庫制是指政府各機關都自行處置公款上的收支留存事務。雍氏認爲這一制度非常不可取，會使得財政無法監督、營私舞弊盛行，且各官廳把持現金會影響流通，不能集中調配資金。但是考察中國當時國庫情形，財政紊亂，各自爲政，本身無異於複雜金庫制。所以雍氏說：「故非先確立合一金庫制，同時在各地遍設分金庫，並將經管收入款收支機關，予以裁撤，則吾國財政殊難有整飭之望。」〔註42〕

〔註42〕雍家源：《中國政府會計論》，商務印書館 1933 年 11 月初版，第 45 頁。

以作用為分類標準，國庫制度可以分為國家金庫制、委託金庫制和銀行存款制。國家金庫制是指國家自設金庫，所以一切徵收支出及存留公款都由政府自行經理。在會計改良之前，各國都採用這一制度，但因為其難於管理、費用過大、容易造成金融呆滯而漸漸被取代。委託金庫制是指國家公款不必自設金庫來管理，而是委託國立中央銀行代理，在銀行內設立國庫局，於銀行營業截然分開。美國和歐洲大陸各國大多採用這種制度。銀行存款制是雍氏認為更為簡便的制度，凡國家現金悉數存入中央銀行作為存款，如有需要則開支票提取。一方面可以節省自設金庫的費用，另一方面銀行可以利用國家現金，調劑市面金融流通。英國、日本採用這一制度。考察中國當時國庫情形，由中央銀行經理，仍屬於委託金庫制性質，雍氏的觀點是最好改為銀行存款制。

四、完善預算制度思想

預算在政府會計中是至關重要的，1930 年試發的預算章程和 1932 年頒佈的預算法相互補充，雍氏認為如果能夠按照這些規定辦事，結果雖然不能說很好，但也不至於如現實一般差強人意。他認為當時預算工作無法順利準確實施，有以下四個原因：

1.政府沒有辦理預算的決心。他列舉了 1931 年預算辦法第三項規定：嚴定編造預算違誤程限罰則，逾限者免官，其應造預算由上級照舊案代編，無論文武大小機關一律嚴行，不許寬假。〔註43〕但從現實來看，1931 年 4 月著手編製當年預算，直到 1932 年 4 月底才最初公佈，1932 年根本就沒有預算，但是並沒有一個官員被罷免。所以，政府並沒有決心辦理預算，只能使預算法規制度流於形式。

2.機關辦理預算遲滯。預算須經過主計處彙編、行政院咨送、立法院議定、國會公佈等手續，雖然審慎但遲滯現象嚴重，所以民國二十年來從沒有按期編製出預算的。這屬於會計技術層面問題，需要改進。

3.辦理預算人員訓練不足。我國當時會計人才匱乏，而預算編製需要專門技能，所以對會計人員的培訓、再教育非常重要。

4.現行法規存在不足。如概算預算機關層次過多、科目過於繁瑣，而對於地方預算和公有營業機關預算規定太粗略，這些地方都存在改進之處。

<hr>

〔註43〕雍家源：《中國政府會計論》，商務印書館 1933 年 11 月初版，第 167 頁。

五、完善現計中收支程序、收支報表、月份收支計算書類等制度思想

現計是指行政機關在概算預算編製完成後的執行工作。雍氏指出因為預算概算編製本身不成功，使得現計失去賴以遵從的基礎，同時現計官員權限紊亂，直到由集中管理制度轉為互相牽制制度後，情況才有所好轉，但仍有需要改善的地方。

1、政府機關與政府機關以外私人或團體收支程序的改良

雍氏認為現行政府機關與政府機關以外私人或團體收支程序最主要的問題在於徵收機關和支出機關有權管理現金，違反各機關分權的原則。針對於此，雍氏認為完善國庫制度勢在必行，統一現金管理，做到管理現金者無權徵收和支出，徵收和支出機關無權管理現金，即可達到互相牽制的目的。另外，推行事前審計制度、機關內部牽制組織制度、超然稽查制度、投標制度與集中購置營造制度等都可以減少憑證單據舞弊行為。

2、政府各機關間收支程序的改良

根據當時法令，此種程序中各種書據都應採取分聯格式用於向各機關分別報告，各機關關於收款、付款方面都按期編製報送收支報表。各主管機關根據收支報表就足以考覈所屬機關收支情況和現金轉移情況。所以，雍氏認為既編製書據又編製報表，前後重複，完全沒有必要，而且他認為這是討論我國政府會計最重要問題之一。這一觀點是不正確的，各種收支書據起原始憑證的作用，和收支報表雖然有重複，但起到互相驗證的作用，是記賬程序中不可缺少的一個環節，所以不能省略。

3、收支報表的改良

決算一年辦理一次，計算則一個月辦理一次，但由於報表距離事實發生日太遠，所以又在月收支報表基礎上補充了日收支報表和旬收支報表。在編製過程中應該注意：（1）各級機關收支報表間應該互有聯絡；（2）收支報表應該與計算及決算書類間也互有聯絡；（3）收支報表應注重財務經過情形和財務現狀；（4）收支報表應該以應收應付為計算基礎；（5）編製收支報表機關以編製第一級歲入歲出概算機關為單位，每一下級機關單位應彙編一份報表向上級機關報告。

4、月份收支計算書類的改良

月份收支計算書是對於執行月份收支行政預算結果的報告，以月份為單

位，分爲月份收入計算書和月份支出計算書。雍氏的主要改良觀點是避免繁瑣，精鍊程序。首先，可以縮小編送機關的範圍，如支出機關需要編製此項書據，但國庫收入各機關解繳款及發放各支出機關經費因爲已經編製了日報表，所以應該不必再編製計算書。經管物品的機關也沒有必要編製計算書，因爲物品本來沒有預算。其次，支出計算書的附表完全重複無用，如收支對照表可以用甲種收支報告代替，財產增加表內容可以改爲在購置營造等科目下表現，財產增損表因爲不重要也可以省略。所以，他建議，支出計算書類制需要包括支出計算書和支出憑證單據黏存簿就足夠了。雍氏確實觀察到當時政府會計中的繁瑣以及其給會計人員帶來的困惑和不便，也試圖精簡程序和書據，但其提出的觀點從會計核算理論構架角度來看並不可行。

第四節　張心澂的交通會計思想

　　張心澂（1887～1973），宇仲清，號冷然，廣西臨桂（今屬桂林）人。他出生在一個尊崇儒學的書香世家，其祖父和父親皆爲前清進士，自幼耳濡目染奠定了良好的國學基礎，年輕時考入京師大學堂譯學館（今北京大學前身）主修英語。1910 年，張心澂以舉人身份從譯學館畢業，進入北洋政府北京郵傳部當了個七品小京官，後升爲會計部門科長，在會計工作中，刻苦自學，很快精通業務。

　　張心澂長期供職於郵傳部（清政府）和交通部（北洋及民國政府），歷任交通部路政局會計科副科長、科長，鐵路會計司總務科科長，郵政司通阜科科長，總務廳綜覈科科長，交通部僉事等。張心澂一邊埋頭路政事務，一邊潛心會計著述，他撰寫的《交通會計》（1934 年）與《鐵道會計》（1936 年）由商務印書館先後出版。《交通會計》分通論、郵政會計、郵政儲彙會計、電政會計、航業會計五編並由陳其采、葉恭綽、楊汝梅（予戒）、潘序倫分別作序；《鐵道會計》含通論、鐵道會計的意義、沿革、組織機構及會計通則、路局總會計、建築會計、車站會計、材料會計、工廠會計等章節並由潘序倫作序。張心澂的這兩本專著對近代中國交通、鐵道會計事業的形成與發展，具有開創性的意義。

一、交通會計範圍界定及特色研究

　　交通包括水陸空交通和通信事業，即所謂船政、路政、電政和郵政四政。

交通會計按照其性質可以分爲普通官廳會計和營業會計兩類。交通部、鐵道部兩部及其所屬機關，凡不含營業性質的，如交通部本部、其所屬交通職工教育費、育才費等，適用普通官廳會計。交通、鐵道兩部所屬具有營業性質的機關，如鐵道部所屬鐵路、交通部所屬電政、郵政、船政等事務，適用於營業會計。交通會計研究的重點在於後者，即營業會計。

清末民初，立法規定「四政」實行特別會計，將普通官廳會計與官辦事業特別會計明確區分開來，以發揮特別會計在管理官辦企業中的作用。到了國民政府統治時期，爲了避免誤解和濫用，改稱「公有營業事業會計」，遂不再提特別會計了。

清末起，我國處於特殊歷史條件下，各項交通事業都受到外國的操縱，也間接得到了一定的促進。如鐵路大多借外債修建，權力掌握於外國人手中，會計適用主管方國家會計；郵政由外國人提議興辦並自行辦理；航政由海關管理，也由外國人主持，外國郵輪早已經在我國境內行駛，後才有自行設置的官督商辦的招商局用來抵制；電政也被外國人控制。在這種情況下，路政會計（除自辦的京張、株萍路外）、郵政會計都由外國人掌控，各自採用本國西式會計；商辦電報、行業會計則採用我國舊式商業會計。總的看來，四政特別會計採用西式會計方法早於西方會計理論在中國的傳播。這一特殊情況是由於特殊歷史背景造成的，而這種超前的會計實踐所提供的經驗教訓則成爲後來會計理論改良的重要參照。

二、路政會計思想研究

路政會計是交通會計中最重要的一部分，也是會計統一工作最成功的一部分。對於路政會計，張氏首先指明其發展的大方向，他說：「各路簿記彼此尚不一致，然大體除在東三省各路因多有日本借款關係，簿記仿之日本，類乎大陸式外，關內各路，大多數則類乎英美式。在簿記之進化過程中，本先有大陸式，而後變遷進化有英美式。大陸式則整齊而不免繁重，不甚適宜於甚大規模之企業；英美式則分割有似凌亂，然便於分工而敏捷，適於大企業之用。鐵道事業繁劇，會計亦因而繁賾，以英美式爲相宜。」〔註44〕所以，他對於路政會計的思想也是以英美式爲藍本進行設計的。

〔註44〕張心澂：《鐵道會計》，商務印書館 1936 年 3 月初版，1937 年 4 月第 3 版，第3 頁。

1、鐵道建設時期與營業時期會計核算劃分

張氏明確劃分了鐵道建設時期與營業時期。他指出：建設時期是從開始建築鐵道至全路完工正式開車營業爲止，建設期結束後就進入營業時期；如果路線一部分完成就現行營運，且有運輸進款收入的情況仍爲建設時期；如果因爲線路過長、工期太久或其它原因不能如期完工，先將已經完工部分正式開車營運，則該路段爲營業時期，未完成路段仍爲建設時期。區分這兩個時期是有意義的，因爲建設時期使用的是建築會計，而營業時期使用的是營業會計，二者有本質的區別。以資本支出爲例：總務費在建設時期列入資本支出，是鐵路建設的勞動力成本，增加鐵路財產原價，在營業時期則列入營業用款，是消耗的費用；資本利息在建設期裏列入資本支出，增加鐵路財產原價，在營業時期則列入歲計賬，是損益項目下的損失；房租地租或其它租款收入在建設期列入建築賬收入，在營業時期按性質不同列入營業進款或歲計賬收入。

2、成本會計與營業會計的交叉劃分

張氏認爲在鐵道會計中，建築會計、材料會計、工廠會計都屬於成本會計。在建設時期使用的建築會計，即計算建設的成本會計，表現爲資本支出賬和總平準表及建築時一切記錄和報告。實行營業會計後，建築會計宣告結束，重新設立營業賬、歲計賬、盈虧賬、盈虧捕捉賬等，但以後擴充改良及增加成本的支出仍繼續使用建築會計，記於資本支出賬。不難看出，成本會計與營業會計是有交叉的，因爲鐵道會計分爲兩個時期用不同會計方法進行核算，但是相關成本在所有時期都是發生的。

材料會計核算鐵道材料的購買和支出，因爲張氏認爲鐵道上的材料是一種資產，所以材料價款支出是一種資產變成另一種資產，即現金換成材料。如果用於建築或擴充改良，則由營業資產變成資金資產，材料減少和鐵道價值增加數額相同；如果用於修理維持，則是營業用款，由資產性質轉爲費用性質。因爲材料與資產、損益相關，材料核算不當足以扭曲資產實值和營業盈虧，所以應該特別引起注意。

工廠會計就是鐵路工廠製造或修理的成本會計，構成要素分爲人工、機器動力、材料和費用四項。張氏認爲鐵路工廠除製造成本外，所有管理費、辦公費、保險費等都應歸入營業用款列支，只將製造成本數額作爲修造費用，借入營業用款賬或其它相當賬目內。張氏總結當時鐵路工廠會計核算有三種不同類

型：一是實行獨立的會計制度，有比較完整的賬簿設置和比較正規的成本核算制度，並能獨立計算盈虧；二是實行附屬會計制度，沒有獨立的成本核算，把一切費用開支直接列入有關營業支出賬內；三是介於以上二者之間，一部分費用直接列入營業支出賬內，而另一部分費用則分配到產品或勞務成本中去。可見，張氏傾向於第三種類型，經過實踐效果良好，表明當時鐵道工廠成本核算已經初步確立了一定體系。但是，當時成本會計理論並不成熟，又面臨了不同的核算體系，所以概念不清、核算方法不恰當也是難免的。

3、路政會計預算的特殊性

張氏認爲路政會計與普通官廳會計是不同的，不能像後者由國家統收統支。因爲建設支出數目龐大，而且不能延遲耽誤工程，所以應該有一定財源專供建設和營運，不能挪用。而鐵路事業發展也不能僅靠政府供給，應該在一定程度上依靠自身營業作爲補給。所以，他提出：「鐵道之預算決算在國家普通總預算之外，另爲營業預算決算。每年度營業如有盈餘，除還債及擴充改良公積金外，應解交政府，便如普通總預算決算之歲入，爲國營事業之盈利收入，以供一般經費之用；如有不足，則應由國家普通歲入內撥補之，列爲補助金之歲出；此則鐵道營業會計對於普通會計之關係也。」〔註45〕

這一想法擺脫了僵化預算思想的束縛，可以最大化增進鐵道事業的利益，提高了鐵路事業發展的自主性和積極性，是有借鑒意義的。

4、會計科目、賬簿、報表設計特色

路政會計科目設置是當時「公有營業會計」中最複雜的一種，科目繁多，層次劃分以項、目、節、條爲主，以款爲輔，項下分目，節下在分條，而款則插入各項目之間，區分科目主要性質。重視科目設計，正確運用會計科目，充分發揮會計科目的作用是會計學者在實踐過程中總結的經驗，也是張氏積極提倡的做法。

路局賬是路政會計的總會計，和車站賬、材料賬、工廠賬結合在一起，構成具有一定特色的路政會計的賬簿組織體系。其賬簿設置以路局賬最具代表性，組織系統分爲現金、進款、用款及匯總四個部分。三個分支賬簿體系通過證、賬、表的有機結合，相互銜接一致，構成一個比較科學的賬簿組織體系。

〔註45〕張心澂：《鐵道會計》，商務印書館 1936 年 3 月初版，1937 年 4 月第 3 版，第9 頁。

現金部分由會計處出納課管理，分設現金出納總賬、銀行往來賬、銀行分戶賬、金庫股日記賬、支應股收付日記賬、懸掛賬、往來撥款賬、證券股日記賬、證券股總賬、保證金登記簿等。這個賬簿組織圍繞著對出納事項的管理，既有對各責任環節進行的分別控制，又有總的控制，以各式憑證爲依據，以現金出納日報表的編製作爲總結，構成了一個比較完善的賬簿組織分系統。

進款部分由檢查課管理，圍繞對進款收入的核算設置有營業進款簿、營業進款分類簿、進款憑單登記簿、記賬運輸分戶簿，以及各站繳款登記簿等，也自成爲一個賬簿組織分系統。

用款部分由綜覈課管理，圍繞對費用、盈虧的核算，一方面設置有現金出納總簿、現金出納撮要簿、總原簿、分戶賬及結餘簿等，另一方面又設有資本支出登記簿、歲計登記簿等。這個分支賬簿組織體系由三條控制線組合而成，一是以現金出納簿爲中心的現金控制線，二是以營業收支賬、資本支出賬爲主體的盈虧核算線，三是以區分簿、總原簿爲主體的平衡試算勾稽線，它充分體現了綜覈課的管理職能。

路局的總會計實行分環節總結的全面報告制度，各種會計報告又有各自反映總結的重點。日報、旬報以反映現金爲重點，以現金出納日報表爲代表；月報以各類收支計算書、平準表的編製爲重點，詳細、系統的反映本期資產與資本、負債的增減狀況及盈虧狀況；半年報以反映盈虧情況和虧損撥補狀況爲重點；年報則全面報告決算盈虧，對照檢查預算執行情況，全面反映本年經營活動狀況。

5、折舊處理的特點

張氏已經認識到折舊處理的重要性，知道會計上如果不計提折舊，只會虛增收益，一旦資產損耗報廢需要鉅資補給時，就會面臨破產風險，這是會計不適當付出的代價。按照當時統一鐵路會計委員會呈文的規定，折舊有兩個特點：一是將折舊範圍僅限於車輛和業務設備，其它鐵路資產按規定一律不計提折舊，二是實行所謂綜合折舊率，即隨著折舊準備額的遞增相應減少折舊率，且折舊時一般不按個別資產進行細算。這些做法雖然方便省事，但是不科學，也不合理，張氏也明確提出反對和批評意見，他說：「折舊以車輛爲限，委員會雖曾聲明除地產外舉凡鐵路產業皆宜折舊，現僅限於車輛者，不過改良會計之初步，而非最後之目的；然迄今仍只車輛一項折舊，如橋梁軌道其價值皆在車輛之上，概未折舊，則所計盈虧實不眞確，不免誤將資本

移作淨利。」〔註46〕但遺憾的是，他只是提出了一個籠統的想法，沒有深入討論路政會計中折舊的具體處理方法。

三、郵政會計思想研究

郵政會計分為郵政和儲彙兩大總會計系統，既各自分立，又設置了統一的會計組織機構，即聯合會計處，負責劃分郵政總局和儲匯總局的款項，匯總核算各郵區賬目，編製聯合性質的會計報表，並對兩局進行綜合分析與稽核。與路政會計相比，郵政所用的會計方法要簡單很多，有很多方面是相同的，只是由於業務經營活動特點不同，在核算方法運用方面也有一些特別之處。

1、單式與複式兼用的記賬方法

根據業務下簡上繁的特點，郵政會計採用了單式與複式兼用的記賬方法，這在當時是很特別的做法。張氏說：「屬局會計因局所之組織簡單，收支亦不甚繁，故單式簿記已足應用；而其歸宿仍集中於管理局之複式簿記。」〔註47〕

屬局所用單式收付記賬法原理和我國傳統做法相同，而上級單位所用借貸複式簿記原理和以現金為主體的銀行、商業複式簿記相同。二者相互轉化的統一法則是：日記賬的左方為收方，右方為付方，過賬時傳票的借方記入日記賬的收方，貸方則記入日記賬的付方。當日記賬歸類過入總簿時，也是反其方向，收方過入貸方，付方過入借方。各種輔助賬簿的記錄方法和一般借貸分錄法處理相同。

可見，單式與複式兼而運用並不矛盾，收支關係簡單的，用單式反而方便，收支關係複雜的，只有採用複式賬法才能奏效。記賬方法的運用，應該以經濟活動的繁簡即業務經營的特點為轉移，靈活運用。

2、試算表的特點

會計核算要求定期進行借貸平衡試算，郵政會計的賬簿設置方法雖然仿照英美模式，但其總賬記錄不是從分錄日記賬過入，而是從現金日記賬反其

〔註46〕張心澂：《我國鐵路會計之統一及批評》，《立信會計季刊》2 卷 2 期，1933 年 10 月 1 日，第 73 頁。

〔註47〕張心澂：《交通會計》，商務印書館 1934 年 8 月初版，1938 年 11 月第 3 版，第 147 頁。

方向過入，這樣做最終也可以達到借貸平衡的目的。從會計學原理上講，這種試算方法不合常規，但事實上它卻可以簡化核算手續。因為從郵政業務的特點來看，它和一般商業行業不同，經濟中涉及的人欠或欠人的往來經濟事項極少，而以現金交易為主，所以現金賬設置可以兼有日記賬、總賬中的現金戶和輔助賬中的現金出納簿的作用。所以，這種賬理和平衡原理的建立也是順理成章的，反映出張氏在會計具體處理過程中根據自身情況的創新意識。

3、損益計算的特點

郵政會計計算損益的基本做法是以總收入抵減總支出。每月底結賬時，將營業支出各賬結餘數轉入郵局「損益賬」的借方，同時將營業收入各賬結餘數轉入「損益賬」的貸方，兩方抵減的結果，凡餘額在貸方表現為盈餘，反之為虧損。

張氏認為這種計算損益的方法過於簡單，沒有考慮到成本問題，就連勞務成本也沒有提到計算考覈範圍內。所以，這種做法無論是在管理還是核算方面都是有漏洞的，所計算出來的盈虧也只是一個大概的數字。

4、折舊的特點

由於郵政的設備較為簡單，價值也不高，所以折舊核算方面較路政會計要鬆懈，有關固定資產折舊處理問題到 1930 年才有比較具體的規定。1930 年開始計提折舊，是採取酌定年度總額，由總局一筆出賬的辦法。張氏統計歷年折舊數額：「十九年度十萬元，二十年度二十萬元，二十一年度二十萬元，二十二年度十萬元」〔註 48〕。對折舊的賬務處理採用複式記錄，一方面將折舊數額記入「營業支出賬」借方，另一方面則記入「折舊準備金賬」貸方，在總局編製「借貸對照表」時按照「折舊準備金賬」中的數目列於負債一方。

張氏認為這種折舊方法是存在問題的，他說：「蓋為資產之穩固計，為營業盈虧之真確計，折舊不但為必要，且需有確切精密之計算法及妥當之記帳法，方合於理論，而有益於事實也。」〔註 49〕他提出折舊數額是否可以列入資產賬的貸方來反映財產物資的增減變化的建議，還介紹了定額分派法、抵減分派法、年金法三種折舊計算方法以供參考。

〔註 48〕 張心澂：《交通會計》，商務印書館 1934 年 8 月初版，1938 年 11 月第 3 版，第 71 頁。

〔註 49〕 張心澂：《郵政會計之批評》，《交通雜誌》2 卷 1 期，交通會計專號，1933 年 11 月，第 105 頁。

四、電政會計思想研究

和統一鐵道會計思想比較，張氏說：「電政則在民國元二年時，繼續前清之業，在清末亦甫將官商電收歸國有，旋即改革，會計方面，可謂毫無制度組織，故彼時所需要者，在創造會計，產生會計，既非改良，亦非統一。」〔註50〕但是，電政會計在很多方面還是尾隨鐵道會計，在預算編製、憑證運用既及會計報表編製等方面幾乎都大同小異。雖然電政會計也有自身特點，但在科學會計方法體系建設方面，與鐵道會計之間還存在很大差距。

1、賬簿組織和記賬方法的特點

電政會計系統分爲總會計、分會計和附屬會計三級核算，在簿記組織建設方面也相應劃分甲、乙、丙三種。甲種爲完善賬簿組織，適合經濟活動較爲複雜的部門；乙、丙兩種爲簡明的簿記組織，適合一般會計核算單位。這種分別設計的方法在運用中是比較靈活的。基於此，張氏主張小機關採用我國舊式直行單式賬簿，較大機關採用橫行複式賬簿。他說：「單式簿記則發揮我國固有之會計機能，使成一有系統有組織而簡單適用之制度，本諸事實而不背於學理。複式簿記，則採取歐美之制度，參酌電政機關之情形，本諸學理而合於事實。此兩種簿記，爲電政各機關之所用，雖新舊式並陳，實乃貫通中西學理，各適其用者也。」〔註51〕

電政企業所採用的記賬方法和銀行業相同，採用以現金爲主體的收付分錄法。在具體運用中，它有自己的特點，如所使用的現金日記簿（甲種簿記爲例），分爲左右兩方，左記收，右記付，每日運用「四柱結算法」求計本日結存數。又如現金結存數必須通過實盤考察是否與實存金額相一致，如果一致，就用紅字將結存數記入「本日付出」項下，以便從賬面上考覈收付兩方的平衡關係。當由現金日記簿分科目歸類過入總簿時，也反其收付方向加以處理，只將本日收付各數順其收付過入總簿中現金科目內。可見，這種賬法一方面採用了日本銀行簿記的原有做法，另一方面又把「四腳帳」處理賬目的一些方法引進過來。這也是電政會計的特別之處。

〔註50〕 張心澂：《交通會計》，商務印書館 1934 年 8 月初版，1938 年 11 月第 3 版，第 348 頁。
〔註51〕 張心澂：《電政會計之改革》，《立信會計季刊》2 卷 1 期，1933 年 7 月 1 日，第 220 頁。

2、機關組織的內部牽製辦法

張氏認識到要眞正做到改良電政會計，完善會計事務機關組織制度、明確相應人員的職責是非常必要的，應該採用內部牽制的辦法。他提出：會計主管人員不應經手現金，就無法挪用，但應有檢查現金的職權，以防止出納方面挪用；出納經手現金，但收入支出必須有長官和會計主管人員同時簽署的憑證爲依據。會計主管人員除受所在機關長官監督指揮外，兼受交通部會計長監督指揮，所以長官不能專制，而會計技術方面也可以得到會計長的指導。會計主管人員由交通部派出，不隨長官進退，如果長官發生變動，賬目仍然可以延續。可以看到，這種內部牽制的思想是超然主計制度的延伸和具體運用。

五、航業會計思想研究

航政與路政、郵政、電政不同，主要職責是監管民營航業及航路，屬於行政機關，而不是營業機關，所以適用普通官廳會計。而航業會計與航政會計不同，國營航業只有招商局，適用營業會計，是航業會計的代表。招商局會計原來採用中國舊式會計，經過改良推行新式會計制度。改良後的招商局會計雖然面目一新，但從清末承襲下來的舊式簿記影響還是很深，使得新式會計制度中摻合著舊的成分，改良工作不能徹底。對於航業會計，張氏並沒有提出自己的主張，僅僅進行了較爲簡單的歸納總結，爲航業會計工作提供必要的借鑒。

1、賬簿組織體系的特色

招商局賬簿組織的改良採取了中西結合的方式。總局、分局的賬簿組織都分爲三大類，即日流簿、總清賬和分清賬。其中總局的日流簿又分爲現金和票據兩類，分設收現簿、付現簿、收票簿、付票簿及轉賬簿五種賬簿，這樣做便於把收、付、轉三種不同的經濟活動關係分別核算，管理上各有側重。

總局的總清簿又分割爲兩類賬簿：一是財產分類總賬，總括反映各類財產的增減變化；二是損益分類賬，總括反映本期財務成果的構成及盈虧數額。這兩類賬簿的分設便於防止財產管理和盈虧計算中容易產生的混亂現象。總局的分清賬雖有 35 種之多，但按其性質又可以分爲資產、負債和損益三大類，從而使這種輔助性質的賬簿設置與主要賬簿相配合，起到補充的作用。

這種中西相結合的賬簿組織與後來改良中式簿記學派所設置的賬簿組織

非常類似，可以說它是改良中式簿記組織建設的先聲。這點是非常容易理解的，因爲徐永祚先生自始至終參加了招商局新式會計改良工作，是改良會計委員會的特聘委員。

2、成本核算的特點

招商局在國民政府統治時期就已經把業務成本核算作爲會計的一項重要內容，但仍然處於低級階段。總局在總清賬中僅設置損益分類賬，還沒有成本轉賬的設置，只能做到把成本的專門核算放在輔助賬中的營業損益類反映。如核算輪船運輸業務的成本與盈虧是通過設置三種賬簿進行的：一是設置「輪船營業收入分戶帳」，專門反映各種收入；二是設置「輪船航行成本分戶帳」，用以彙集各種費用支出；三是設置「輪船營業盈虧精算帳」，用以彙集各類收入與支出，最後做出總的對比，求計盈虧。輪船業務的盈虧是每航行一次求計一次，除能夠直接認定的費用則採取平均分攤的辦法。所以，嚴格講這只是進行成本的概算。

第五節　顧準的銀行會計思想

顧準（1915～1974）

顧準（1915～1974），字哲雲，又名絳楓、吳絳楓、立達、小方、懷璧等。小學畢業後，曾就讀中華職業學校商科，13 歲入立信會計師事務所當練習生，在潘序倫直接指導下工作。他從學徒做起，邊學邊做，19 歲寫出第一本著作

《銀行會計》（1934），隨後出版《中華銀行會計制度》（1939）一書，成爲銀行會計的專家，其自著或與潘序倫合著作品甚多。1950 年曾任上海市財政局局長兼稅務局局長，後調北京，從事會計研究工作，陸續寫出《會計原理》等不少著作。

顧準定義了銀行會計的範圍，他說：「考銀行會計一科，所應研究討論之範圍，應包括銀行賬簿之組織，銀行業務之記錄，銀行資產負債之估價，銀行決算表之編製與分析解釋，以及銀行帳目之檢查等項。」〔註52〕這一定義較當代銀行會計而言比較粗略，但當時已經較爲完善，具有極大的進步性。顧準的銀行會計思想主要建立在破舊立新的種種改革之上。

一、營業科、出納科與會計科之間組織關係的改革思想

顧準認同前人「營業會計出納絕對分離」的觀點，指出這可以使銀行內部組織達到互相牽制的目的，因而可以防止行員的舞弊行爲，是一種非常值得提倡的做法。但同時，他也指出：「惟當銀行業務日益繁忙之時，一個交易，須傳遞及於二個以上之部分，不免稽延時間，致使顧客久待於行內，實非營業之善策。」〔註53〕由此可見，顧準是以發展的眼光來看待銀行組織關係，洞悉到銀行業務的快速發展已經受到原有一些觀點的掣肘。爲了補救這種缺點，他提出的改革方案包括櫃員制度、單位制度及小出納制度。

（一）櫃員制度

所謂櫃員制度是指銀行對外收付和營業的事務由一個或一組櫃員集中處理的制度。在這種制度下，某一個或一組櫃員如管理活期存款，則在收付之時，所有現金出納、印鑒、存款餘額、支票票面記載的審查、解銀單票面記載的審查等都由該組櫃員負責，不另外區分出納與營業兩個部分。應用這一制度的主要目的是使銀行處理實務迅速，節約顧客時間。

爲了不增加行員的舞弊機會，各櫃員的對外收付原則上仍由出納科集中管理。即每日營業開始時，出納科應交存各櫃員定額支付基金。營業進行中，若該櫃員所存現金不足時，出納科應再次供給現金；若該櫃員所存現金增加過多，出納科應先行提取一部分。每日營業終了時，各櫃員所存現金全部交於出納科點收，因而解除各該櫃員的責任，次日再由出納科交存各櫃員定額

〔註52〕顧準：《中華銀行會計制度》，商務印書館 1939 年發行，第 1 頁。
〔註53〕顧準：《中華銀行會計制度》，商務印書館 1939 年發行，第 18 頁。

支付基金。此外，各櫃員所收他行票據及他行應向本行收款的各種票據，都由出納科集中辦理清理業務。所以，在櫃員制度下，出納科的事務不過是總收付和票據清理兩項，非常簡潔。

顧準認為：「實則各櫃員處所存金額，既有限制，而其收付帳項，又應每日清潔，若輔以良好之稽核制度，則行員舞弊之機會，未必較應用營業出納絕對分立之制度者為多也。」〔註54〕

（二）單位制度

單位制度是櫃員制度的發展運用，特別適用於活期存款。因為大銀行的活期存款客戶很多，如果全部交給一組櫃員負責管理必定非常困難。所以，單位制度是按活期存款號數先後，劃分若干組。如有 6000 活期存款客戶，則可將 1～2000 號劃歸第一組，2001～3500 號劃歸第二組，3501～5000 號劃歸第三組，5001～6000 號劃歸第四組。這樣，每組各設行員若干人，凡屬於各組所管活期存款收付及一切事務，交由各組負責處理。這種制度實施的前提是該銀行首先採用了櫃員制度。

（三）小出納制度

小出納制度是專門為不願取消營業出納之間相互牽制關係的銀行所設計的。它是指銀行的出納科不集中設置收款員和付款員，但分設很多收付員，坐在營業員旁邊，各個營業員業務上應收應付款項則交由身旁收付員處理，不轉交集中的收款員或付款員。這樣既可以達到處理迅捷的效果，又可以做到很好的內部牽制。應用小出納制度的銀行，各個收付員和出納科的關係，與應用櫃員制度時各個櫃員與出納科的關係相同。

二、傳票的改革思想

對於銀行會計的設計，顧準總體上是借鑒了謝霖的思路，並在其基礎上進行改良。改良的第一步就是傳票的改革。因為銀行交易以現金收付最多，所以顧準也認為採用現金分錄法最為便利。他說：「銀行傳票，均繫按照現金分錄法（Cash Journal Method）記載，亦即任何交易，均依現金收付方向記入傳票是也，故凡現金收付交易，應分別記入現金收入及現金付出傳票；轉帳交易，亦應假定其為現金交易，以收入記入轉帳傳票之收方，付出記入其付方。」〔註55〕可

〔註54〕顧準：《中華銀行會計制度》，商務印書館 1939 年發行，第 19 頁。
〔註55〕顧準：《銀行會計》，商務印書館 1934 年 8 月初版，1936 年 6 月改訂第 6 版，

見，對於傳票的基本記賬方法，顧準與謝霖保持了思想上的一致。

顧準提出的傳票改革可以概況爲單式傳票改革，即一個傳票只能記載一個會計科目的收付，一個交易涉及兩個以上會計科目的，則用幾張傳票分別記載。這一思想和以前一個交易用一張傳票記載有所區別，突出了會計科目的重要作用，爲快捷準確的登記入賬提供了保證，也爲後來賬簿的改革奠定了基礎。顧準曾指出：「將銀行交易，記入會計帳冊之時，會計科目之確定，實爲其重要之前提。」〔註56〕而單式傳票的改革思想正是其重視會計科目思想的具體表現。這也是單式傳票制度的一個重要作用，即便於傳遞，可以分散交予各科目輔助賬簿的記賬員，採用序時記錄方法，使得記賬更加及時快捷。單式傳票制度的另一個重要作用是手續簡便，即可以儘量利用交易的直接憑證書類代作傳票，不像複式傳票的借貸兩方雖然有憑證書類可用，但因爲想要集中一個交易記錄，不得不捨棄待用傳票而另行編製轉賬傳票。

單式傳票應用於現金收付交易是非常便捷的，因爲此類交易通常只涉及一個科目，即使有兩個科目以上也並不改變記賬方法，只是多登記了幾張傳票。而轉賬交易通常涉及兩個以上科目，所以顧準認爲轉賬傳票必須分爲轉賬收入傳票和轉賬付出傳票兩種，不論張數多寡，同一交易的傳票均應編列同一號數，轉賬收入傳票用藍底紅字表示，轉賬付出傳票用藍底黑字表示。

三、賬簿組織的改革思想

顧準指出，我國銀行當時主要的賬簿制度源於日本，由謝霖等前輩統一改革，主張日記賬分類賬（俗稱總賬）制度。所謂日記賬分類賬制度是指保持集中的日記賬及訂本的分類賬，視其爲銀行會計記錄中心的一種制度。銀行每日營業終了，會計科集中全部傳票，編列總號並登錄於日記賬。凡現金收入傳票及轉賬傳票收方記入日記賬收方，現金付出傳票及轉賬傳票的付方記入日記賬付方，這種記錄方法與普通會計中的現金簿相同。因原來採用的不是單式傳票，記賬時要集合所有同科目交易，工作非常繁雜。日記賬結總後應過入分類賬，顧準說：「過帳方法，至爲簡單，即凡記入收方各科目，應以其合計數過入分類帳各帳戶之貸方；記入付方各科目，應以其合計數過入

第 22 頁。
〔註56〕顧準：《中華銀行會計制度》，商務印書館 1939 年發行，第 25 頁。

分類帳各帳戶之借方。又日記帳收方之總數，應過入分類帳現金帳戶之借方，付方之總數，應過入分類帳現金帳戶之貸方。如是則一日交易，記入分類帳以後，借貸兩方即已趨於平衡矣。」〔註 57〕

　　顧準認為這種日記賬分類賬制度組織嚴密，便於稽核，但是會計科必須在營業終了之後才能開始登記日記賬，而日記賬記賬手續繁重，所以常推遲到次日或第三日才能完成。隨著銀行業務的迅速發展，「此種繁複遲緩之制度，無論就辦事手續或業務管理上言，均覺欠妥」〔註 58〕，所以改良是必要的。

　　關於設置主要賬的原則，顧準非常推崇劉馹業博士〔註 59〕的觀點，他曾引用劉博士在立信會計季刊 2 卷 2 期發表的《我國銀行會計最近之改革》中的原文闡釋主要原則：「會計帳目具有時間性，其價值之大小，以其能否按期填製為斷 …… 欲實行當日記帳，一須採用單式傳票以便記帳；二須將傳票集中，隨來隨記，使最後一張傳票遞到時，即可開始結帳；三須將日記帳之制度及登記方法，加以修改，力求簡單化，以減輕手續。」〔註 60〕

　　至於具體改良方法，因為各銀行情況有所不同，顧準提供了三種方法可供選擇，最終目的仍然期望達成統一。

　　第一種方法是科目分日記賬與總日記賬制度。科目分日記賬與日記賬制度中的增補日記賬相似，但記賬工作不再由會計科承擔，轉交給各營業部分擔，而且不再等到營業終了時集中各部分傳票才開始記賬，而是序時記錄，即各營業部分在交易發生時隨時記賬。因而每日營業終了，各科目分日記賬已經記載完畢，各科目當日收付總數已經結出，會計科的工作僅是根據各科目收付總數集中編製總日記賬，當日即可完成。這種制度旨在改善舊式日記賬，使記賬手續迅捷簡單，分類賬制度仍然保存。可見，這是改革的初步過渡階段。

　　第二種方法是聯合日記賬及分類賬制度。這種制度顧準是非常讚賞的，認為效果很好，其設計目的在於進一步廢除分類賬，使記賬手續更加簡化。這一制度首創於中國銀行，簡稱聯合日記分類賬為「總帳」或「新式總帳」。

〔註 57〕　顧準：《中華銀行會計制度》，商務印書館 1939 年發行，第 50～51 頁。
〔註 58〕　顧準：《中華銀行會計制度》，商務印書館 1939 年發行，第 55 頁。
〔註 59〕　劉馹業：1929 年任中國銀行總管理處總會計，歷任各大學會計科教授，曾為顧準的《銀行會計》一書作序。
〔註 60〕　顧準：《中華銀行會計制度》，商務印書館 1939 年發行，第 83 頁。

主要賬簿以現金及轉賬日記賬爲序時記錄，並應用各科目日結表以計算各科目當日借貸總數及餘額，因而廢止舊式日記賬外，復將總日記賬及分類賬二者合併爲一個聯合日記分類賬，因而廢除訂本式分類賬，當日日計表也不必另行編製。

具體採用活頁式，每日一頁，每頁將銀行所有資產、負債、損益等科目預先印製好，如下以「中國銀行總帳」爲例〔註61〕，如表 5-11 所示。頁內除科目名稱外，設有四個金額欄，一二兩欄記載各科目當日借貸總數，三四兩欄記載當日各科目餘額。銀行每日交易終了時，先根據單式傳票編製各科目日結表，載明當日各科目借貸總數，並連同該科目上日餘額，計算當日餘額。此後將各科目借貸總數記入一二兩欄，餘額分別記入三四兩欄。若干科目當日沒有變動的，則上日餘額即爲本日餘額，即根據上日聯合日記賬分類賬錄入。聯合日記分類賬記載完畢後，其借方貸方總額兩欄表示各科目當日借貸總數，即爲當日的總日記賬；餘額欄表示當日各科目的餘額，即爲當日的日計表，其借貸方合計均應相等。按日期將聯合日記賬分類賬裝訂在一起，各科目每日的變動及其餘額均可以一覽無遺，等同於裝訂本分類賬各賬戶的記錄。

表 5-11

中 國 銀 行 總 帳

民國　　　年　　　月　　　日　　　第　　號

會計科目	借方	貸方	餘額	
			借方	貸方
同　業　存　款				
透　支　同　業				
往　來　存　款				
特種　活期存款				
暫　時　存　款				
預　收　押　金				

〔註61〕顧準：《中華銀行會計制度》，商務印書館 1939 年發行，第 65 頁。中間波浪線代表省略了部分科目。

各 項 開 支					
營 業 費					
總 處 經 費					
營業用房產折舊					
營業用器具折舊					
合　　計					
經理	會計	營業	覆核員	記帳員	

第三種方法是分部日記賬制度。顧準認為前兩種方法主要適用於採用集中出納制度或小出納制度的銀行，應用櫃員制度或單位制度的銀行也可以採用。但是他指出：「辦事制度上既使銀行各個部分相互獨立，則在主要賬簿之系統上言之，亦不妨使各獨立部分為獨立之計算，然後由會計科為全行之總計算。」這一設計思想即為分部日記賬制度，盛行於當時美國各大銀行。

各個獨立部分應各備一套完全的日記賬、分類賬及日計表，使各個部分或單位每日自行結出日計表，會計科則根據各部記錄結果加以合併，編成全行的總日記賬、分類賬及日計表。因為全行記錄按照部分或單位加以劃分，所以各部所設計科目減少，可以在日記賬中依據科目分設專欄、計算總數，也就不必要設置分類賬和日計表，僅須編製各部分的日記賬及總日記賬，交予會計科編製全行的總日記賬。至於全行的分類賬及日計表都可由會計科根據全行的總日記賬過入編製。這就是分部日記賬制度。

三種方法各有異同，但與原先的日記賬分類賬（俗稱總賬）制度相比，無疑具有重大的進步性，賬理上更加清晰，編製手續更加簡潔，這向銀行賬簿組織科學化邁進了一大步。

四、統一資產負債表分類排列的思想

顧準研讀了 1931 年 3 月 28 日立法院通過、且於同日國民政府公佈但未定施行日期的銀行法。他指出其中 18 條規定：每營業年度終，銀行應造具營業報告書呈報財政部查核，並依財政部所定表式造具左列表冊公告之：（一）資產負債表；（二）損益計算書。由此認為當時政府也要求銀行資產負債表有

標準的分類排列方法。銀行法雖然沒有施行，但資產負債表的標準格式已由財政部頒行。但各銀行造具決算公告時，都沒有遵照財政部給定的格式，仍按照各行自身所定辦法辦理，可見財政當局應該加強督促。因為銀行資產負債表分類方法不同，則閱讀者很難將甲行、乙行資產負債表加以比較，政府對於銀行經營的監督管理也因缺乏一定標準而倍感困難。所以，顧準認為統一資產負債表勢在必行。

資產負債科目的分類排列原則因各行情況不同而有所不同，主要有兩個原則：一是以資產負債的流動性為標準，將各種存放款項與其它項目區分為活期、定期等類，且以活期項目列前，固定項目列後；二是以資產負債的職能為標準，將存放款項合併一類，連同其它各種項目，以性質最重要的列前，次要者列後。

對此，顧準觀點比較鮮明，他說：「銀行資產負債項目，依其職能為分類排列之辦法，編者以為較切實用。」〔註62〕按照這種辦法，存款、放款、證券投資、現金及存放同業，以及其它各類資產負債，均有極為明瞭的表示，閱讀資產負債表的人可以很容易瞭解銀行的存款總數、現金及存放同業總數、放款總數、投資總數等。在排列次序方面，資產類依次列示現金及存放同業、各項放款、有價證券、營業用房產器具、應收期款、未收款項、保證款項、其它資產；負債類依次列示資本及公積金、存款、應付款項、代收款項、保證款項、其它負債。這種次序是以主要資產負債列前，特別是以一般人所注意的支付準備金及股本公積列為第一項，比較妥善，頗可採用。

五、主張銀行內部稽核的思想

顧準非常重視銀行內部檢查稽核，他說：「銀行不論為自身之營業計，或為社會金融之安全計，無不須求其賬簿記錄之真確，財政狀況以及營業情形之實在，而欲達此目的，則非賴會計之檢查不為功。」〔註63〕

他認為銀行內部稽核的機關約有三種：第一是各分支行的會計科，由於具有超然的地位，應對各種實物資產、債權、債務、損益、開支等記賬資料進行直接審核，使其與實際情形相符合。第二是銀行總行或總管理處的稽核

〔註62〕顧準：《中華銀行會計制度》，商務印書館1939年發行，第421頁。
〔註63〕顧準：《銀行會計》，商務印書館1934年8月初版，1936年6月改訂第6版，第424頁。

處或業務管理室等機關，就各分支行所呈送的報告進行書面的稽核。第三是
銀行管理機關派遣的旅行查賬員，分赴各分支機關就地舉行稽核，即爲實地
審核。

六、銀行成本會計思想

　　由於當時我國銀行業務並不是十分發達，所採用的會計方法也不是十分
嚴密，顧準總結道：「我國銀行之實行成本計算制度者，尚無聞見。」〔註64〕
各銀行僅僅在一定程度上分析計算其損益項目，如計算存放款平均利率、證
券投資報酬平均率等，至於就全行費用成本計算分部成本與分類成本本來就
是成本計算中最複雜的部分，更是鮮有涉及。除各別銀行有限制存戶的最低
餘額與存支次數的辦法外，多數銀行僅計算全行損益數額，既不計算各類業
務的損益，對於各個活期存款賬戶也不加以分析。

　　顧準認爲一定要加強銀行成本核算，以達到三個目的：一是計算存款成
本和放款投資收益，以決定存款與放款投資的政策，並分析各個存款賬戶，
以探析其對於銀行是否有利；二是計算存款放款投資以外各種業務的成本與
收益，籍以分析銀行淨損益的成因，並以決定經營各種附屬業務的政策；三
是成本計算的實施可使銀行內部的管理益趨嚴密，從而節省各種不必要的消
耗，增加銀行的辦事效率。顧準的這一想法是非常務實的，也是具有前瞻性
的。

　　他還進一步指出銀行實施成本計算應遵照一定的制度。可以總結如下：
（1）各部收益應隨時分類計算，分類收益的總數應與銀行損益賬所示余額相
等；（2）全行費用應先分攤於各部，然後分攤於各個業務，分部費用成本或
分類費用的成本總額應與全部費用成本總額相等；（3）將分類收益與分類成
本相抵減，可以得出各類業務的淨利益或淨損失；（4）就投資收益與投資成
本計算平均投資收益率，就存款成本計算活期存款賬戶維持成本與收付成本
的數額，並據以分析個別活期存款賬戶的收益或損失。顧準還強調成本核算
的工作應由銀行制定專部辦理，其中如分部費用成本的分攤與計算可由主管
費用的庶務科負責辦理，全行分類收益分類成本的計算及個別存款項目的分
析則可由會計科特設成本組以負責辦理。

〔註64〕顧準：《中華銀行會計制度》，商務印書館1939年發行，第482頁。

第六節　楊汝梅（予戒）的政府審計思想

楊汝梅（1879～1966）

　　楊汝梅（1879～1966），字予戒、玉階，均川趙家冲人，我國著名會計學家，財政專家。其生平已於第二章述及，不再贅述。楊氏清末曾任度支部主事，北洋政府時期任審計處第三股主任審計，而國民政府成立後曾任審計院審計官兼第一廳廳長，這一職業背景使得他對於政府審計工作頗有心得。這有別於潘序倫、徐永祚、奚玉書等會計專家，他們對於民間審計，即會計師審計工作更有見地。

　　國民政府時期出版的有關審計的著作、論文就我國近代時期各個階段而言是最爲豐富的，這其中楊汝梅（予戒）的《近代各國審計制度》一書極具盛名。該書介紹了當時世界各國的政府審計制度並予以簡單評價，然後從審計機關如何組織、審計人員如何產生、審計範圍如何決定以及審計制度如何安排四方面將西方政府審計思想與中國的實際情況相結合進行評價，提出作者認爲最爲合適的建立政府審計制度的思路，最後作者又詳細列舉了日本、美國、英國、意大利等國的政府審計法規和制度。文章分析說理極爲透徹，讓讀者在兼顧中國國情的基礎上對西方政府審計思想的概況有了全面的瞭解。值得一提的是，作者對當時由美國財政專家甘末爾爲國民政府制定的財政監督制度提出了自己的看法，對一些作者認爲不適合國民政府體制的條款提出批評。學習與批判的精神貫穿該著作的始終，成爲當時政府審計學界的一種優良學風。

一、要求審計獨立思想

1906 年，孫中山在西方三權分立的基礎上，結合中國傳統政治制度的特點，提出了「五權分立」的思想。其中，糾察權的主要內容之一就是行使審計職能。國民政府成立後，逐步建立起了「五院制」政治體制，即在國民政府下設行政、立法、司法、考試、監察五院，作爲政府組織體系中的主體和核心機構，獨立行使五種治權。「五院制」爲建立獨立於行政、立法、司法權之外的政府審計模式創造了條件。

楊氏對此非常推崇，他認爲在五權憲法下，審計機構隸屬於監察院的設置既體現了西方的分權原則，又使審計機構在獨立性上高於西方各國。所以，他說：「比較論之，五權憲法內之審計職權，如能完全實行，實較三權憲法內之審計職權，更爲擴大。」〔註 65〕這裏，楊氏強調了「如能完全實行」這一事實，表現出其對現實情況的極大關注，明瞭審計獨立所面臨的困境，而不是盲目樂觀。

楊氏不僅要求審計機關獨立，還要求審計人員獨立，這就需要考察審計人員如何產生。楊氏認爲西方選舉方式確定審計人員是有弊端的，一是會有資金運作拉選票的情況，二是會有黨派壟斷的情況。因此，楊氏強調「考試院」的職責，認爲考試是公開選擇人才的唯一完善辦法，認爲只要確實貫徹五權憲法中的考試權，那麼審計人員無論出於選舉還是任命，都不會有任何弊端了。楊氏的這一想法非常理想化，在當時也是不切實際的。

二、反對嚴格推行事前審計的思想

國民政府時期，中國審計也經歷了由日本模式向歐美模式的轉變，而歐美模式的最大特點是重視事前審計。1928 年 4 月，國民政府公佈的《審計法》在事前審計方面有所突破，在此之前，除 1912 年頒佈的《暫行審計條例外》，北洋政府所訂審計法規均側重於事後審計監督。審計法的修改也引發了楊氏對於事前審計的思考。

楊氏指出審計機關的審計範圍可以劃分爲事前審計和事後審計，二者可以同時採用，互爲補充。他說：「事前監督之目的，在於防弊未然，款不虛耗；事後監督之目的，在於懲創既往，人有戒心。……以學理言，事後監督，自不如事前監督之善；就事實論，則事前監督，亦有數弊，行之於責任內閣制

〔註65〕楊汝梅：《近代各國審計制度》，上海中華書局，1931 年版，第 2 頁。

國家，尤不相宜。」〔註66〕楊氏認爲事前審計的弊端在於會轉致遲滯、貽誤行政等，所以爲彌補弊端，實行事前審計的國家必然設立許多例外，而例外過多，事前審計難免成爲具文。楊氏還認爲國家財政收支，事前有立法院的議決及預算，執行時有各部長官的行政監督及財政部的行政監督，所以事前審計的範圍應該比較窄，也就是只執行一部分。據楊氏分析中國當時的實際情況是：幅員遼闊，交通阻塞，又沒有統一金庫，其自有收入機關往往自收自支，審計院沒有簽字的款項國務員仍可支出，所以事前監督受到客觀條件的阻撓。可見楊氏認爲過於嚴格的事前監督會對行政事務產生一定不利的影響，而且考慮到實際情況，在全國未統一國庫之前，實行「無限制」的事前監督是不可能的。這些論述是楊氏對事前審計理論的發展，已經遠遠超過了前人對事前審計的認識。

隨著三十年代國民政府財政狀況的逐步好轉，和審計部第一廳專門負責事前審計事務工作的展開，事前審計的作用逐步發揮出來，並逐步爲學者所接受。

三、注重經濟性審計的思想

楊氏在比較法德兩國的審計模式時提到法國審計爲純粹的司法監督，其性質與法院無異，所以法國的政府審計是有執行力的審計，但是過於偏重於法令形式的結果是頗多具文，而且更爲重要的是使審計活動失去靈活性。德國的政府審計沒有司法職權，但是注重事實，「對於不經濟之支出，即不違反法令，亦得加以批駁」〔註67〕。他認爲這是德國政府審計優於法國的地方。所以，他建議國民政府應該折衷各系，捨短取長，結合當時政府中不經濟支出層見迭出的情況，應該採取德國的政府審計模式。楊氏的這種思想是非常先進的，因爲他提出不僅要重視「具文」即形式，而且更要注重「經濟性」即實質，兩者相比實質要重於形式。這與今天中國審計學界討論的績效審計在實質上是一致的，對於當前的討論也有借鑒意義。國民政府1928年正式頒佈的《審計法》第12條規定：「審計院審查各項決算及計算時，對於不經濟之支出，雖與預算案或支出法案相符，亦得駁覆之。」〔註68〕這無疑與楊汝

〔註66〕楊汝梅：《近代各國審計制度》，上海中華書局，1931年版，第12頁。
〔註67〕楊汝梅：《近代各國審計制度》，上海中華書局，1931年版，第16頁。
〔註68〕《中國會計史料選編》Ⅰ：第462頁。

梅的建議相符，體現了德國對於支出經濟性審計的精神。

四、對於甘末爾計劃書的意見

　　國民政府期間，爲了在政府制度設計上與西方國家接軌，國民政府聘請了許多西方著名的專家作爲顧問爲政府設計各方面制度。1928 年，國民政府財政部出資 130 萬元，聘請美國貨幣博士普林斯頓大學教授甘末爾（E.W. Kemmerer）及其他 12 名財政經濟專家，組成中國財政設計委員會，幫助中國政府設計財政監督制度。不久，財政設計委員會向國民政府遞交了一份中國財務監督計劃書。計劃書中依據其自定的七項基本原則就如何進行審計監督問題提出了五條意見。其內容包括了諸如：財政監督體系的制度設置與隸屬關係；建立預算監督、財務監督、審計監督，以及會計監督四部分組成的聯綜組織；利用聯綜組織對財政進行監督的具體程序；事前監督與事後監督的具體程序以及審計機構設置等內容。可以說該計劃書覆蓋了政府審計的全部內容，爲國民政府的政府審計制度設計了一個完整的框架，體現了西方財政分權思想和政府審計思想的精髓，奠定了國民政府時期政府審計的基礎。

　　1929 年 3 月，立法院第十七次會議就甘末爾提案徵求各財經專家學者的意見，會上包括楊汝梅在內的不少知名學者對該計劃書提出了自己的看法與主張。之後，立法院的法制委員會同財政委員會又先後召開了三次會議，詳細討論，並於 1929 年 9 月 25 日提出了四點修正意見，採納了甘末爾計劃書的大部分建議，就此確立了甘末爾計劃書在財政監督制度建設中的指導地位。後來的學者都認爲「審計法之立法意義，亦與此計劃書至有關係」〔註69〕。

　　爲了保證甘末爾計劃書實行的效果，楊氏補充提出了兩個前提：一是要設法統一金庫，二是要有確定的預算。這一觀點是正確的，是政府審計工作得以順利開展的必要條件。

　　楊氏對於甘末爾計劃書在審計部組織上設立事前、事後、檢查三個司的主張持有不同意見。甘末爾計劃書主張事前審計司負責請款憑單的核對，即單據憑證的事前審查事項，事後審查司負責賬目及報告表的事後審核事項，檢查司負責獨立檢查及報告事項。而楊汝梅作爲當時著名的財會專家和審計院官員，不同意事前事後兩司的劃分方法。他認爲這種劃分會造成事前、事後兩司彼此業務不相接洽，而且各機關所送預算決算的證憑單據均只有一

〔註69〕《審計制度》：南京國民政府審計部重印，1948 年 9 月印行，第 6 頁。

份，爲了避免衝突，只有彼此交換重複審查，而導致事倍功半。他提出以「被審查機構之多寡，及其事務繁簡爲標準，平均分配各司之職務」〔註 70〕的原則來劃分三司，使得同一機關的收支在一定期間內歸同一司同一人審查（各司人員也可以分期調動），這樣辦事效率會提高，同時可以避免「不接洽之弊」與「勞逸不均之弊」。針對事前、事後兩司可以相互監督，防止串通舞弊的說法，他認爲可以設立一個複審委員會，使複審者與初審者分離，無論其從事事前審查、事後審查或者檢查，均作爲初審。初審完畢後，將結果提交於複審委員會，這同樣可以起到防弊的作用。從這一意見中我們可以看出，這一時期在學者的心中已經沒有絕對的權威，理性思考的精神得到了充分的體現。但是從本質上看，楊氏這一想法是有局限性的，這與當時經濟落後、財政混亂、事前審計不完善密切相關，所以其局限性也是難以避免的。

第七節　奚玉書的會計思想

奚玉書（1902～1982）

奚玉書（1902～1982），名毓麟，上海人，會計學家，上海復旦大學商學院會計專科畢業。1927 年獲會計師證書，開始執行會計師業務，同年加入上海會計師公會參與公會改組，任第一屆執行委員兼常務委員，後歷任理事及常務理事等職。奚氏對當時的會計師制度做了大量的修訂和完善工作，先後參與擬訂了《會計師服務細則》以及對《全國會計師協會章程》、《會計師公

〔註 70〕楊汝梅：《近代各國審計制度》，上海中華書局，1931 年版，第 41 頁。

費標準》等的修訂工作。1933 年夏，與謝霖、聞亦有等人在上海組設會計師協會，各地公會都加入爲會員，被推舉爲第一屆常務理事，後連任。他熱心於社會公益慈善救濟事業，1935 年被推舉爲公共租界工部局華董，還曆任圖書委員會主席。

1936 年奚玉書組建公信會計師事務所，任主任會計師。公信會計師事務所的前身爲公平會計師事務所，創辦於 1927 年。初期由俞希稷任主任會計師，先後加入者有奚玉書、徐英豪、王海帆等會計師。由於事務所嚴守會計師職業道德，確保服務質量，因而迅速贏得社會各界的好評，業務應接不暇，擁有常年客戶 100 多家，其中在上海及國內外有影響的主要客戶有；榮氏申新紗廠及其分支企業、仁德紗廠、大隆鐵工廠、大新振染織廠、正泰橡膠廠等。

在執行會計師業務中，奚氏顯示出卓越的才能和愛國主義精神，勇於毛遂自薦，敢於挑戰洋會計師，被奉爲會計師行業的榜樣。1932 年前後，國民政府交通部與美國泛美航空公司合資組建中國航空公司，經雙方議定特聘英籍克佐時會計師事務所常年查賬。奚氏聞悉此事，立即與交通部交涉，力勸作爲合資一方的交通部應以國格爲重，維護民族利益。在他據理力爭下，該公司根據雙方對等原則，同意同時聘請公平會計師事務所常年查賬。1937 年抗日戰爭爆發後，上海很多工商企業毀於戰火，當時已在外國保險公司投保兵險的正泰橡膠廠因日本侵略者的炮火襲擊遭受損失。該廠向保險公司索賠，保險公司誣稱該廠係「被流氓搶劫後焚毀」的，拒絕任何賠款。公信會計師事務所承接這一棘手的案子以後，由當時擔任上海公共租界工部局董事的奚玉書對此案進行了細緻的實地調查，最終查明事實眞相，迫使外國保險公司如數賠款。

奚玉書對於整個會計師事業的推進不遺餘力，1938 年組織創辦公信會計用品社，1939 年創辦主編《公信會計月刊》，連續出刊 96 期，持續達 10 年，同時創辦公信會計夜校和會計補習學校，以便深入研究會計學術和實務。1938 至 1952 年主持創辦誠明文學院商學系夜大，任系主任。

總之，奚玉書會計思想涉及面較廣，如計政法規、事前審計、戰事損失與工商決算、企業股本整理與確定、會計職業與會計教育、固定資產鑒定、會計師與法律奮鬥、臨時財產稅徵收意見等，但是其系統的會計思想集中於會計師事業。

一、會計師事業正確定位思想

1、英、美會計師事業研究

為了尋找會計師事業的正確定位，奚玉書深入研究歐美國家會計師事業發展狀況，引以為鑒。他指出會計師制度最早於 12 世紀在意大利產生，當時寺院及諸侯間已經存在會計監察人，而為會計師事業推進做出傑出貢獻的是英、美兩國。

產業革命給英國經濟帶來迅速發展的新局面。對此，奚玉書說：「此種經濟上新環境之出現，會計之需用已漸趨普遍，會計師事業亦隨新潮流而抬頭。」〔註71〕他還強調經濟背景是研究會計師事業不容忽視的因素。例如，1840 年以來是英國所謂「鐵路狂」時代，政府為應對狂熱的鐵路事業投機行為，規定凡想要經營鐵路敷設者必須向議會提交詳細預算，編造收支計算書，於是會計師需求大大增加，會計師業務也漸漸引起社會重視。隨後頒行了各種管理企業的法律，如 1862 年公司法及其輔助法的制定，1900 年公司法修正施行以及 1854 年頒佈的確認會計師地位的特許狀等，都直接促進了會計師事業的發展。同時，英國會計師公會對於會計師事業發展也起到了至關重要的作用。雖然英國當時沒有正統會計師法規，但是英國會計師公會會員資格取得必須經過公會嚴格甄選，加上有法律保證的特許狀頒給制度，使優秀會計師與不良會計師劃分界限，從而取得社會信任。通過研究英國會計師事業發展及其業務等，奚玉書總結了三點值得注意的規律：一是由法律確認會計師地位非常重要，可以得到社會信任，擴大業務範圍；二是經濟的繁榮與會計師事業發展互為促進；三是會計師自身努力是行業發展的內在要素。

奚玉書指出美國和英國的會計師職業發展有相同之處，也有不同的地方。相同之處在於都有公會嚴格監督，都有會計師自身努力；不同之處在於英國最初沒有會計法規，而美國自 1896 年各省次第頒行會計師法規，這與英國只發給特許狀不同。總結了美國會計師事業發展的歷史、執行業務規則、業務內容等之後，奚玉書也有所領悟，他說：「美國會計師業務，實因商事環境之自然需求而發達者。顧以會計師為企業重要咨詢機關，無論關於會計原理與技術問題，以至於理財方針，經營政策等各項問題，恒以會計師之見地

〔註71〕 奚玉書：《英國會計師職業》，《公信會計月刊》，2 卷 1 期，上海公信會計師事務所編輯，1939 年 7 月 1 日，第 2 頁。

為依歸，此固係經濟發達之必然現象也。」〔註72〕同時他也指出美國會計師事業能夠被社會廣泛接受，並不僅僅表示會計師學識與經驗兼備，能夠完成精密審核任務，還表示會計師有職業道德，審核證明確實，可以得到社會的信任。

對於美國 1939 年發生的特大麥洛舞弊案件，奚玉書也有深入研究，並發表自己的見解。由於這一案件牽涉到大量偽造文書和不同的舞弊方法，奚玉書說：「諸如查帳程序，證明書格式，以及因查帳所發生之法律責任，與夫其他種種技術問題，均應有重加研究與檢討之必要。」〔註73〕對此，奚玉書主張凡會計師進行查賬時，必須確定其審計程序的範圍和性質；凡會計師編製財務報表時，應遵守一種普遍適用的標準規例；必須採用能夠保障財務報表正確性的審計程序和原理。為深入透徹的研究該問題，奚玉書專門邀請黃履申翻譯整理美國會計屆對麥洛案件的咨詢研究成果，分期連載於《立信會計月刊》。

2、我國會計師事業發展研究

奚玉書對於我國會計師事業的定位有如下描述：「會計師制度者，即會計師以超然獨立之地位，接受外界之委託，綜理一切會計事務以取得相當報酬也。」〔註74〕會計師制度的作用在於輔助工商業發展、保證社會利益、確定企業應納稅額和促進會計學術進步。

為規範我國會計師事業，奚玉書總結會計師事業主管官署歷經農商部、財政部、工商部、實業部、經濟部，所發條例具體內容也不相同。他先後撰文《論會計師事業（一）（二）》、《我國會計師事業》、《我國會計師事業之展望》等〔註75〕，例舉了會計師暫行章程、會計師註冊章程、會計師章程、會計師條例、會計師條例實施細則等法規，從會計師業務性質、會計師資格、會計師職業道德、公會組織、懲戒情形、服務報酬等方面進行比較，詳細闡

〔註72〕 奚玉書：《美國會計師事業》，《公信會計月刊》，2 卷 5 期，1939 年 11 月 1 日，第 150 頁。

〔註73〕 奚玉書：《論美國麥洛案件》，《公信會計月刊》，3 卷 6 期，1940 年 6 月 1 日，第 175 頁。

〔註74〕 奚玉書：《論會計師事業（一）》，《公信會計月刊》，1 卷 2 期，1939 年 2 月 1 日，第 33 頁。

〔註75〕 均載於《公信會計月刊》，見 1 卷 2、3 期（1939 年 2 月 1 日、3 月 1 日）、2 卷 3 期（1939 年 9 月 1 日）、2 卷 6 期（1939 年 12 月 1 日）。

述其中具體內容。這一學術研究和傳播明確了我國會計師事業的定位，為世人認識並接受會計師事業做出了突出貢獻。

聯繫英美會計師事業發展研究成果，結合中國實際情況，奚玉書指出中國會計師事業要快速發展需要注意以下幾個問題：

（1）由於中國會計發展落後，工商業還沒有普及新式會計制度，企業制度不健全導致管理混亂現象時有發生。所以，我國會計師的首要任務是擴展新式會計的使用。

（2）我國會計制度來源於西方研究結果，但應該結合實際情況作進一步研究。因為會計實務操作可以引申到會計學術研究，所以會計師應該作為專家進行學術研究，也可同時促進其實務操作。

（3）會計人才的培養是會計師事業的重要部分。隨著會計師事業的發展，會計人才必不可少；而會計人才增多又可以促進會計學術研究，促進會計師事業發展。

（4）會計師除了具備學識和經驗以外，職業道德也是執業的一個要件，必須以忠誠和公正為第一信條。

（5）一國法律建設對於經濟社會意義重大，會計師由於職業特性，可以明瞭工商業真相，熟知經濟社會內在情況，所以應在政府頒行各項商事法規、稅法以及一切有關經濟法規之際，提供若干有價值的意見，這是作為專家的義務。

（6）會計師事業雖然深受經濟與法律因素的影響，但是會計師自身努力也必不可少。如會計師應注重自身學術研究、倡導會計教育、擴展會計師服務範圍、提高服務效率、嚴格規範職業道德等。

二、會計師事業具體業務操作思想

奚玉書曾經辭去銀行經理職務，專門從事會計師事業，他對於會計師具體業務操作有很多心得，既學習國外先進經驗，又考慮到當時的現實情況。下面以奚氏對於查賬證明書和查賬報告書的認識為例加以介紹。

1、查賬證明書

查賬證明書是會計師出具的書面憑證，就其審查範圍和限度，證明企業所提出的財務報告能夠表示該企業的實際狀況。查賬證明書分為三個部分：會計師證言、證言根據和附注。證言在習慣上是會計師對於所查賬冊單據報

表以肯定語氣發表意見，表示賬表和事實相符。奚玉書說：「蓋查帳證明書恒作會計正確之證明，而對於不正確的會計，則殊無加以證明之必要。」〔註76〕證言根據敘述審查目的和工作進程，使讀者對於會計師審查工作經過情形有所認識。它的重要作用還在於明確審查範圍和局限，包括審查的賬冊報表記錄、審核的證件、工作人員的解釋、向外界咨詢結果、檢查記賬方法、觀察營業情形等。附注不是證明書的必要條件，可有可無，可以用來解釋或限制，形式也多種多樣。

　　奚玉書認爲會計師事業的發展有賴於社會信賴，證明書是取得信賴的基本途徑，所以提供準確無誤的證明書非常關鍵。他說：「凡會計師查帳工作以後，必須忠於事實之聲敘，不可爲之粉飾，或言辭不確，致使有歧義存在，而失卻證明書之原意。」〔註77〕他特別提出證明書的措辭必須表現明確而特定的意義，僅允許包括必要文字，儘量捨去不必要文字，而所用文字必須充分表達其意思，沒有歧義。他大量研究國外會計師證明書實例，進行比較，如前期證明書中經常引用「足以正確表示該公司在結帳日之財務狀況」，後期則用「就該公司是年所採一般會計原則而言，尚能適當表示其年度經營全部結果」。奚氏認爲這一轉變證明會計師對於查賬範圍和工作程序已經有了一定的重視。

　　2、查賬報告書

　　查賬報告書是會計師報告書中最重要的組成部分，是以賬戶和記錄或決算表爲基礎，經會計師續密擇要審計後出具。最詳細的查賬報告書包括四部分：公函、查賬證明書、評釋和決算表格，其中評釋是主體，最爲重要。奚玉書指出查賬報告書可以沒有證明書，但評釋必不可少。評釋或對於資產負債及淨值項目逐條闡明，或對於財務狀況作精密分析，或對於營業情形作全盤觀察。

　　除了強調評釋的重要性外，奚玉書針對報告書內容晦澀難懂問題也提出了自己的看法。他說：「會計師常須設身置地，從當事人之觀點而調整其工作，會計師將力避高度術語之運用，而採用通俗易解之表示方法，務須凡閱覽其

<hr>

〔註76〕奚玉書：《查帳證明書實例》，《公信會計月刊》，2卷2期，1939年8月1日，第42頁。

〔註77〕奚玉書：《論查帳證明書》，《公信會計月刊》，1卷4期，1939年4月1日，第98頁。

報告書者，不問其是否爲會計專家，均能領會。」〔註 78〕他還說報告書必須合乎邏輯分類，簡單明瞭，沒有引起誤解的可能。會計師報告書除對於當事人負責外，還應對於第三者負責。

奚玉書還建議採取一致程序編製報告書，以便於相互比較。例如，對於財務狀況檢查所出具的報告書是否附列損益計算書、應收應付賬款明細表及其它類似明細表以什麼爲限、在什麼情況下需要出具正式證明書、對於所簽具會計師報告書責任範圍等都應該具體討論達成一致。

另外，奚玉書研究英美成規，發現英美報告書僅指評釋和查賬證明書，而不包括決算書。他並沒有盲目追從，而是深入考察具體情況，認爲中國當時的會計遠遠落後於英美，沒有能力像英美國家企業那樣自行編製完善的決算書，所以決算書不能成爲查賬報告書的基礎，而需要有經驗的會計師代爲編製，成爲報告書的組成部分。這反映出奚氏在學習西方先進會計理論時能夠靈活運用，而不是機械的盲目照搬。

第八節　國民政府時期會計發展思想的特徵總結

與北洋政府時期相比，國民政府時期的會計思想非常豐富，在深度、廣度上都有很大的突破。首先，超然主計思想與會計法制化思想的深入發展爲其他會計思想的發展提供了基礎和保障。而積極發展會計教育的思想、發展會計學術組織的思想、發展會計出版業的思想既豐富了會計思想的內涵又爲當時會計思想的進一步發展創造了條件。另外，銀行會計思想、交通會計思想、會計師事業思想、政府核算思想、成本會計思想等會計思想的發展奠定了我國近代會計思想發展的初基。在這一時期，還有非常重要的會計思想論爭，表現在會計改良思想與會計改革思想的論爭，反映出中國傳統會計思想與西方會計思想的碰撞。這場論爭對活躍中國會計思想所起的影響和意義遠遠超過了這場論爭的本身。

歸納這一時期會計思想的特點有如下幾點：

（一）會計思想完成了由日本模式向歐美模式的轉變

北洋政府時期的會計思想主要傳承了日本的模式，但是到了國民政府時

〔註78〕奚玉書：《會計師報告書概論》，《公信會計月刊》，3 卷 3 期，1940 年 3 月 1 日，第 98 頁。

期，立法院照搬美國的經濟法制幾乎成爲一種風氣，所以，會計思想也就完成了由日本模式向歐美模式的轉變，這種轉變是進步的。首先，國民政府的財計組織採取的是超然主計制度，而超然主計思想就是參照我國古代財計組織建制思想和近代西方國家所謂經濟牽制思想設計而成的。國民政府專門聘請美國甘末爾顧問團的成員，與國內學者一起組成財政設計委員會，交流思想，研究問題。其次，國民政府廢止了以日本會計法爲藍本的《民三會計法》，參照美國的成規並結合中國的實際情況，頒定了帶有濃厚美國味道的《會計法》，更加充實和完備，影響也更爲深刻。再次，國民政府的會計學術、會計方法以及會計制度的建設等方面的思想，可以講幾乎全盤的美國化了。舉世公認的經典著作如美國著名會計學者凱斯特、派登與芬尼等所著的《會計學原理》、及美國著名會計學者勞倫斯、陀爾等所著的《成本會計》等都被翻譯爲中文，供我國學者學習研究。在研究這些西方著作的基礎上，我國會計學者的思想認識也得到了大幅度提高。

（二）會計法制化思想進一步深入

國民政府同北洋政府一樣對於會計工作的改進十分重視，表現在積極改進會計法律法規上。隨著中國民族資本主義經濟的發展進入新階段，國民政府強化對財政經濟的控制也進入到一個新的階段。經濟越發展，經濟運行關係越複雜，會計法制建設的科學性、先進性和權威性就越強，並且在國家的整個法律制度體系中地位越來越重要，其基礎性規製作用越來越顯著。所以，將會計立法作爲統籌會計工作的基礎是非常關鍵的。

國民政府時期和北洋政府時期會計法制建設相比較的一大突出特點就是實現了會計法制化思想由日本模式向歐美模式的轉變。在這一轉變過程中，留學歸來的愛國學者作出了傑出的貢獻。他們以眞正實現中國的民主共和、強化對國家財政控制和振興中國實業爲出發點，學習和引進了西方近代資本主義國家的會計法律制度，吸取了美國 1921 年《預算與會計法案》的基本精神，在一定程度上切合中國的實情建立了以政府會計爲主體的會計法律制度及其體系。蘊含於這一會計法律制度及其體系的會計思想代表著中華民國時期會計立法的最高水平，推進了中國近代會計的發展。

（三）超然獨立的會計思想佔據上風

20 世紀 30 年代前後，正是世界會計學術發展的高潮時期，這時我國的財

政會計學者提出了必須健全財會制度以監督財政的主張。一般學者認為財政會計的混一組織制度（又叫一條鞭制）是財務上貪污舞弊的根源，改進的辦法是實行財會用人的分權制，以達到內部牽制的效果。國民政府時期超然主計思想的變遷展現了中國由原來落後的混一制度邁向先進的聯綜組織制度的發展進程。該制度的建立表明，財政會計專家已經注意到會計超然獨立對於會計工作的重要意義。他們積極要求中央主計機關隸屬於國民政府，即成立主計處，保證各機關辦理預算決算會計統計的人員雖然受所在機關長官指揮，但是有超然的地位。雖然也有專家學者持有不同意見，認為會計超然獨立割裂了財政部的職權，使得預算的制定和執行分屬主計處和財政部兩個部門，財政部就失去了賴以調控一國財政的工具，這有礙於財政部發揮效能，不利於整體協調，但是總的看來要求會計超然獨立的思想佔據上風。

（四）思想論爭較為激烈

北洋政府時期會計研究還較為落後，表現在著作、譯著較少，而作為思想交流平臺的期刊雜誌也寥寥無幾，所以幾乎沒有什麼激烈的會計思想上的論爭。而到了國民政府時期，學者們的會計思想相對來說較為成熟，且思想非常活躍，最為突出的表現是會計學者間的爭論極為激烈。如 20 世紀 20 年代末到 30 年代的一場關於中式會計改良和改革的大論爭，堪稱是我國近代會計發展史上影響最大的一次學術討論和交流。改良派主張在原有中式會計的基礎上進行改良，而改革派主張全面引進西方會計。由於這兩大學派在理論辯爭的同時都積極付諸實踐，所以這場爭論正好推動了中國會計學術和會計業務實踐的發展。又如 20 世紀 30 年代的關於主計制度是否應該施行的論爭影響也較為深刻。通過爭辯，人們更加深刻的認識了超然主計思想的本質，肯定了超然主計制度是一種積極監督財政的制度，是英美等國先進方法和中國實際情況相結合的產物，從制度本身來說還是比較優良的，可以說是在中國會計思想上的一大創新。再如關於會計年度的劃分也存在爭論，這是會計學者對於具體會計問題的探討。在探討問題的過程中，專家學者們各抒己見，擺事實講道理，在論爭中理清思路，取長補短，反映出會計思想在碰撞和摩擦中快速發展。

（五）西方會計思想在中國的傳播漸漸趨於成熟

會計學者對於西方會計思想不再簡單的照搬，而是結合中國實際情況加

以靈活運用。如北洋政府時期會計組織建設大部分照搬了西方模式，而國民政府時期則有創建性的提出了聯綜組織建設，取代了原有的「一條鞭」法，實行超然主計制度。這種做法既學習了西方分工牽制的思想，又符合中國的具體國情。再如會計改革與改良的論爭，改革派提倡全盤接受引進西方會計理論，改良派則提倡部分學習西方會計理論來改良中式會計。他們在本質上都是在對西方會計理論進行傳播，只是程度不同。這些都反映出學者在理論傳播過程中已經漸漸形成自己的想法、提出了不同意見，而不再是簡簡單單的人云亦云、生搬硬造。

（六）形成初步的會計思想體系

通過對國民政府時期會計思想的梳理我們可以基本上看到這樣一個體系，它以會計立法和財計組織制度為基石，以改革派和改良派的理論爭論及實踐為線索，以會計教育和會計出版事業為依託，以政府會計思想、銀行會計思想、交通會計思想、政府審計思想、會計師事業思想等為代表。就民國會計思想的主要內容及其相互關係而言，這個會計思想體系已經初步形成。但是不可否認的是這一體系仍然不成熟，因為畢竟受當時政治、經濟環境的限制，如由於我國近代農業經濟的極端落後，農業會計思想躑躅不前，沒有多大起色。

綜觀全局，國民時期的會計思想起了承上啟下的作用，繼承了中國傳統簿記的優點並進行了改良，從而適應了當時社會的需要。同時改良和改革思想的傳播以及會計實踐使人們提高了對會計的認識水平、理論水平和實務水平。正因為人們在這一時期對會計方法的較全面檢討，才為新中國的會計研究向基礎理論拓展以及為進一步提高人們的會計實務水平奠定了基礎。

結　語

一、民國會計思想的基本輪廓

　　辛亥革命結束了統治中國幾千年的封建君主專制制度，建立了中華民國，爲中國的進步潮流打開了閘門。此後，中國的先進分子爲探索救國救民的道路前仆後繼，歷經北洋軍閥統治、國民黨統治，以及五四運動、兩次國內革命戰爭、抗日戰爭等一系列重大歷史事件，1949 年新中國誕生。在這種複雜多變的歷史背景下，民國會計思想既具有歷史的傳承性又具有獨特的跳躍性，與西方會計思想相比還具有一定的滯後性。

（一）北洋政府時期緩慢發展的會計思想

　　北洋政府是一個腐朽無能的政府，內則軍閥混戰，外則帝國主義侵略，沒有一個安定的政治社會環境，經濟發展緩慢、管理落後，會計思想無疑受其所累。但是，在清末會計改良思潮已經萌芽的基礎上，這一時期的會計思想仍然顯示出一定的活力，只是進展較爲緩慢。

　　北洋政府仿傚國外資本主義國家的做法（主要是日本的做法），力求通過改變政府會計工作來補救財政方面的危機，並開創了授權愛國知識分子主持制定會計法律制度的先河，揭開了中國近代會計法律制度建設的嶄新歷史篇章，制定了中國歷史上第一部會計法和審計法。這是中國會計法制化的開始，標誌著依法治計思潮的興起，也成爲會計思想發展的準繩。

　　北洋政府時期銀行會計思想的發展直接受到 19 世紀末「大清銀行」簿記改革思想的影響。因爲銀行會計改良大多是在運用我國固有複式簿記的基礎上進行的，所用賬理和西式簿記接近，所以轉變較爲容易，革新也比較徹底，

這使銀行會計的改良思想始終走在其它會計思想前列。

會計師思想在中國初露端倪也發生在北洋政府時期，這是學習國外先進會計思想的成功典範。依照歐美規範，北洋政府制定了第一個會計師法規，即《會計師暫行章程》，並初步建立起中國自己的會計師事務所和會計師公會，基本形成了我國公共會計制度的構架。

北洋政府時期會計思想還存在一個顯著的具有跳躍性的思想，即楊汝梅（衆先）關於無形資產的思想。楊氏 1926 年取得密歇根大學博士學位，這一思想的載體是楊氏的博士論文「Goodwill and other Intangibles」，即馳譽世界會計的名著《商譽及其它無形資產》。這部著作爲美國財經學界所稱許，當時在美國會計界被奉爲關於無形資產的唯一著作。楊氏是中國會計學者中成就達到當時世界水平的第一人，是中國會計學界的驕傲。

（二）國民政府時期快速發展的會計思想

到了國民政府統治時期，會計工作情況得到了大大改善，會計思想發展迅速。一方面，國民政府仿照歐美（主要是美國）資本主義國家的基本做法，進行了建制、改制和核算方法方面的改善工作，會計法制化思想進一步深入；另一方面，愛國知識分子深入進行的改良會計工作產生了明顯效果。這個時期，我國的民間會計取得了前所未有的發展，當時會計教育界、實業界、會計師事務所都積極引進國外先進的會計理論和方法，積極進行改革、改良中式會計工作。

這一時期會計思想非常活躍，最爲突出的表現是會計學者間的爭論極爲激烈，反映出會計思想在碰撞和摩擦中快速發展。首先，20 世紀 20 年代末到 30 年代的一場關於中式會計改良和改革的大論爭，堪稱是我國近代會計發展史上影響最大的一次學術討論和交流。改良派主張在原有中式會計的基礎上進行改良，而改革派主張全面引進西方會計。這兩大學派奮鬥目標是一致的，對於改進中國會計之必要性的認識也是一致的，主要分歧在於進行中國會計改良所採用的方法不一樣。由於這兩大學派在理論辯爭的同時都積極付諸實踐，所以這場爭論正好推動了中國會計學術和會計業務實踐的發展。其次，20 世紀 30 年代的關於主計制度是否應該施行的爭論影響也較爲深刻。通過爭辯，人們更加深刻的認識了超然主計思想的本質，肯定了超然主計制度是一種積極監督財政的制度，是英美等國先進方法和中國實際情況相結合的產物，從制度本身來說還是比較優良的，可以說是中國會計思想上的一大創新。

雖然推行效果不佳，但並非全部是制度本身的問題，其他原因也是存在的，如政局動蕩、推行不利等等。再次，關於會計年度的劃分也存在爭論，這是會計學者對於具體會計問題的探討。在探討問題的過程中，專家學者們各抒己見，擺事實講道理，在論爭中理清思路，取長補短。

在國民政府時期，潘序倫的會計思想是集大成之作，他被會計界的後輩尊爲「中國會計之父」。他提出的「事務所、會計學校、出版社」三位一體的模式，體現和擴展了他引進西方會計理論、改良中國會計的思想。潘氏成果頗豐，專著（含譯著）40 多部，學術論文百餘篇，至今仍有深遠的影響。他在傳播西方會計思想方面做了大量積極的工作，推廣西方複式會計的同時，不斷引進西方的會計理論，以供中國學者打開視野，深入進行學習研究。

此外，其他會計學者的會計思想也較爲豐富，使得國民政府時期會計思想基本形成了較爲完善的體系，如徐永祚的改良中式簿記思想、雍家源的政府會計思想、張心澂的交通會計思想、顧準的銀行會計思想、楊汝梅（予戒）的政府審計思想和奚玉書的會計師事業發展思想等。還有很多財政、會計學者如陸善熾、潘士浩、謝允莊、錢迺澂、李雲良、衛挺生、胡善恒、尹敬文、羅介夫、聞亦有、蔣明祺、張國藩等，他們的會計思想使得國民政府時期的會計思想更爲豐富、深刻。

二、民國會計思想的主要特點

民國會計思想是當時的會計狀況及其發展趨勢的集中寫照，根據其發展的基本輪廓可以概括出民國會計思想有以下幾大特點：

（一）會計法制化奠定了會計思想發展的基石

民國時期是中國會計法制化的開端，是在長久漸變過程中的一次突變。會計法的制訂將會計發展推向法制化、規範化和科學化的新的歷史時期，至此，無論會計理論還是會計實務操作都有法可依。雖然此「法」具有一定的虛僞性，但是這些過去從未有過的會計審計法律和規章制度對於當時規範會計工作還是起了重要作用，爲我國近代會計思想的發展奠定了基石。

（二）會計統一思想達成一致

無論北洋政府還是國民政府都已經認識到會計制度散亂、各自爲政嚴重影響到會計的核算和財政預算、決算的執行，這對他們的統治非常不利；而愛國知識分子也認識到這種多元化會計發展局面不利於中國會計理論的進一

步發展。由此，統一會計的思路出現，並且愈演愈烈，得到廣泛的共識。於是，政府會計、銀行會計、鐵路會計等紛紛統一會計科目、會計憑證、會計賬簿、會計報表以及賬簿登記、報表編製方法等，並頒佈了一系列規章制度，開始了中國會計的制度化和規範化歷程。

（三）西方會計思想在中國的傳播影響深遠

民國時期，留學日本、歐美的中國學子相繼回國，他們有機會親眼目睹近代資本主義會計思想體系，從而調整自身知識結構，反思中式會計的利弊，使中國近代會計也相應的經歷了由模倣日本模式向模倣歐美（主要是美國）模式的轉變。潘序倫、徐永祚等會計學者較爲系統的翻譯和闡述了西方會計理論及思想。1933 年在上海開始發行《會計雜誌》、《立信會計季刊》，並出版了《立信會計叢書》，進一步傳播西方會計理論和方法。西方的會計原理、成本會計、審計等教材和著作已較爲系統的被引進中國，並在上海等地的高等院校作爲教學內容。這些引進的西方會計思想極大影響了我國會計學者的思想認識，對我國會計理論和實踐也產生了深遠的影響。

（四）初步形成了會計思想體系

一個比較完整的思想體系涉及很多方面，需要很多人甚至幾代人共同分工積纍完成。儘管在民國時期會計思想體系形成之前人們並沒有統一的分工，但當眾多會計學者們根據思想發展狀況選定各自的研究範圍和任務時就已經顯現出分工的特徵。通過對民國會計思想的梳理我們可以看到這樣一個體系，它以會計立法和財計組織制度爲基石，以改革派和改良派的理論爭論及實踐爲線索，以會計教育和會計出版事業爲依託，以政府會計思想、銀行會計思想、交通會計思想、會計師事業思想等爲代表。就民國會計思想的主要內容及其相互關係而言，這個會計思想體系雖然不成熟，但已經初步形成。

（五）具有強烈的務實性

民國會計思想產生的特殊歷史背景和現實需要決定了它具有強烈的務實性。而會計本身是實務性工作，理論和實踐需要緊密結合，如西式會計的借貸記賬法，最初是通過帝國主義開辦的工廠、商行及銀行進入我國的。所以，在一定程度上，會計實務上採用西式會計方法要早於西方會計理論在中國的正式傳播，也就是說，在國人還沒有基本瞭解西方會計理論時，實務工作已經開始了。這一特殊情況是由於特殊歷史背景造成的，而這種超前的會計實

踐所提供的經驗教訓則成為後來會計理論改良的重要參照。再如改良派和改革派之爭逐漸由理論論爭轉為業務競爭，兩派的工作重點都放在實踐方面，在會計方法上形成了西式簿記和改良中式簿記並存的局面。西式簿記多為大、中型新式企業所採用，改良中式簿記則為中、小企業所偏愛。兩派又分別以會計師事務所為陣營，以會計教育和會計出版為依託，不斷總結經驗和教訓，極大促進了我國會計的發展。

三、民國會計思想發展軌跡的歷史追蹤

　　1949 年 10 月 1 日，新中國成立。會計學術界受到政治和經濟環境的影響，開始清除西方會計理論和方法，批判和改造當時已經形成的會計思想，並逐步向蘇聯學習社會主義的會計理論和方法。不少蘇聯會計專家來到中國，幫助我們建立起符合社會主義經濟建設需要的統一的會計制度。這一時期也產生了一些相當重要的會計思想和理論，如對於會計的科學屬性問題、會計記賬方法、會計職能、會計基本理論建設等都進行了深入的探討，在改造和吸收舊理論中有用成分的基礎上，積極引進蘇聯會計模式，開始初步形成我國的社會主義會計理論。

　　正當理論界鞏固已有的成績，結合中國實際探索會計改革，推動會計工作進一步發展的時候，在全國範圍內開始了一場「文化大革命」運動。會計領域和其他經濟、文化、科學領域一樣都遭受到了一次巨大的浩劫，基本上已不存在會計理論的研究。

　　黨的十一屆三中全會以後，隨著全國工作重心的轉移，會計在經濟管理中的重要性越來越明顯的體現出來，並為社會各方面所認可。單純的記賬、算賬、報賬等事後核算工作已經不能適應經濟管理的需要，會計工作開始向全面發揮核算和監督的職能作用轉變。這一時期，我國傳統的社會主義高度集中的計劃經濟開始向有計劃的商品經濟或市場經濟轉變。會計在基本理論上應該與經濟環境相適應。因此，與計劃經濟相適應、以傳統的蘇聯會計學為基礎的會計理論和方法已經難以適應當時形勢，勢必要求引進西方國家在市場經濟中被證明行之有效且切合中國實際的會計理論和方法。所以，西方會計學的引進和借鑒顯示出強勁的發展勢頭，對我國傳統的會計學產生了非常強大的衝擊力。由於社會主義有計劃的商品經濟畢竟有別於資本主義的市場經濟，因此，單純依靠西方的會計理論和方法仍然難以解決中國在經濟改

革中遇到的實際問題，仍然有必要運用傳統的社會主義會計學的理論和方法。這一時期的會計思想首先集中在對建國以來遺留的一些基本會計理論問題進一步探索和研究，如會計的科學屬性、會計記賬方法、會計職能等。其次是從新的角度對一些理論概念作出新的研究和表述，如會計對象、會計本質、會計定義、會計與財務關係等。再次是對一些新的會計領域進行探索，如會計理論體系、會計準則、管理會計與責任會計、成本會計與成本管理、審計等。

90 年代以來，隨著社會主義市場經濟體制改革的進一步完善，會計工作得到社會各界越來越多的認同和關注。在進一步學習和借鑒西方會計理論並結合中國實際的基礎上，會計理論研究也從深度和廣度上開展了多元化的研究。在深度方面，大力開展各種專題的研究，如有關會計目標、會計準則、會計方法、會計教育和會計管理體制的研究；在廣度方面，著重研究新經濟領域中的會計問題，如會計管理活動論、會計信息系統論、會計信息控制系統論等等。此時，中國的會計理論工作者開始運用實證研究方法，對中國會計問題進行定量分析和經驗研究，提出對策和建議，使會計理論建立在經驗數據之上，研究結論更有說服力。由此，我國會計理論開始真正走向世界，會計研究成果也開始接受海外學術界的檢驗。

縱觀清末以來中國會計思想發展的軌跡，可以大致劃分為四個歷史階段。第一階段即為清朝末期，是改良中國會計思想的萌芽期。19 世紀下半葉的清末，西式簿記就由日本引入我國並開始傳播。蔡錫勇的遺著《連環帳譜》（1905）和謝霖與孟森合編的《銀行簿記學》（1907）系統介紹和研究西式複式簿記，這些會計思想的引進和傳播拉開了中國會計改良的序幕。第二階段即為本文所研究的民國時期會計思想，是改良中國會計思想的積極實踐期。這一時期的會計思想繼承了清末改良會計的思路，引進和傳播西方先進的會計思想，並積極付諸實踐，在論爭中初步形成了較為完整的會計思想體系。第三階段從新中國成立到「文革」結束，是中國會計思想中基礎理論初步形成時期。這一時期中國全面借鑒了蘇聯的會計經驗，比較系統的引進了蘇聯模式，與民國時期會計思想存在明顯的斷層，基本上不存在傳承關係。但這一時期細緻討論了會計的基礎理論，為中國現代會計建設打下了基礎。第四階段從黨的十一屆三中全會至今，是中國會計思想全面、深入、快速發展的時期。隨著經濟的繁榮，中國會計思想日益達到中西融合，推陳出新，在很

多領域都有重大突破和創新，體現出與國際接軌的特色。

四、民國會計思想發展的歷史規律及經驗借鑒

通過對民國會計思想進行系統的挖掘、梳理、總結和提煉，本文已經整理出這一時期會計思想發展的基本脈絡。在此基礎上，可以進一步總結民國會計思想發展的歷史規律和經驗借鑒，以期促進我國會計事業不斷向前發展。

（一）經濟發展與會計發展相互促進

凡經濟發達的國家，會計沒有不發達的；凡會計不發達的國家，也沒有一個是經濟發達的，這是一條客觀規律。因為經濟越發達，經濟運行關係就越複雜，對於會計工作的要求也就越高，從而使得會計理論的科學性、先進性和權威性越強。由於中國經濟長期處於落後的自然經濟狀態，傳統的中式簿記雖然缺陷很多，但是仍然足以完成對於簡單經濟的核算工作，所以缺乏發展完善的內在動力，長期停滯不前，會計思想也受到了桎梏。另一方面，會計發展遲緩使得會計工作難以落實，導致財政紊亂、流弊百出，也為經濟的發展設置了障礙。由此看來，因為經濟發展與會計發展是相互促進的，所以既要重視經濟發展，也要重視會計發展，使之形成良性循環，共同發展。

（二）會計法律制度建設是會計發展的基本保障

會計法律制度是一國法律體系中的重要組成部分，是會計發展的基本保障。北洋政府的《會計法》是我國第一部會計法，是中國法制化的開端，雖然在政局混亂的情形下難免流於形式，但畢竟使得以法治計的思想得到重視。隨著我國社會主義市場經濟體制的建立和發展，會計工作出現了許多新情況、新問題，客觀上需要進一步規範和約束會計行為，完善會計法律制度建設，以維護財經紀律。

（三）中西會計溝通是會計發展的有效路徑

民國時期會計思想經歷了從日本模式向歐美模式的轉變，這是經濟政治大環境決定的。總的看來，西方會計理論在近代中國的傳播極大豐富發展了我國會計思想，傳統會計思想和西方先進會計思想產生了激烈的碰撞，促使會計學者思考問題並付諸實踐進行檢驗。可以說，民國時期通過學習西方會計理論實現了會計思想跳躍式發展，所以中西會計溝通是促進會計發展的有效路徑。目前，會計發展的指導思想是與國際接軌，國際會計準則、國際財

務報告準則等國際標準都是爲了適應經濟全球化、國際化而制定，旨在減少會計差異對各國所造成的消極影響。我們應充分認識與國際會計接軌的重要性，把握機遇，在會計改革實踐中認眞借鑒國際公認的會計準則，有力的推動會計準則規範化和國際化的進程。

（四）誠信是會計發展的立身之本

近年來，國內外一些大公司造假醜聞頻頻曝光，全球會計行業正面臨著前所未有的誠信危機。而考察民國會計思想，我們不難發現民國會計學者對於誠信是非常重視的，潘序倫、徐永祚、奚玉書等會計學家嚴守會計職業道德的思想對於近代會計職業道德維護制度的形成有著重要的影響。他們進一步提煉總結會計職業道德規範並逐步形成文化，使會計行爲得到監督與規範，誠信能夠眞正落到實處。並且，在政府與會計師公會的雙重努力下，建立起一套完整的職業道德維護體系，以此取得社會公眾的信任，擴展會計工作。在這樣的氛圍下，講求誠信不僅僅是一種口號，而是成爲一种競爭手段，眾多會計師事務所改變了以開辦者名字命名的習慣，轉而改成以能彰顯執業者誠信水準的字眼作爲招牌，如立信、公信、民信、國信等。這些思想和實踐都可以爲我國構建誠信會計系統提供參考。

（五）會計教育是會計發展的源泉

縱觀民國會計發展，愛國學者起到了積極的推動作用，做了開創性的工作。他們本著振興國家、拯救民族危機的願望，一方面引進國外的會計法律制度、會計理論與基本方法；另一方面又仿照國外的做法，結合中國的實際情況改良我國會計工作。其中，留日、留歐美歸來的學子更是發揮了非常重要的作用。由此可以看出，會計人才是會計發展的必要條件，而會計教育則是會計發展的源泉。「百年之計，教育爲本」，若要會計得以持續長遠的發展，會計教育是不容忽視的。

參考文獻

一、著作、史料彙編類：

1. 〔德〕馬克思·韋伯（著），康樂等譯：《社會學的基本概念：經濟行動與社會團體》，廣西師範大學出版社，2011 年。

2. 〔荷蘭〕海渥（著），文碩等譯：《會計史》，中國商業出版社，1991 年。

3. 〔美〕Chatfield Michael 著，文碩、董曉柏等譯：《會計思想史》，中國商業出版社，1989 年。

4. 〔美〕Frank. H. Streightoff 著，李鴻壽、張宗亮譯：《會計學原理及實務》，黎明書局，1941 年。

5. 〔美〕Lawrence W.B 著，潘序倫譯：《勞氏成本會計》，商務印書館，1930 年。

6. 〔美〕Roy B. Kester 著，薛迪符等譯：《會計學原理及實務》，世界書局，1935 年。

7. 〔美〕W.A. Paton & A.B. Littleton 著，潘序倫譯：《公司會計準則緒論》，立信會計圖書用品社，1949 年。

8. 〔美〕阿瑟·恩·楊格：《1927～1937 年中國財政經濟情況》，中國社會科學出版社，1981 年。

9. 〔美〕費正清主編：《劍橋中國晚清史》，中國社會科學出版社，1985 年。

10. 〔美〕費正清主編：《劍橋中華民國史》，上海人民出版社，1991 年。

11. 〔美〕加里·約翰·普雷維茨、巴巴拉·達比斯·莫里諾（著），杜興強等譯：《美國會計史——會計的文化意義》，中國人民大學出版社，2006 年。

12. 〔日〕吉田良三著，陳家瓚譯：《工業簿記》，商務印書館，1937 年。

13. 〔蘇〕索科洛夫著，陳亞民等譯：《會計發展史》，中國商業出版社，1990

年。

14. 《財務與會計》編輯部：《潘序倫回憶錄》，中國財政經濟出版社，1986
    年。

15. 《中國會計史料選編（東北根據地和東北大行政區時期)》，中國財政經
    濟出版社，1989 年。

16. 《中國會計史料選編（中華民國時期)》ⅠⅡⅢⅣ，江蘇古籍出版社，1990
    年。

17. 《中華民國史檔案資料彙編》第 5 輯第 5 編，江蘇古籍出版社，1991 年。

18. 北京圖書館編：《民國時期總書目——經濟》（1911～1949），書目文獻出
    版社，1993 年。

19. 北京圖書館編：《民國時期總書目——社會科學總類部分》（1911～
    1949），書目文獻出版社，1995 年。

20. 蔡經濟：《所得稅會計》，立信會計圖書公司，1946 年。

21. 蔡錫勇：《連環帳譜》，湖北官書局，清光緒三十一年（1905 年）。

22. 成聖樹：《會計審計大詞典》，中國財政經濟出版社，1991 年。

23. 董霖：《戰前之中國憲政制度》，臺北世界書局，1968 年。

24. 方寶璋：《中國審計史稿》，福建人民出版社，2006 年。

25. 方寶璋：《民國審計思想史》，中央編譯出版社，2010 年。

26. 高治宇：《中國會計發展簡史》，河南人民出版社，1985 年。

27. 顧詢、錢迺徵：《查帳報告書及工作底稿》，商務印書館，1936 年。

28. 顧準：《銀行會計》，商務印書館，1936 年。

29. 顧準：《中華銀行會計制度》，商務印書館，1939 年。

30. 郭道揚：《會計大典》，中國財政經濟出版社，1999 年。

31. 郭道揚：《會計發展史綱》，中央廣播電視大學出版社，1984 年。

32. 郭道揚：《會計史研究 歷史·現時·未來》第 1、2 卷，中國財政經濟出
    版社，2004 年。

33. 郭道揚：《會計史研究 歷史·現時·未來》第 3 卷，中國財政經濟出版
    社，2008 年。

34. 郭道揚：《中國會計發展史》（討論稿），湖北財經學院，1978 年。

35. 郭道揚：《中國會計史稿》，中國財政經濟出版社，1988 年。

36. 韓東京：《中國會計思想史》，上海財經大學出版社，2009 年。

37. 侯厚吉、吳其敬：《中國近代經濟思想史稿》（1～3 冊），黑龍江人民出版
    社，1982～1984 年。

38. 胡寄窗、談敏：《中國財政思想史》，中國財經出版社，1989 年。

39. 胡寄窗:《中國近代經濟思想史大綱》,中國社會科學出版社,1984 年。

40. 胡寄窗:《中國經濟思想史簡編》,上海立信會計出版社,1997。

41. 胡善恒:《財務行政論》,上海商務印書館,1934 年。

42. 黃鳳銓:《我國現行事前審計制度》,仁德印刷所,1934 年。

43. 李鴻壽編:《各業會計制度》,立信會計圖書用品社,1943 年。

44. 李金華:《中國審計史》,中國時代經濟出版社,2004 年。

45. 李權時:《財政學原理》,中華書局,1935 年。

46. 李孝林:《中外會計史比較研究》,北京科學技術出版社,1996 年。

47. 李孝林、羅勇、孔慶林:《比較會計史學》,中國財政經濟出版社,2007 年。

48. 劉常青:《中國會計思想發展史》,西南財經大學出版社,2005 年。

49. 劉常青:《世界會計思想發展史》,河南人民出版社,2006 年。

50. 李寶震、王建忠:《中國會計簡史》,經濟科學出版社,1989 年。

51. 龍一圓:《立信史話》,立信會計出版社,1993 年。

52. 羅介夫:《中國財政問題》,上海太平洋書店,1933 年。

53. 羅銀勝:《潘序倫傳》,上海人民出版社,2007 年。

54. 馬寅初:《財政學與中國財政——理論與現實》,商務印書館,1948 年。

55. 潘序倫、顧詢:《審計學》(上、下冊),商務印書館,1936 年。

56. 潘序倫、顧準:《中國政府會計制度》,商務印書館,1939 年。

57. 潘序倫、王澹如:《政府會計》,商務印書館,1935 年。

58. 潘序倫:《高級商業簿記教科書》,商務印書館,1930 年。

59. 潘序倫:《股份有限公司會計》(上、下冊),商務印書館,1936 年。

60. 潘序倫:《會計學》(1~4 冊),商務印書館,1935 年。

61. 潘序倫編:《改良中式簿記之討論》,商務印書館,1935 年。

62. 潘序倫編:《各業會計制度》第二集,商務印書館,1935 年。

63. 潘序倫等編著:《會計名詞彙譯》,商務印書館,1934 年。

64. 錢迺澂:《審計問題》,商務印書館,1940 年。

65. 宋英慧:《中國會計制度經濟學研究》,經濟科學出版社,2006 年。

66. 孫邦治:《會計發展史》,光明日報出版社,1989 年。

67. 孫大權:《中國經濟學的成長:中國經濟學社研究 1923~1953》,上海三聯書店,2006 年。

68. 談敏:《中國財政思想史教程》,上海財經大學出版社 1999 年。

69. 談敏:《中國經濟學圖書目錄》(1900~1949),中國財經出版社,1995 年。

70. 王海民、楊進、劉韜：《會計發展概論》，陝西科學技術出版社，1988 年。

71. 王建忠主編：《會計發展史》，東北財經大學出版社，2003 年。

72. 衛挺生、楊承厚著《中國現行主計制度》，商務印書館，1946 年。

73. 文碩：《西方會計史（上）》，中國商業出版社，1987 年。

74. 文碩：《世界審計史》，中國審計出版社，1990 年。

75. 聞亦有、徐以楳：《審計學》，正中書局，1946 年。

76. 聞亦有、章長卿：《成本會計學》，正中書局，1947 年。

77. 巫寶三：《中國近代經濟思想與經濟政策資料選集》，科學出版社，1959 年。

78. 謝霖、孟森：《銀行簿記學》，日本東京出版，清光緒三十三年（1907 年）。

79. 謝霖：《實用改良中式賬簿》，漢口正則會計師實務所，1937 年。

80. 謝霖：《實用銀行簿記》，商務印書館，1930 年。

81. 徐小群：《民國時期的國家與社會——自由職業團體在上海的興起，1912～1937》，新星出版社，2007 年。

82. 徐永祚：《改良中式簿記概說》，徐永祚會計師事務所，1933 年。

83. 徐永祚：《改良中式簿記實例》下冊，徐永祚會計師事務所，1948 年。

84. 徐永祚：《會計師制度之調查及研究》，徐永祚會計師事務所，1923 年。

85. 徐永祚：《所得稅與會計十講》，徐永祚會計師事務所發行，1937 年。

86. 許滌新、吳承明主編：《中國資本主義發展史》（第三卷），人民出版社，2003 年。

87. 楊端六：《現代會計學》，商務印書館，1946 年。

88. 楊汝梅（予戒）：《近代各國審計制度》，中華書局，1931 年。

89. 楊汝梅（眾先）：《無形資產論》，商務印書館，1936 年。

90. 楊時展：《中華會計思想寶庫》，中國財政經濟出版社，1993 年。

91. 楊蔭溥：《民國財政史》，中國財政經濟出版社，1985 年。

92. 葉青：《財政與會計關係史比較研究》，中國財政經濟出版社，2000 年。

93. 葉世昌主編：《中國經濟學術名著提要·經濟卷》，復旦大學出版社，2003 年。

94. 尹文敬：《財政學》，商務印書館，1935 年。

95. 余玉苗，李國運，吳聯生：《以史爲鏡——註冊會計師職業發展史》，中國經濟出版社，1997 年。

96. 雍家源：《中國政府會計論》，商務印書館，1933 年。

97. 張憲文等著：《中華民國史》（1～4 卷），南京大學出版社，2006 年。

98. 張心澂：《交通會計》，商務印書館，1938 年。

99. 張心澂：《鐵道會計》，商務印書館，1937 年。

100. 趙德馨：《中國近代國民經濟史教程》，高等教育出版社，1988 年。

101. 趙靖：《中國經濟思想通史》修訂本，北京大學出版社，2006 年。

102. 趙靖：《中國經濟思想通史續集》，北京大學出版社，2004 年。

103. 趙友良：《中國古代會計審計史》，上海立信會計圖書出版社，1992 年。

104. 趙友良：《中國近代會計審計史》，上海財經大學出版社，1996 年 10 月。

105. 周伯棣：《中國財政史》，上海人民出版社，1981 年。

106 周開慶：《經濟問題資料彙編》，京華書局（臺北），1967 年。

二、論文類

1. 陳德容：《民元來我國會計之演進》，《銀行周報》，1947 年 31 卷 4、5 合刊。

2. 陳茂生：《借貸記賬法在我國的發展史簡述》，《上海會計》1993 年第 10 期。

3. 陳文華：《如何成就現代會計之父——盧卡·帕喬利誕辰 560 週年紀念》，《會計之友》2005 年第 8 期。

4. 陳湧泠：《改良中式簿記的創始人——記一代名師徐永祚》，《中國農業會計》2001 年第 6 期。

5. 陳湧泠：《我國會計史上改革與改良之爭》，《中國農業會計》，1996 年第 11 期。

6. 陳元芳：《我國內部控制的起源與發展》，《財會月刊》2007 年第 5 期。

7. 成聖樹、郭亞雄：《回眸 20 世紀中國會計論壇的記帳方法之爭》，《上海會計》2001 年第 12 期。

8. 成聖樹：《民國時期上海會計師史話》，《上海會計》2004 年第 1 期。

9. 楚財：《民國時期的會計法規》，《財會通訊》1990 年第 5 期。

10. 楚財：《民國時期的會計分類》，《財會通訊》1990 年第 7 期。

11. 楚財：《民國時期會計概況》，《財會通訊》1990 年第 1 期。

12. 楚財：《民國時期會計機構的設置》，《財會通訊》1990 年第 3 期。

13. 方興艾：《兩個同姓同名的著名會計專家楊汝梅》，《上海會計》1983 年第 10 期。

14. 馮建軍：《成本會計的歷史發展觀》，《武漢交通管理幹部學院學報》2003 年第 3 期。

15. 葛家澍：《必須替借貸記帳法恢復名譽》，《中國經濟問題》1978 年第 4 期。

16. 萬家澍:《試論會計核算這門科學的對象和方法》,《廈門大學學報(哲社版)》,1956 年第 2 期。

17. 郭道揚、曹大寬:《會計史系列小講座——第二講:中國古代財計體制沿革》,《中國農業會計》1992 年第 8、9 期。

18. 郭道揚、曹大寬:《會計史系列小講座——第六講:中國固有複式簿記(二)——「四腳帳」》,《中國農業會計》1993 年第 6 期。

19. 郭道揚、曹大寬:《會計史系列小講座——第五講:中式單式簿記的演進過程及一般規律》,《中國農業會計》1993 年第 2 期。

20. 郭道揚、張錦秀、郭道友、賀茂清、楊俊遠:《帕喬利對中國近代會計發展的影響》,《財會通訊》 1994 年第 1 期。

21. 郭道揚、張美紅:《會計史系列小講座——第六講:中國固有複式簿記(一)——「龍門帳」》,《中國農業會計》1993 年第 4 期。

22. 郭道揚、張美紅:《會計史系列小講座——第三講:中華民國時期的會計改良工作》,《中國農業會計》1992 年第 11 期。

23. 郭道揚:《20 世紀會計史研究與會計史學的創立》,《財會通訊》1999 年第 11 期。

24. 郭道揚:《20 世紀會計思想演進概說》,《財會通訊》1999 年第 10 期。

25. 郭道揚:《二十世紀中國會計大事評說(一)——(十二)》,《理論探索》1999 年第 1～12 期。

26. 郭道揚:《回首千年話滄桑——公元 11～20 世紀會計發展述評》,《會計之友》2000 年第 4 期。

27. 郭道揚:《會計史系列小講座——第一講:會計的歷史起點》,《中國農業會計》1992 年第 6、7 期。

28. 郭道揚:《試論會計史研究》,《會計月刊》,1997 年第 12 期。

29. 韓曼濤:《中國商人會計思想上之應有之覺悟》,《銀行周報》1926 年 13 卷 6 期。

30. 何洪源:《本科會計教育改革方向研究——重拾潘序倫會計思想》,《當代會計》2014 年第 8 期。

31. 胡寄窗:《20～40 年代的應用經濟學和經濟史學》,《北京財貿學院學報》1982 年第 3 期。

32. 黃履申:《民國時期上海會計師史話補遺》,《上海會計》2004 年第 3 期。

33. 李鴻壽:《讀「我國最早列入世界名人錄的會計學家——楊汝梅」拾遺》,《上海會計》1991 年第 7 期。

34. 李孝林、何守瓊:《一個流行的錯誤論證——評複式簿記產生於 13 世紀意大利說》,《會計之友》2005 年第 9 期。

35. 李孝林、孫芳誠：《評中式簿記單式論》，《商業會計》1992 年第 7 期。

36. 李孝林：《意大利、中國複式簿記產生》，《會計之友》2005 年第 8 期。

37. 李贄：《會計職業道德問題研究》，《經濟師》2007 年第 5 期。

38. 林斗南：《西式簿記改用中國紙筆之商榷》，《銀行周報》1922 年 6 卷 28 期。

39. 林美、趙恒勤：《我國兩次引進西方會計理論的比較》，《重慶工商大學學報：西部論壇》2006 年 16 卷第 A01 期。

40. 林哲夫：《民國會計審計小史》，《財貿研究》1991 年第 1 期。

41. 劉常青：《19 世紀 40 年代以前中國複式簿記思想的成長軌跡》，《鄭州航空工業管理學院學報》2005 年第 2 期。

42. 劉常青：《20 世紀 30 年代我國會計界的主要學派及其爭論》，《河南師範大學學報（哲社版）》2005 年第 5 期。

43. 劉常青：《中國傳統複式簿記思想發展原因考證》，《鄭州航空工業管理學院學報（社科版）》2006 年第 6 期。

44. 劉常青：《中國會計記賬思想的演進脈絡》，《鄭州航空工業管理學院學報（管理科學版）》2004 年第 4 期。

45. 劉方健：《民國時期的經濟研究》，《經濟學家》1994 年第 4 期。

46. 劉永澤、王覺：《複式賬簿在中國發展的回顧》，《會計研究》1994 年第 3 期。

47. 龍月娥、聶順江：《試論複式簿記在意大利產生的必然性》，《市場論壇》2006 年第 3 期。

48. 呂增根：《淺析民國初年的政府會計改革》，《江西青年職業學院學報》2007 年第 3 期。

49. 羅長青：《中國記帳方法發展傳播史略》，《交通財會》1995 年第 7 期。

50. 毛伯林：《中國註冊會計師事業的先驅—改革者—奠基人—即中國近代會計史上的傑出人物謝霖先生》，《中國註冊會計師》2002 年第 10 期。

51. 潘序倫、顧準：《會計名詞之討論》，《公信會計月刊》2 卷 6 期。

52. 潘序倫：《我國會計學校與會計職業之回顧與前瞻》，《立信月報》3 卷 2 期。

53. 潘序倫：《吾國之會計師職業》，《立信會計月報》3 卷 2 期。

54. 沈豔：《謝霖先生銀行會計思想研究——以中國銀行初創會計制度改革為例》，華東理工大學碩士學位論文，2013 年。

55. 宋京津：《單式簿記與內部控制》，《企業經濟》2002 年第 3 期。

56. 宋麗智：《國民政府時期超然主計思想的變遷》，《財經研究》2007 年第 8 期。

57. 宋麗智：《民國時期中式會計改良與改革之爭》，《中南經濟論壇》2004 年第一卷。

58. 宋麗智：《新會計審計準則體系解讀》，《財政監督》2006 年第 5 期。

59. 宋麗智：《近代會計思想的西學東漸研究——以〈會計雜誌〉爲中心的考察》，《中國經濟史研究》2010 年第 4 期。

60. 宋曉華：《論西方會計理論在我國的引入與發展》，《四川會計》2001 年第 6 期。

61. 孫建國：《潘序倫與會計科目名詞統一運動》，《上海立信會計學院學報》2004 年第 1 期。

62. 孫建國：《潘序倫與中國近代會計審計事業（二）》，《中國審計》2007 年第 4 期。

63. 孫時評、方士華：《緬懷潘序倫先生_發展立信會計出版事業》，《編輯學刊》2006 年第 5 期。

64. 孫耀宗：《簿記上之收付》，《銀行周報》1920 年 4 卷 13 期。

65. 孫耀宗：《新帳與舊帳之比較》，《銀行周報》1920 年 4 卷 9 期。

66. 王昌銳、蔡傳里等：《盧卡·帕喬利的「簿記論」》，《財會月刊：會計版》2006 年第 4 期。

67. 王海民：《潘序倫立信會計思想研究》，《會計之友》2011 年第 1 期。

68. 王建忠：《中國會計的世紀決算：人物與著作》，《財務與會計》2001 年第 1 期。

69. 王開田：《簿記質變的歷史解讀》，《中國經濟問題》2006 年第 4 期。

70. 王開田：《近代會計進化論——第二次科技革命與近代會計的歷史演進》，《當代財經》2005 年第 7 期。

71. 王淑華：《論西方會計在我國的引入與發展》，《甘肅農業》2004 年第 7 期。

72. 徐家林：《中國會計科學 20 世紀的發展與變革》，《財會月刊》2000 年第 8 期。

73. 魏文享：《近代上海職業會計師群體的興起——以上海會計師工會爲中心》，《江蘇社會科學》2006 年第 4 期。

74. 魏文享：《近代職業會計師之誠信觀》，《華中師範大學學報（人文社會科學版）》2002 年第 9 期。

75. 魏文享：《上海商會與 1930 年代的改良式簿記運動》，《浙江學刊》2010 年第 3 期。

76. 武曉芬、殷惠豔：《近代中國民間工業核算的改革與發展》，《經濟問題探索》2005 年第 9 期。

77. 鄔定友：《論南京國民政府審計立法規範體系的結構特徵》，《長江大學學

報（社科版）》2004 年第 5 期。

78. 鄢定友：《南京國民政府審計立法的結構特點》，《江蘇警官學院學報》2004
    年第 5 期。

79. 嚴清華、吳傳清：《中國經濟思想史學科建設的新使命》，《東南學術》2002
    年第 1 期。

80. 嚴清華、鄒進文：《民國經濟思想史研究的意義與構想》，《河南師範大學
    學報（哲社版）》2005 年第 1 期。

81. 嚴燮：《整理商業會計制度之商榷》，《銀行周報》1926 年 12 卷 29 期。

82. 姚秀琦、何生棠：《盧卡·帕喬利與近代會計》，《濰坊學院學報》2004 年
    第 3 期。

83. 葉世昌等：《要重視建國前 30 年經濟思想的研究》，《經濟縱橫》1990 年
    第 8 期。

84. 喻梅：《南京國民政府時期會計師入行資格變遷研究──以監管思想和職
    業化思想的互動爲視角》，《貴州財經學院學報》2011 年第 3 期。

85. 喻梅：《中國註冊會計師行業管理模式的歷史比較》，《生產力研究》2011
    年第 6 期。

86. 喻梅：《民國時期中國註冊會計師制度研究述評》，《中國註冊會計師》2013
    年第 1 期。

87. 喻梅：《孔祥熙的註冊會計師制度建設思想述評》，《中國註冊會計師》2014
    年第 3 期。

88. 趙友良、朱肖鼎：《我國最早列入世界名人錄的會計學家──楊汝梅》，《上
    海會計》1991 年第 5 期。

89. 趙友良、朱肖鼎：《值得紀念的中式簿記改革家──徐永祚》，《上海會計》
    1991 年第 3 期。

90. 趙友良：《論近代中國的會計學術思想和會計學派的形成》，《立信學刊》
    1996 年第 3 期。

91. 趙友良：《漫談會計發展史和會計思想史》，《財會通訊》1999 年第 2 期。

92. 趙友良：《上計制的演變》，《上海會計》，1993 年第 4 期。

93. 周仰汶：《改良簿記著手辦法之商榷》，《銀行周報》1924 年 8 卷 3 期。

94. 朱鴻翔：《西方會計思想對近代中國會計發展的影響》，《財會通訊（綜合
    版）》，2008 年第 3 期。

95. 朱鴻翔：《論西方會計思想在近代中國的傳播過程》，《山東省農業管理幹
    部學院學報》2013 年第 11 期。

96. 鄒進文：《清末財政思想的近代轉型：以預算和財政分權思想爲中心》，《中
    南財經政法大學學報》2005 年第 4 期。

97. 鄒進文：《中國財政思想的近代轉型：清末近代財政思想研究》,《財經政法論壇》(第二集),中國財政經濟出版社,2005 年。

98. 鄒進文：《近代中國經濟學的發展——來自留學生博士論文的考察》,《中國社會科學》2010 年第 9 期。

三、英文文獻

1. A.C. Littleton (1988), Accounting Evolution to 1900 (Garland publishing Inc.).

2. Ahmed Riahi Belkaoui (1993), Accounting Theory (Cambridge: The University Press).

3. Chen, S. (1998), The Rise and Fall of Debit-Credit Bookkeeping in China: History and Analysis, Accounting Historians Journal, Vol. 25, No. 1: 73～92.

4. Chiao, Lin-sung (1952), The philosophy and limitations of social accounting (Ph.D. Dissertation, University of Illinois).

5. Chow, Yee-chuing (1943), The accounting theory of revenue charges (Ph.D. Dissertation, University of Illinois).

6. Edwards, John Richard (1994), Twentieth Century Accounting Thinkers (Rout Ledge, First Published).

7. Gardella, R.(1992), Squaring Accounts：Commercial Bookkeeping Methods and Capitalist Rationalism in Late Qing and Republican China, The Journal of Asian Studies, Vol. 51, No. 2: 317～339.

8. Hao, Z. P. (1999), Regulation and Organization of Accountants in China, Accounting, Auditing and Accountability Journal, Vol. 12, No. 3: 286～302.

9. James Don Edwards (1988), History of Public Accounting in the United States (Carland publishing Inc.).

10. Lei, Cheuk-lam (1937), Accounting aspects of the regulation and supervision of building and loan associations in Washington (Ph.D. Dissertation, University of Washington).

11. Lin, Z. (1992), Chinese Double-Entry Bookkeeping before the Nineteenth Century, The Accounting Historians Journal, Vol. 19, No. 2: 103～122.

12. M. R. Mathews, M.H.B. Perera (1993), Accounting Theory and Developments (Australia, Macarthur Press).

13. Man Chand Maloo (1984), Theory of Evolution of Accounting Ideas (S. Chand and company Ltd.).

14. Mike Harvey and Fred Keer (1983), Financial Accounting Theory and Standards (London, Prentice-Hall International Inc.).

15. Paul Garner（1976）, Evolution of Cost Accounting to 1925（The University of Alabama Press）.

16. Richad Brown（1905）, A History of Accounting and Accountants（Edinburgh: T.C and E.C Jack）.

17. Sih, Kwang-chi（1952）, Changes in applications of auditing techniques for verifying current assets and current liabilities（Ph.D. Dissertation, University of Illinois）.

18. Wan, Chien-chung（1950）, Consolidated balance sheet and income statement of Wisconsin agriculture since 1910（Ph.D. Dissertation, University of Wisconsin）.

19. Xu, X（2001），Chinese Professionals and the Republican State: The Rise of Profes-sional Associations in Shanghai, 1912～1937（New York: Cambridge University Press）.

20. Xu,Y., Xu, X.Q.（2003）, Becoming professional: Chinese accountants in early 20th century Shanghai, The Accounting Historians Journal, Jun, 30（1）: 129～153.

21. Yang, Ju-mei（1927）, Goodwill and other intangibles, their significance and treatment in accounts（New York, The Ronald Press Co.）.

22. Yemey, B.S.（1949）, Scientific Bookkeeping and the Rise of Capitalism, Economic History Review, Second Series, No.1: 99～113.